女性はなぜ男性より貧しいのか？

アナベル・ウィリアムズ
ANNABELLE WILLIAMS
田中恵理香＝訳

晶文社

WHY WOMEN ARE POORER THAN MEN
by Annabelle Williams

Japanese translation published by arrangement with
Goodfellow Creative Ltd. c/o Curtis Brown Group Ltd.
through The English Agency (Japan) Ltd.

CONTENTS

装画＝小林千秋
装丁＝鳴田小夜子（KOGUMA OFFICE）

はじめに 経済力はフェミニストの課題

お金は自由をもたらす。けっして幸福が買えるわけではないが、十分なお金があれば選択肢が広がる。どこに住むか、どんな仕事をするか、そして、自由な時間をどう使うかまで。

お金は女性の自立に欠かせない。150年にわたり、女性は自分の財産をもつ権利、相続する権利、融資を受ける権利、そしてお金を稼ぐ権利を求めて闘ってきた。イギリスでは1918年に、30歳以上で一定の財産をもつ裕福な女性に選挙権が与えられた。貧しい女性は1928年まで待たなければならなかった。100年前は、女性にできることがお金によって決まっていたのだ。これは現代にもあてはまる。

富がどのように分配されるかということの社会的な意味は、このうえなく重要だ。いま誰がお金をもっているか、どれだけもっているかということは、個人、コミュニティ、そして社会全体に影響を及ぼす。保険数理士はさまざまな人口統計に基づき資産の蓄積について検討し、30年後に社会がどうなっているかを予測する。

国全体で富がどのように分配されているかは、その国の文化的な価値観を雄弁に物語る。そこには、政策立案者がどういう人について考慮し、どういう人の関心を取り上げないかが反映されているのだ。

女性は人生のあらゆる側面で、お金に関係することでは苦しい立場におかれている。仕事でも国から受ける給付金でも、貯蓄でも子育てでも起業でも不利だ。基本的に、女性が男性より貧しいのは当然だと受け止められている。

私は、10年以上前に金融ジャーナリストとして仕事を始め、金融界でよく使われる言葉に気づいた。女性は「リスクを冒したがらない」というものだ。プレスリリースでも、銀行や資産運用会社やフィナンシャル・アドバイザーが発表する調査レポートでも、繰り返し言われ、女性による投資が男性よりはるかに少ないことの説明にされてきた。「リスクを冒したがらない」という言葉は、女性のリーダーや女性が会社経営する際の手法について語るときにも使われる。

女性は生まれつきリスクを嫌うものだというこの考えを、私はとても変だと思った。さらに、その理由を説明できる人は、私がインタビューしたなかに誰ひとりとしていなかった。女性にはお金がないから、そして金融について知識がなく慣れていないから投資しないのだということが、私にははっきりわかっていた。投資業と銀行業の専門職や経営層では、女性より男性のほうがはるかに多い。[1]ということは、女性の多くは、投資について話ができる母親や姉妹や女性の友人がいないのだ。

女性のリーダーと彼女たちのリスクに対する態度について考えてみる。本書執筆時点で、イギリスにはこれまで女性の首相が2人しかいなかったし、ＦＴＳＥ（フィナンシャル・タイムズ株価指数）の上位１００社に女性のＣＥＯは6人しかいない。この人たちは例外であり、ジェンダーゆえに通常よりも厳しい目で評価されてきた。例外的な存在であることと厳しい目にさらされることが相まって、立場は不安定になる。同じ立場の男性より用心深くなっているとしても、驚くにあたらない。

私はあいた時間で、女性と金融、お金と女性の関係、そして女性の経済的立場に関する資料を読みはじめた。興味をかきたてられたが、同時に非常に複雑な気持ちにもなった。女性は「リスクを冒したがらない」という考え方はあまりにも短絡的で、多くの女性がおかれている社会経済的状況を考慮していないのだ。

これまで、女性が経済的に不利益を受けているという議論は、おもにジェンダーによる賃金格差に着目してきた。しかし、多くの人は、女性は生涯を通じて賃金だけでなくより広い意味で男性より貧しいという事実に気づいていないのだ。女性のほうが貯蓄が少なく、社会サービスの削減に伴う負担を被りやすい。高齢の貧困者の大半を占めるのも女性だ。最も収入の高い職業に女性は少なく、お金を投資に回すこともあまりない。生涯を通じて文字どおり何千時間もを賃金が支払われない労働に費やしているので、経済的に不利な立場に追いやられてしまう。

超富裕層のあいだでさえ、富が平等に分配されているわけではない。2020年、『サンデー・タイムズ』紙の「イギリスで最も裕福な1000人」に史上最高の数の女性が入り、メディアは湧いた。女性はたったの150人だった。リストの中に黒人女性は1人しかいなかった。ヴァレリー・モランというテクノロジー分野の起業家だ。

経済面で女性が受けてきた不平等の歴史は、何百年も前にさかのぼる。ここ数十年にわたって法制度が整備されてきたものの、こんにちでも女性は祖母たちと同じ課題に直面している。その種は、女性たちが学校にいるときにまかれ、何を学ぶかという選択は、将来の経済的安定を考慮するのでなく、ジェンダーに基づく規範によって形づくられることが多い。仕事を始めると、無意識の偏見が昇進の障壁となり、多くの業界で女性は高い地位へ上がっていくのに苦労する。世界的に見て、管理職に占める女性の割合は34パーセントにすぎない。[2] 国連人口基金によれば、女性が管理職の半分以上を占める国は、コロンビア、ジャマイカ、セントルシアだけだ。[3]

女性が労働によって得る収入が総額で男性と同じになっている国は一つとしてない。ヨーロッパ各国とオーストラリアで、女性の収入は男性より平均で18～19パーセント少ない。そして変化のスピードはあまりに遅く、世界経済フォーラムによれば、格差がなくなるには257年かかるという。生涯賃金で見ると、イギリスの平均的な女性が得る収入は平均的な男性より22万3000ポンド（約4200万円、レートは2024年3月時点）少なく、アメリカではその差は50万ドル（約7400万円）である。賃金格差は有色人種の女性でさらに大きく、パキスタン系とバングラデシュ系の女性の収入は、白人のイギリス男性より26パーセント少ない。[4] ジェンダーによる賃金格差は大きな問題だが、賃金だけをジェンダーの視点で見ていても、男女の富の不平等の一面しか捉えていないことになる。

このように経済的不平等はあまりにも明白だ。新聞をめくれば、ビジネスや金融や税について、女性の専門家の話がどれぐらい引用されているかわかるだろう。こういう分野で女性の声が聞かれないことは、私たちの経済的立場をよく表しているが、わかりにくいケースもある。たとえば、洗面化粧品や文房具、おもちゃに至るまで、女性に向けた商品には「ピンク・プレミアム」が上乗せされる。いっぽう、男性用とされる同等の商品ははるかに安い。つまり、男性にとっての1ドルのほうが購買力が高いのだ。

不平等はちょっとしたことにも見られる。たとえばタンポン税は、インド、オーストラリア、スペインなど広範にわたる国々で課されている。大きなことでも不平等が存在する。女性起業家は、役員室で性差別的な目で調べあげられ、ベンチャーキャピタルに投資される資金のうち、女性が経営するスタートアップに回されるのは、1ポンドあたりたったの1ペンスだ。

このような不平等が、男性が支配する政府によってさらに増幅される。ジェンダーの影響を考慮せずに税金や福祉政策について意思決定を行うからだ。そのことが最も顕著に表れている事例は、国家による給付金や医療に関する予算を削減するときに見られ、削減によって女性は大きな影響を受ける。女性のほうが、ケアの役割を担っていることが多く、また国の給付金に頼っていることが多いためだ。イギリスでは、２０１０年以降の社会サービスと社会保障の予算の削減により女性が負担することになった金額の合計は７９０億ポンド（約15兆円）に上った。男性の負担は１３０億ポンド（約2兆４６００億円）だった。[5]

ここ数年、仕事とお金に関して指南役になるフェミニストに新しいタイプが出現している。典型的なのは、必死になってビジネス界の厳しい環境を乗り越え企業でキャリアを積んできた高収入の女性たちで、ビジネスの世界で成功する方法について、ほかの女性たちにアドバイスする。よくあるアドバイスは給料のアップを要求することであり、オフィスでの自分の立場のために声をあげ、いまとなっては言い古された言葉、キャリアに向かって「一歩踏み出す（リーン・イン［lean in］）」を口にする。

この思考経路によれば、女性は正しい道を歩めば仕事でも経済面でも男性と同じように成功をおさめられるのだ、と示唆される。

では、女性が昇給を求めても認められなかった場合はどうなるのだろう？

この思考に従うなら、正しい方法でアプローチしなかったからだ、という説明になるだろうか。しかし、その言い方は、女性を抑えつけている体系的、法的、文化的な要因を考慮していない。とにかく自分が頼れるのは自分自身だ、と強調しているが、経済の不平等は、女性の給料がいくらかという問題だけでなく、もっと深いところに根を張っている。だから、いくら職場で自分の立場を主張しても、女性を経済的に苦しめている構造は変わらないだろう。

「リーン・イン」アプローチは、誤った推論によるものでもあることを示すデータがある。研究によって、女性は男性と同じくらいひんぱんに昇給を求めているが、昇給が認められるケースは男性より25パーセント少ないことがわかっている。私たちを抑えつけているのは、構造的な性差別、そして女性の価値に対する思い込みなのだ。

もちろん、ほかの人が自分と同じような道を辿れるようにと手助けする女性は、最善の意図をもってやっているはずだ。しかしそもそも、女性が男性より困窮している原因を変えていくことが最大の問題であるのに、その問題を認めずに、女性はスーパーマーケットで過ごす時間を減らして、利率が1・1パーセントではなく1・3パーセントの貯蓄口座を開設しましょう、と熱心に勧めてもあまり意味がない。しかも、仕事とお金のインフルエンサーの多くが広めている解決策は、自由市場資本主義の一形態であるネオリベラリズム（新自由主義）の原理に大きな影響を受けている。このことは広く知られており、こんにち、学者は「ネオリベラル・フェミニズム」と呼んでいる。

ネオリベラル・フェミニズムは、女性の権利を求めるフェミニズムとネオリベラリズムとを組み合わせたものだ。ネオリベラリズムは、いまの時代の支配的なイデオロギーで、社会の繁栄を築くために政府は富を最大化しなくてはならないと説く。ネオリベラリズムでは社会正義は考慮されない。政府支出の削減、規制緩和、徹底した個人主義という流れのなかで、社会正義が置きざりにされる。福祉サービスは国家が提供するものでなく、コミュニティのなかで公的手段に頼らずに（そして無料で）提供するのが最もよいという考えを推しすすめる。

では、誰が福祉を提供するのか？ 政府予算が削減されたら、誰が医療制度や社会サービスを維持していくのだろう。懸命に取り組むことになるのは誰か。女性だ。ネオリベラリズムは、国家による医療と社会サービスを壊滅させて、不平等を拡大し困窮を生み出すイデオロギーなのだ。ネオリベラリズムから生まれる不公正によって女性のほうが苦しめられていることを考慮すれば、ネオリベラル・フェミニズムの台頭は、憂慮すべき動向である。

資本主義と自由市場経済の時代だった前世紀には、多くの人の生活水準が向上したが、現在の経済モデルで実現できることには限界がある。しかし、女性にとってより公正な社会が実現できるよう原理を調整するには、まだ間に合う。

本書の目的は、ガラスの天井を叩き割ることではない。ガラスの天井とは、脚光を浴びる仕事を求める高収入の人たちに焦点をあてたもので、女性というマイノリティの心をつかむコンセプトだ。いっぽうでこのコンセプトは、さまざまな収入層やライフステージの女性たちが影響を受けている、広範な経済的不平等の本質を見えにくくする。

経済の不平等とひとりで闘える人はいない。人生を変えたいなら、まわりの状況には目もくれず自分にできることに注力せよ、とする言い方はばかげている。ゲームのルールが公平でないなら、ルールを変えなければならない。ここまで明らかにしてきた問題の多くは根が深いものであり、どちらのジェンダーも平等に富を得られるようにするためには、制度的、政治的、法的な変化を起こさなくてはならないだろう。

私はキャリアを通じ、経済の不平等と闘い、女性の課題に立ち向かうことに情熱を傾けてきた。ジェンダーとお金と公正性について切実に求められている議論のきっかけになればと思い、本書を執筆した。何世代にもわたり私たちの生活のあらゆる領域に入り込んでいる問題に対して、すべての答えを出すことはできないが、私たちが取り組めることはたくさんある。本書のなかで、変わっていくべき領域を示した。

包括的な変化を起こすには、集団で行動を起こす必要がある。いっぽう個人レベルで言えば、お金について気にかけるのはセルフケアの不可欠な要素だと認識することは、誰にとっても役に立つだろう。いまお金を貯めることは、将来のあなた自身もいまのあなたをも気にかけているということだ。だから、年金と投資について理解する章を設けた。

本書は、女性が抱える経済的不平等とどう向き合うかに関するものだが、すべての男性がすべての女性より恵まれているとか、貧困と経済的不公正に苦しむ男性がいないなどと示唆するわけではない。男性は女性に比べ、薬物とアルコールに関連する疾患にかかる可能性が2倍になっていて、このことは貧困やホームレスのリスク要因になりうる。[8]

　際限のないネオリベラル資本主義は、あらゆる人に影響を及ぼす社会的不公正を生み出してきた。たとえば、低賃金で不安定な雇用の拡大だ。「マンセッション（mancession）」や「ヒーセッション（he-cession）」といった造語が生まれている［man、he（男性）とrecession（景気後退）を組み合わせたもの］。2007年から2009年にかけての経済の落ち込みを表すもので、このときは西洋諸国で製造業や重工業が解体した結果、男性が深刻な影響を受けた。男性はかつてのように力を売り物にすることができなくなったのだ。ここ30年にわたり、経済がサービス業に牽引され情報産業中心へと移行するなかで、これからの職場では、コミュニケーション、協調性、社会的知性といった、従来女性的とされてきた特性が有利になると考えられている。こうした特性は機械では置き換えることができない――とにかくいまはまだできていない。

　ときがたつにつれ、どんな種類の仕事がありどんな職業につけるかは変わっていき、それにより社会は深刻な影響を受ける。このテーマについてさらに議論が必要になるのは明らかだ。よって、男性と貧困とのインターセクション（交差）はもっと注目を集めるべき深刻な問題ではあるのだが、本書で扱う話題には含めないこととする。

　また、ジェンダーの平等はゼロサムゲームではないと強調しておくことも重要だ。女性が賃金労働にもっと多くの時間をさき、スキルや経験に見合う仕事につき、より多くの年金貯蓄を手にするようになったとしても、男性が何かを失うわけではない。その逆こそが真実だ。どんなかたちであるにせよ、人口の半分が夢を実現できずに苛立ちをつのらせる社会は後退する。よい知らせを広めよう。女性の繁栄はすべての人にとっての繁栄である、ということだ。

不平等が解消されてもすぐに成果は出ない。他方で、富の不平等によって男性のほうにも大きな負担がのしかかり、また、ケアの役割を担う人はみな生活が厳しくなる。成果が広まっていくには何世代もかかる。不平等により、次の世代の機会が制限されるからだ。人々が豊かになれば、多くの税金を納めるので、経済がさらに拡大し、家族は貧困を脱出し消費が増え教育に投資できるようになり、自分たちの生活をもっと自由にできるようになる。[9] エスニック・マイノリティ（就業する女性がいっそう少なく、就業しても賃金格差が一段と大きい）のあいだで労働力への参入が進めば、イギリスの経済は240億ポンド（約4兆5300億円）拡大すると見積もられている。[10]

ジェンダーの平等は、労働力への参加など、個人の選択にある程度左右される。また、ジェンダー平等こそが規範として理想だというわけでは必ずしもない。いっぽう、資本主義社会では、個人の自立や力、自己決定の機会は、自由に使える資産があるかどうかに大きくかかわっている。ところが、歴史を通じて女性は資産を手にすることを拒否されてきた。私たちが資産を手に入れ活用することを制限する構造的な障壁はまだ存在する。

お金こそが、ジェンダー不平等にまだ真剣に取り組んでいない最後の領域だ。しかも、最も重要な領域だと私は考える。フェミニストでお金のことを気にしないなんてありえないと思う。ジェンダーの平等に賛同していながら、不平等が生まれる根本、つまりお金について見逃す、というわけにはいかないのだ。

本書は西欧文化に着目して西欧の視点から執筆した。私が重点をおくのは西洋諸国だ。これらの国々では平等に向けた闘いは終わったと考えられがちだからだ。じつは闘いは終わっていない。金と富の領域には、隠れた不平等が根強く残っている。

もちろん、経済的に開発途上にある国々の女性も経済の不平等と貧困に直面している。しかも、西洋の女性よりはるかに深刻な場合が多い。しかし、これらの国々の問題にはさまざまな異なる要因があり、異なる解決策が求められるのだ。開発経済学はここ20年のあいだに変革を遂げてきた分野で、これは、２０１９年にノーベル経済学賞を受賞したアビジット・V・バナジー、エステル・デュフロ、マイケル・クレーマーの功績による。これから先もきっと、貧困を撲滅するための革新的な研究がさらに出てくるだろう。

ここで、ジェンダーのカテゴリーについてひと言。本書では「女性」という場合、基本的にシスジェンダー［出生時の性別と自認する性別が一致しそれに従って生きること］の人を指す。経済的排除とジェンダー多様性（性自認）の相互作用に関する研究があまり行われていないからだ。ただし、可能なケースでは、この問題も含めた議論を試みた。たとえばイギリスでは、規模の大きい企業は、ジェンダーによる賃金格差を男性従業員と女性従業員の賃金の差として報告しなければならないが、「男性」「女性」にきれいにあてはまらないノンバイナリーやトランスジェンダーの従業員をどのようなカテゴリーに区分するかは、明確にされていない。[11] ジェンダーバイナリーのモデルに適合しないことが、賃金と富にどう関連するかはわかっていないのだ。このようなデータと実態との乖離には注意を払う必要がある。

同じ理由により、本書では一部で、異性愛の関係に基づく代名詞を使った。実態に即したデータがないことは、ＬＧＢＴＱ＋の人たちの結婚と離婚が個人の資産や年金に及ぼす影響についてほとんど記録されていないことを意味している。さらに、長期にわたり関係を結んでいる男性と女性の場合、子どもができたり家族の誰かに介護が必要になったりするのをきっかけに、伝統的なジェンダーによる役割分担へとシフトしていくという事実もある。

また、私は、あるテーマについて特定の解釈を示さずに、そのテーマを論じ何らかの意義を提示することは不可能だと考えている。女性の「あり方」は一つだけではないが、書籍でも映画でも広告でも、そのほかどんな創作であっても、女性が含まれている作品は、何らかのある様式にしたがって女性を描いているのだ。

女性がある一つの観点から繰り返し描かれると、意図しなくてもそのジェンダー規範が強化されていくことがある。本書で、男性が主たる稼ぎ手で女性が家庭を守る役割を担っているように述べているところでは、データがそのような決まりきった想定に基づいているという意味であることにご留意いただきたい。

私が言いたいのは、このような古くからの力学が、私たちの社会の構造によって助長されるために、いつまでも続いているということだ。たしかに、女性を「世話をする人」と特徴づけると、こうした役割を当然だとしない多くの女性は落ち着かないだろう。とはいえ、世話という役割にかかわるかどうかは別として、残念だが、性別による巧妙な差別が残っている。

本書は、2020年の初め、新型コロナウイルス感染症のパンデミックが起こる前に執筆を終えていた。パンデミックにより、女性の経済的不平等に光があたった。世界各地でロックダウンが施行されるなか、調理、清掃、ケア労働といったエッセンシャルサービスに従事する女性は、ウイルス感染の道をまっしぐらに進んでいった。前線で働くケアワーカーの半分は生活費にも満たない賃金しか得られず、不安定なゼロ時間契約［あらかじめ決められた労働時間がなく必要なときだけ呼び出しを受けて働く契約］で働いている割合が平均より4倍高いという。[12]

こうした女性は、政治家たちから突然「キーワーカー」と呼ばれるようになったが、請求書の支払いをして家族を養っていけるだけの賃金を保証するよう法改正が行われたわけではない。労働条件は改善されず、毎週の賃金支払いを保証する労働契約が結ばれることはなかった。国じゅうで毎週窓辺から「ケアワーカーに拍手」が送られたが、これが私たちにできる最善のことだろうか、と私は考えていた。

パンデミックに対する各国政府の対応は、受け入れられていた経済のルールを書き換えるものだった。イギリスでは、保守党が政権を握っている10年以上のあいだに公共支出が最低限まで削減された。女性の貧困層とホームレスが増えるのは容認され、学校と病院は破綻するぎりぎりまで追い詰められた。ところが、論調が変わった。2020年6月までに、政府は1900億ポンド（約36兆円）の追加支出を投入した。これは医療費の年間予算総額を上回るもので、[13] 以前ならまったく受け入れられず道理にはずれていると思われたであろう水準だ。

そうこうするあいだ、世界の先進国の上位20か国は、5月の終わりまでに総額9兆ドル（約1326兆円）相当を政府による支援に費やしながらも破綻しなかった。[14] あきれるほどの金額を借り入れ支出するという決定が、いとも簡単に下されたようだった。正統な経済でこのような激しい変動が起こるのはごくまれなことだ。新型コロナウイルス感染症のパンデミックから教訓を一つ引き出すとするなら、経済の現状は変えられない、社会改革は不可能だと言われつづけていたが、ある時点を境に突然変わった、ということだろう。

本書を通じて私が扱うのは、性差別的で不公平な政府支出の決定が根本要因になっている問題だ。同時に、政策が改定されれば恩恵を受けるであろう、女性に特有の課題についても検討していく。

私たちは、一世代で一度という激動の時代を生きている。フェミニストはぜひともこの機会を利用して、コロナ禍の残骸から社会を立て直すあいだに、女性のニーズが確実に政策の最優先課題に位置づけられるようにしなくてはならない。

女性の経済的不平等に終止符を打つため団結しようではないか。お金の平等を実現しよう。

第1章 ✦ 私たちのいまの状況

イギリスで起訴された女性のなかで一番多い違反は？

世界の最先進国では、女性に関して数々のことが成し遂げられてきたにもかかわらず、ジェンダーによる富の不平等という難題がまだ立ちはだかっている。ジェンダーによる賃金格差は私たちの誰もが知るところだが、まだ十分議論されていないのが、賃金格差から生まれる資産の格差だ。「資産」とは、豊かな財産やＣＥＯ並みの給料といった意味ではない。働く女性が職業生活――平均して男性より収入が少ない――を通じて貯められる総額のことだ。

イギリスでは45歳未満の年齢層で、すでに男女間の資産格差が存在する。しかも年齢とともに差が広がり、45歳から64歳の女性の平均資産額は29万３７００ポンド（約５５５０万円）で、同じ年齢層の男性では平均37万６５００ポンド（約７１００万円）となっている。[1] そして、アメリカにおける資産格差はさらに大きい。アメリカの18歳から64歳の独身男性の資産額の中央値は３万１１５０ドル（約４６０万円）で、同じ年齢層の独身女性では１万５１２０ドル（約２２３万円）と、男性の半分にも満たない。[2]

では、イギリス女性が抱える経済の不平等がどんなものかを明確にイメージするため、次の質問を考えてみよう。

法律に違反して起訴された女性たちのあいだで、最も多かった違反は何だろう？　万引きだろうか？　公然酩酊罪か？　それとも交通違反？

じつは、お金がないのでテレビの受信料が払えない、というものだ。[3]

テレビ放送やオンライン配信で番組を視聴する世帯は、法律によりイギリスの公共放送ＢＢＣの受信料として、年間１５７・５ポンド（約3万円）を払わなければならない。受信料の不払いは犯罪であり、起訴され、１０００ポンド（約19万円）以下の罰金が科され、禁固刑を受ける場合もある。受信料不払いという、貧困ゆえの犯罪で起訴される人のうち、4分の3近くが女性で、２０１７年には9万６０００人以上の女性が起訴された。[4] 受信料の支払いについては議論があり、主義として支払いを拒否する人もいる。しかし、一般に女性は集金が来たら応じて協力するし、受信料支払いの登録をしているのは女性のほうが多い。こうした事実から示唆されるのは、女性は受信料制度に反対しているからではなく、支払い能力がないから払えない、ということだ。

支払わなければ起訴されるというこの制度は、ジェンダーによる経済格差を考慮していない。これは、政府から義務とされている費用で、毎年すべての世帯に対し収入にかかわらず同額の支払いを求めるものだ。そして、払えるだけの余裕がない人――大半は女性――は犯罪者にされる。しかも、これは、女性がぶち当たる制度的な不利益という氷山の一角にすぎない。

貧困の女性化

テレビ受信料は、社会科学者が「貧困の女性化」と呼ぶ問題のちょっとした一例だ。この言葉は、ダイアナ・ピアス教授が1978年に初めて生み出した造語だが、問題はまだ続いている。富と貧困をはかるどんな方法を使ったとしても、世界じゅうで、ゆりかごから墓場まで、女性は男性より劣悪な生活を送っている。先進国でも開発途上国でも、女性は貧困層の多くの部分を占め[5]、失業中であったり不安定な雇用についていたりする割合が男性より高い[6]。世界全体では、「よい仕事」、つまりフルタイムで賃金が支払われる仕事についている男性は女性のほぼ2倍で、南アジアでは、男性が女性の3倍以上になっている[7]。

先進国においては、統計に一定の傾向が見られる。日本では、ひとり暮らしをする生産年齢の女性のうち貧困層にあたるのは31パーセントだが、男性では25パーセントだ[8]。アメリカ全土では、貧困ライン以下の収入で生活する人の割合は、女性では14パーセントだが、男性は11パーセントである[9]。

こうしたデータの数々から、貧困の女性化について垣間見ることができる。富の不平等と女性の問題は複雑で、とくに先進国では、これまであまりにも研究されてこなかった分野だ。

原因と結果に関する適切なデータなしには、どんな問題にも対処できない。2019年にイギリス政府は、貧困をより正確に評価するための方法を策定する計画を発表したが、新型コロナウイルス感染症のパンデミックにより棚上げになった。ジェンダーによる経済的不平等の実態が十分に研究されず、ほとんど議論にもならないまま、女性が取り残されていく。

ヨーロッパで最も広く使われている貧困の基準は、個人または世帯の収入が当該国における世帯収入の中央値の60パーセント未満というものだ。つまり、統計専門家が各世帯の収入を調べて最も低い値から最も高い値まで順に並べ、中央の値を計算する。これが、平均的な人が生計を立てるために使っている金額だ。誰もが平均的な収入を得られるとはかぎらないが、誰もが平均的な人の収入の少なくとも60パーセントくらいは稼げるだろうと想定している。

具体的な金額で言うと、イギリスのジョゼフ・ラウントリー財団によれば、２０１６／２０１７年度、イギリスの世帯収入は、住居費を除いた可処分所得の中間値が週あたり４２５ポンド（約8万円）（年間２万２１００ポンド〈約４１８万円〉）だったので、この60パーセントは1万３２６０ポンド（約２５０万円）になる。この計算に基づき社会基準値協会では、５１０万人の女性、４６０万人の子ども、４５０万人の男性が貧困状態にあるとしている[10]［金額と人数は経年変化を見るため計算方法の調整を行ったうえ算出したもの］。これは、女性の20パーセント、子どもの34パーセント、男性の18パーセントに相当する。

イギリスとアメリカにおける貧困の女性化のおもな要因は、１９８０年代以降のひとり親世帯の増加で、ひとり親の90パーセントが女性だ。アメリカの統計によれば、１９６０年には、貧困層のうち母親だけの世帯が占める割合は28パーセントだったが、１９８７年には60パーセントと、倍以上になっている[11]。イギリスでは現在、ひとり親の45パーセントが貧困状態にある。これは、その子どもも貧困のなかで暮らしていることを意味する。政府は子どもの貧困率を引き下げようと、法的拘束力のある目標値を２０１０年に導入したが、２０１６年に撤廃し、その後ふたたび導入する計画はない。

イギリスでは独身の女性（未亡人になった高齢女性とパートナーがいない若い女性を含む）全体で見ても、独身男性より貧困率が高い。しかも、ここ数年のあいだに独身男性の貧困率は下がってきた。[12] データからは、貧困の要因として障害も浮上する。貧困状態にある人のうち370万人に障害があり、障害者に女性が占める割合は男性より高く54・4パーセントだ。[13] さて、誰が障害者の介護をするのか？　家族で介護をしている人（つまり「無給の介護人」）の4分の3近くが女性だ。さらに、有給の介護職のほぼ80パーセントが女性であることを忘れてはいけない。介護は最も賃金が低い分野の一つでもある。

先進国の政府は特定の政策を通じて収入に大きな影響を及ぼすことができる。たとえば最低賃金や傷病手当等の雇用主に対する規則、税制度、社会保障制度を通じた富の再分配などだ。こうした政策を実施する際に、政府は社会における貧困と富の不平等に対して影響力を行使し、どのような社会層を支援し、どの層を冷遇するかを選ぶことができるはずだ（第6章で、社会保障制度が女性にとって打撃になっていることを詳しく見ていく）。

女性の隠れた貧困

また、女性の貧困は男性の「庇護」の下に隠れて見えなくなっていることがある。女性は誰かと一緒に、つまり多くの場合、男性のパートナーと一緒に暮らしているときにはほぼきまって、より裕福に見えるからである。統計学者は、相対的な裕福度を調べる際に世帯の資産に着目する。これは、お金を稼ぐ人が支出を決定する人でもある単身世帯の場合にはわかりやすい方法だ。しかし夫婦がそろっている世帯では、どちらか一人が世帯全体の「財務報告者」になったうえ、家族の資産の詳細を説明することになる。各世帯では成人の構成員のあいだで資産が平等に分けられているという想定なので、収入が少ない女性がもっと収入の多いパートナーと暮らしている場合は、統計上、より裕福な世帯層に入ってしまうのだ。

これではデータが歪められてしまい、そのため、男女間の経済格差がどの程度かを正確にはかることが難しくなる。調査をするとかならず、世帯内の男性と女性のあいだで収入が平等に分けられていないことが指摘されているからなおさらだ。

先進国の7か国を対象としたある調査によれば、女性が家庭で自由に使える資産は、平均すると世帯全体の資産の3分の1に満たなかったという。イタリアの女性の半分は、自分自身の収入がまったくなく、政府の給付金さえ受け取っていなかった。フランス、ドイツ、イギリスでは、女性の4分の1以上が政府の給付金以外に収入がなかった。[14] これらの世帯は、調査報告上では中流階級か富裕層だとみなされるかもしれない。しかし男性がいなくなり収入のすべてをもっていかれたとすると、多くの場合、女性は生計を立てていくためのお金がほとんどなくなってしまうだろう。

統計学者がつねに、この「財務報告者は一人」という手法を使っているわけではなく、長期にわたる世帯資産調査では、婚姻関係にある成人の双方に収入を尋ねるケースもある。とはいえ、21世紀になっても、イギリスでもほかの先進国でも、多くの女性が経済面で男性に依存しているという事実は変わらない。

女性が家族の世話や家事のために有給の仕事を離れた場合、実際にはパートナーが財産を築けるよう援助していることになる。そうした女性の働きが、その男性が現在と将来にわたって収入を得る能力、貯蓄する能力、そして信用力や年金貯蓄の助けになっている。しかし、こうした状況にある女性は個人としては貧困ということになるので、女性がおかれている不平等を正確にはかるには、このような立場の女性を「貧困」と区分すべきだと指摘されてきた。[15]

同性カップル、LGBTQ＋の貧困

人種、障害、セクシュアリティなどの属性と貧困とのインターセクションに関する研究はあまり行われていないが、インド、アメリカ、ブラジルでの研究から、同性のカップルとLGBTQ＋の人たちは、全体の平均より貧しい場合が多いと考えられている。[16] アメリカでは、レズビアンのカップルがフードスタンプ（食料配給券）を受け取る割合は、異性間カップルの2倍になっている。[17] 別の研究によれば、女性どうしのカップルでは、男性どうしのカップルに比べ貧困に陥るリスクが高いが、それは「ジェンダーによる賃金格差があるので、男性の稼ぎ手がいない世帯のほうが収入が低く抑えられているため」だとされている。[18] 先に述べたとおり、エスニック・マイノリティのあいだでは、白人に比べ女性の貧困がいっそう深刻だ。パキスタン系とバングラデシュ系の女性の貧困率は50パーセントと最も高く、失業率はさらに高い80パーセントとなっている。[19]

ジェンダー視点の年次報告書を

貧困はジェンダーに大きく左右される問題なのだが、いっぽうで、貧困がジェンダーの問題として捉えられていないと言うと、反発を受ける。理想を言えば、貧困に関するデータの乖離に関して、ジェンダーの視点から貧困を論じた年次報告書を作成し、政府レベルで対応すべきだろう。女性の貧困を軽減するための法的拘束力がある目標値も設定すべきだ。

学者のジェイン・ミラーは、データ収集にあたってジェンダーにきめ細かく配慮するには、成人の世帯員に対して、世帯の資産にどの程度貢献しているか、ほかの世帯員にどの程度経済的に依存しているか、などを尋ねるよう提案している。[20] さらに、「収入」の定義については、給料だけを見るのではなく、セカンドハウス、投資、土地、貯蓄など所有する資産まで含めるべきだ。こうした資産をデータに含めれば、平均的な男性は女性に比べてより裕福になる見込みが高い。世界的に見て、女性は自分の仕事から得られる給料以外の収入源をもっている可能性が男性よりはるかに低いからだ。これはたいへん重要なことだ。所有する不動産や株式市場への投資から得られる経済的利益は、雇用から得られる収入よりずっと多くなる場合があるからだ。[21]

女性ＣＥＯの報酬

富裕層のあいだでの富の分配にも、やはりジェンダーによる非対称という特徴が見られる。最高の収入を得ているビジネスリーダーは、圧倒的に男性だ。イギリスでは上位１００社の経営者のうちスティーヴという名前の人が、すべての名前の女性よりも多くなっている。アメリカでは、国内上位１５００社のなかで、ジョンという名のＣＥＯが、女性のＣＥＯより多い。さらに言えば、上位１５００社では、女性のＣＥＯ１人に対し、ジェームズ、ジョン、ロバート、ウィリアムのいずれかの名前をもつ男性が４人いる計算になる。[22]

世界じゅうで、超富裕層、中間層、ゆとりがない層のあいだの差が極限まで広がっている。企業ピラミッドのトップにいる人たちだけが例外的に儲けているのだ。２０１７年、アメリカの大企業のＣＥＯの報酬は平均して１５６０万ドル（約23億円）だったが、これは平均的な労働者の年収の２７１倍である。１９８９年には、ＣＥＯの報酬は平均給料額の59倍だった。[23]

ただし、女性はトップまで上りつめても、同等の地位にある男性に支払われる報酬のほんの一部の額しか受け取れない。ＦＴＳＥ１００のＣＥＯについて言うと、６人いる女性ＣＥＯが受け取った報酬の合計額は、１００人のＣＥＯに支払われた報酬の合計額の４・２パーセントにしかならなかった。[24]また、イギリスで報酬が高いＣＥＯの上位25人のなかに女性は１人しかいない。世界有数の製薬企業グラクソ・スミスクラインのエマ・ウォルムズリーで、２０１８年の報酬総額は、ほぼ６００万ポンド（約11億３０００

パーシモンのＣＥＯとして手にした報酬は３９００万ポンド（約73億７０００万円）近くに上った。[25] 住宅建設会社万円）だった。これに対し、同じ年に最も報酬が高かった男性はジェフ・フェアバーンで、

富裕層はより豊かに

ゆきすぎた富の不平等は、ある意味、資本主義制度の必然的な結果である。資本（金または資産）をもっている人は、「資本を元手に投資する」（資本を最大限に活用する）ことができ、増えた資本を利用してさらに投資できるからだ。しかし、これは、２００９年以来の政府と中央銀行の経済政策の結果でもある。

コロナ禍の打撃を受けるまで、２００７年から２００９年にかけての世界金融危機は、１９２０年代以降で最大の経済危機だった。この危機に対応するための政策の一つが記録的な低金利の導入で、預金がある人は（利子があまりつかないので）銀行から金を引き出し、より高いリターンを得ようとして株式市場や不動産や債券に投資するようになった。その間にイギリス、アメリカ、ユーロ圏を含む世界各国の中央銀行は、「量的緩和」「資産譲渡」といった政策に乗り出した。これらの用語は、ごく単純に言ってしまうと、数字のうえで何十億もの金額が生み出され、銀行や巨大金融機関へと引き渡されていったことを意味する。これらの機関が金を投資に回すことで経済が止まってしまうのを防ぐ、という考え方だ。

あらゆる投資に金が流れ込んだ結果、２０１０年から２０１９年にかけて世界じゅうの株式市場で記録的な上昇が続いた。不動産価格についても、ロンドン、パリ、ニューヨークといった世界的に人気が高い

地域で同じ現象が起こり、住宅やマンションの価格が当該地域の給与水準を大幅に上回るまでに高騰した。企業の株式やセカンドハウスといった資産をすでにもっている、または購入できるだけのお金がある富裕層は悠然と構え、自分たちの投資の価値が上がるのを眺めていた。イギリスの貴族の600家では、所有する資産の価値がここ10年で2倍になり、2000年以降、百万長者の数は3倍、億万長者の数は2倍になった。[26]

このように、企業活動に参加し資産を所有すること、言いかえれば、企業の株式や不動産などの価値が上がる「資産」に投資することによって、富が生み出されてきた。イングランド銀行はこの事実を2012年に認めたが、いっぽうで、預金（年金貯蓄は含まない）を株式市場に投資したのはイギリスの人口の15パーセントにすぎず、先にもふれたが、女性で投資をする人の割合はさらに少ないと述べた。[27] きわめて高額の純資産（資産額3000万ドル〈約44億円〉以上）をもつ人のうち、女性はわずか13パーセントだ。[28] 女性の場合は、資産が相続したものであるケースが、男性の3倍となっている。もっと多くの女性が起業や投資をして成功するか、または企業でより高い地位まで上り男性と同じ報酬を得るかしないかぎり、超富裕層のなかでの男性と女性の割合は変わらないだろう。

西洋社会は、金融危機に対するもう一つの政策、緊縮財政によっても大きく変わった。緊縮財政とは、増税を行いつつ政府支出を大幅に削減することの婉曲表現だ。1980年代以降、あらゆる路線の政治家が、社会福祉予算の削減、制限、縮小という考え方にすり寄っていったが、緊縮財政は有益なので受け入れるべき当然の論理だと言われるようになったのは、金融危機が起こってからだ。

緊縮財政の論理的根拠は財源不足である。つまり、先進国では財源が非常に限られているので、国家による支援は最小限にして、最も支援を必要とする人だけに提供すべきとするものだ。緊縮財政は、利己的な個人主義の風潮がますます強まっている理由の一つでもある。金持ちであれ貧乏であれ、一人ひとりの女性、一人ひとりの患者、親、労働者たちが、どこまでも縮小される福祉予算の分け前を求めて闘っているのだ。

不平等が深刻なため、政府と民主主義の目的について疑問が投げかけられている。このような背景のもと、２００９年から２０２０年にかけては、フェミニズムが闇のなかから姿を現した時期でもあった。

第四波フェミニズム

歴史学者は、フェミニズムを次々に押し寄せる「波」として語る。「波」とは、ジェンダーに関する課題が湧き上がって、政治やメディアの注目を広く集める時期を指す。いずれの波でも、そのときどきの女性の関心に応じて、異なる課題が強調されてきた。

第四波フェミニズムは、２０１０年から２０１２年ごろ起こった。フェミニストたちがソーシャルメディアの力を利用して、女性であることの意味について問いかけを始めた時期だ。[29] イギリスでは、２０１２年に有名なテレビ司会者のジミー・サヴィルが性的虐待と小児性愛を何度も繰り返していたことが発覚したときに、新しいフェミニズムの波が高まりはじめた。その年の12月、インドのデリーで、ジョーティ・シンという女性がバスの中で集団レイプを受け殺害されるという残忍な事件が起き、世界を震撼させた。この事件は、21世紀になっても人権擁護キャンペーンが引きつづき必要なことを浮き彫りにし、世界じゅうで女性の権利運動が盛り上がるきっかけとなった。

大まかに言うと、第四波フェミニズムは、正義、女性の表現、そして女性と少女を性の対象にすること、といった問題に着目してきた。女性に対する性的虐待や搾取も注目を集め、過去の虐待に関する捜査も行われた。ツイッター（現・X）のハッシュタグ「#MeToo」は１００万回以上もツイートされ、女性たちがセクシュアル・ハラスメントを受けた経験をシェアした。「Me Too」と同じ意味をもつ各地の言葉も登場した。スペインでは「#YoTambien」、アラブ諸国では「#أنا_أيضا」、フランスではより辛辣なハッシュタグ「#balancetonporc（豚野郎を糾弾しよう）」が拡散した[30]。一般に、セクシュアル・ハラスメントは、体に対する好奇な目とともに、女性が仕事で活躍するうえでの大きな障害となってきたし、いまでも障害となっている。

ボディ・ポジティブ［従来の美の基準にとらわれず自分の体を受け入れること］の運動を通じ、現実ばなれした女性の表現に異議が唱えられ、広告や雑誌で普通に行われてきた女性の体の修正に対して反発が起きた。女性をもっと積極的に取り上げるべきだというキャンペーンによって、19世紀の作家ジェイン・オースティンが、２０１７年に導入された新しい10ポンド紙幣の裏面に登場した。そのときのキャンペーンは厳しい闘いとなり、参加したフェミニストのなかには殺害の脅迫を受けた者もいた。

第四波はフェミニズムを周縁から主流へと押し上げ、この世代の女性を解放することになった。ただし、これまでとくに注目を集めてきた話題はすべて、女性の表現やハラスメントといった文化的な関心から来るものであり、構造的な不平等に関するものはあまりなかった。たとえば、社会のしくみ、制度運用のあり方（学校の授業時間が勤務時間とあっていないなど）、そして男性が経済的に有利になるようにしてきた法律とその残骸（１９７０年に制定された同一賃金法は実効力がなく、女性に男性と同等の賃金を保証するものではなかった）といった問題がある。こうした構造的不平等が社会のなかに織り込まれているのだが、構造的なジェンダーの抑圧と闘う活動家たちは、文化的な問題に比べるとまだ同じ程度の成功を経験していない。これは活動家の責任ではない。男性によって社会が作られているため、家父長制が根強く残っているのだ。そこには、男性が女性よりお金と経済力をもっていることも含まれる。

女性にとっての経済的不平等は文化的問題（たとえば最も収入が高い仕事やメディアに登場する専門家に女性が少ないという事実に反映されている）でもあり、構造的問題（子どもを世話する適切なしくみが全国的に整っていないので、女性は男性と同じ収入を得られない）でもある。この二種類の問題の両方に立ち向かってこそ、女性は経済面で男性と平等になれるのだ。

これは、デジタル時代のキャンペーンでは困難だ。ツイッターやフェイスブックやインスタグラムで「いいね！」がつくのは、第四波フェミニズムの拡大に不可欠だったたし、運動の対象範囲を広げることもできたのだが、こうしたメディアは、イメージが先行する大義や単純なコンセプトが有利になる手段でもある。政府の政策や高齢者の貧困といった複雑な問題は、受けがよい写真を提供できる機会ではなく、拡散されやすいミーム［インターネット上で広まる概念や行動］にもならない。
経済の不平等は短いフレーズのハッシュタグになりにくいが、それでも一部の活動家は試みてきた。「#periodpoverty（生理の貧困）」はツイッターで拡散され、適切な生理用品を入手できない女性に対する意識を高めた。極度の貧困と闘う慈善団体のワン（One）は、「貧困は性差別」というスローガンを採択し、最近では「99パーセントのフェミニズム」という運動が女性によるストライキを組織した。[31]
ソーシャルメディアの影響力が拡大し報道のデジタル化が進んだことは、私たちがその場しのぎの解決策や深く考えていない挑発的な意見が幅をきかせる時代にどっぷりつかっているということを意味する。ロンドンでもサンフランシスコでも、古くからある報道機関は収入の減少にあえぎ、クリックベイト［インターネットユーザーの好奇心をあおってリンクを開かせようとする手法］に頼る傾向が続いていて、報道はますます表面的になった。メディアは長期的な社会問題を効果的に報道しようと奮闘するが、社会問題はその性質からして、気のきいた見出しをつけ印象に残る画像を切り取るのが難しい。貧困の女性化も、差別も人種問題もだ。イギリスの地方メディアの多くが姿を消し、生き残っているのはロンドンに拠点をおく報道機関ばかりなので、都市のエリートたちにとって重要な話題を取り上げがちだ。ジェンダーによる経済の不平等を変えることができるのは、オンライン上の要求で対処できるような手っとり早い解決策ではない。

ネオリベラル・フェミニズム

ネオリベラル主義者は、この社会は自己の利益を求めてたえず競争する個人からなっていると考える。ネオリベラリズムでは、人々は基本的に消費者であり、財やサービスを購入する場である「市場」で最大限の自由な選択肢を提供されることによって幸せに、そしてよりよい人生を送れる、とする。ネオリベラル主義者にとって、政府の役割は、可能なかぎり企業を規制しないでおくことだ。

とすると、ネオリベラル・フェミニズムとは、「誰もが競争する」というネオリベラリズムの原理と結びついた女性の権利のための運動で、「女性は平等を目ざして闘わねばならない」ということになる。この奇妙な結びつきの結果、女性のエンパワーメントの教祖たちは、自分たち自身でジェンダー不平等と闘うのだと女性たちを激励する。人生でもっと多くのものを得たいなら、その責任は個人にあるというわけだ。企業や政府に対する要求はなく、集団的行動について語られることもない。

この見方は、はからずも女性の不平等の責任を個人に背負わせようとするものだ（彼女はもっといい選択をすべきだ、賃金交渉をするべきだ、など）。この考えは、女性を不利な状況においてきた構造的な不平等を認識していない。たとえば、社会全体に存在するジェンダーに基づく賃金の不平等、女性に偏っている家事負担、出産休暇中の手当の制限などだ。ネオリベラル・フェミニズムが経済の不平等に対処できていないことが、女性が男性と同等の経済力をもつまで「２５７年もかかる」[32]理由の一つだと、私は考えている。

こんにち「ネオリベラリズム」という用語はあまりよい意味で使われていないことを指摘しておきたい。

自由市場の開放によって女性が社会的にも経済的にも恩恵を受けたとする議論があり、ある程度は真実であるが、現在のモデルがジェンダーの平等に関して達成できることには限界がある。ネオリベラル・フェミニズムは「コーポレート・フェミニズム」「消費フェミニズム」とも呼ばれてきたが、私はネオリベラルという語を好む。このような考えを広めてきた人たちすべてが、いわゆる「コーポレート（企業）」での役割をもっているとはかぎらないからでもある。

ネオリベラル・フェミニストは、自由市場資本主義の熱心な信奉者だからではなく、ネオリベラルの思想が優勢だからという理由で賛同していることも多い。ネオリベラル・フェミニストの考え方は、フェイスブック（現・メタ）のＣＯＯ（最高執行責任者）のシェリル・サンドバーグが２０１３年に『LEAN IN――女性、仕事、リーダーへの意欲』（日本経済新聞出版社、２０１３年）を出版してから広まりはじめた。

サンドバーグは、女性の収入や職場での地位が男性より低い理由の一つとして、企業での活動にあまり積極的に取り組まないことを指摘する。まず、自身が妊娠したとき、オフィスの入り口近くに女性用に確保された駐車スペースがないことに気づいた、というエピソードから始める。サンドバーグがこの問題を取り上げると、妊娠中の女性のために、使いやすい場所に駐車スペースが割り当てられた。彼女の論点はこうだ。なぜ女性はもっと前にこの問題を持ち出さなかったのか？　おそらく、妊娠した女性が社内で問題提起したが無視されたのだ。あるいは、女性は妊娠に伴う不便に注目を集めるようなことをしたくないという空気があったのだろう。仕事があまりできなくなると思われないように（アメリカの公共政策では有給の出産休暇がない）。

サンドバーグの著書は批判を浴びた。「やればできる」「さあ、やってみなさい」という信条をしきりに繰り返すあまり、一般の人が抱くイメージのなかで「一生懸命やればキャリアも夫もすばらしい家族も手に入る」という単純なメッセージになってしまったからだ。『LEAN IN』には、もっと微妙な意味合いが込められている。

著者の名誉のために言うなら、サンドバーグは夫を亡くしたあと、ひとり親がどれほど大変かわかっていなかった、と公の場で率直に語った。一部で論じられているところでは、最近、人口構成のなかでほんのわずかだか重要な位置を占める高収入で高学歴の女性が、ほかの人たちとは分離されたエリート集団をつくっていて、この集団は、子どもの世話という典型的な「女性の関心事」とは無縁なのだという。この説によれば、低・中所得の女性は自分で自分の面倒を見なければならないので、こうした女性たちと最も力をもつ女性たちとのあいだの隔たりが、これまでにないほど大きくなっている。同じような見解を打ち出した著書には、ハナ・ロージンの『The End of Men（男性の終焉）』（未邦訳）やアリソン・ウルフの『The XX Factor（XXファクター）』（未邦訳）などがある。

問題は、女性のリーダーやメンターというより、ネオリベラル・フェミニズムの言説がどういうものかを社会全体が認識していないことにある。ネオリベラル・フェミニズムは、力をもつ者がジェンダー平等や女性のエンパワーメントといった言葉を表面的に捉え、同時に私たちの生活を形づくっている社会経済的、文化的な構造を否定する、巧妙なやり方なのだ。

では、どういうことがネオリベラル・フェミニズムなのだろう？　以下に、核となっている考え方をあげてみる。

1　要求するのではなく、自分のマインドセット・行動を変える

ネオリベラル・フェミニズムは、女性がマインドセットと行動を変えて職場になじんでいくよう求める。企業に労働文化を改善するよう要求するのではなく、どんなことを求められたとしても、女性のほうが自分自身を仕事に合わせていくよう勧める。正しい態度で適切な行動を示せば、職場は誰もがうまくやっていける中立的な空間になると決まっているのだ。職場という空間は中立的とみなされているので、もし問題が起こったとすれば異常事態であり、職場ではなく、ある女性に特有の問題だと考える。ほかの人がみなうまくやっているのに、職場に問題があるわけないだろう？　そして、差別を克服するのはその女性の責任になる。[33]これはフェミニズムでなく静観主義《クワイエティズム》だ。私たちは、自分の行動を変えるのではなく、異議を唱えるべきだ。

また、なぜこれほど多くの企業で、とにかく職場にいることが重要だという「出勤主義（プレゼンティーイズム）」を要求されるのか？　従業員が夜まで仕事をすることで、企業はどんな利益を得るのだろう。この人たちはそもそも生産的なことをしているのか。

ジャーナリストで『マリ・クレール』誌の編集者だったヘレン・ラッセルは著書『幸せってなんだっ

け？ 世界一幸福な国での「ヒュッゲ」な1年』（CCCメディアハウス、2017年）で、夫の仕事の都合で「世界一幸せな国」と称されるデンマークに移り住んだときの経験をつづっている。[34] 同書によれば、デンマークの勤労者は定時にオフィスを出る。遅くまで残っている人を横目で見て、この人たちは生産性に問題があって割り当てられた時間内に仕事を終えられないのだと考えるという。いつから、午後10時までオフィスにいることが能力を示す指標になったのだろう。職場にいることが重要だとする文化は、仕事以外にも責任がありそのためにオフィスを出なければならない女性にとっては不利になる。遅くまで仕事をする男性はたいてい、子どもを学校に迎えに行き夕食を作ってくれる人がいるという特権に恵まれている。プレゼンティーイズムは性差別なのだ（この点については第10章でさらに述べる）。

2　女性は男性のように堂々と自己主張し自分に自信をもつこと

ネオリベラル・フェミニズムは、男性が仕事で成功するうえで役立ったと考えられる特性を女性が取り入れるよう促す。積極的に自分の意見を主張する、自分をもっと信じる、より戦略的に考えるなどだ。女性は競争に慣れていないため、成功を阻んでいる障壁は自分自身の内面にこそある、だからこの壁を克服しなければならない、などと言われることもある。

問題なのは、企業で求められる行動や心理が多くの人にとって受け入れがたい場合もある、ということだ。ジョアン・ラブリンの著書『Earning It（稼ぐ）』（未邦訳）は、「ビジネス界のトップに上りつめた女性の先駆者が苦労して得た教訓」という副題がつけられていて、「企業という戦場」での成功はフェミニストの理想だとして、「あなたが潜在能力を最大限発揮するためのすばらしいキャリア指針」になると請け合っている。[35] 同書で用いられている表現は明快だ――現代の職場は戦場のようだが、征服できれば自己実現ができる。しかし、紹介されている女性の体験から、企業でのキャリアという道が実際はどんなものかもわかる。「2人の女性は、かなり大きな事業の責任者だったときに、まだ若い年齢だったが脳卒中を患った」という話を紹介している。[36] それでもなお「気概をもって立ち上がり、キャリアのなかで障害に直面しても敗北を認めまいと決意していた」という。これでは、仕事のストレスに苦しむ女性について淡々と述べているだけだ。そして、同じような口調で、女性はキャリアを追求すべきだと謳い上げる。しかし、個人のキャリアの追求だけでなく、女性どうしの連帯がフェミニズムに不可欠なはずだ。

3　仕事と子育てを上手に回し、すべてを手に入れよう

男性は、どのようにしてワーク・ライフ・バランスをとっているかと聞かれることはけっしてない。しかしネオリベラル・フェミニズムでは、高収入でやりがいのある仕事をしながらパートナーも子どももいるという「すべて手に入れる」ことができた「例外的な女性」を称える。キャリアと子育てをもっと楽に両立できるように制度を変えることは求めず、相変わらず「バランス」を実現するための方法をしきりに提案する。そして、やたらと将来について強調する。仕事と子育てを上手に回していこう、違ったアプ

ローチを試してみよう、そうすればいつかバランスがとれる、と説く。ネオリベラリズムは、将来すばらしいことがあると約束する。いまはまだできないだけだ、と。

制度に打ち勝った女性を具体的にあげることで、ネオリベラル・フェミニズムは女性が制度的に差別されているという考えを否定し、既存の制度がいっそう受け入れられるようにしむけているのだ。

ネオリベラリズムの影響が広まる前の伝統的なフェミニズムは、女性は仕事と母親業を両立できるような制度をつくるためにエネルギーを注ごう、と鼓舞していた。無料の保育所を作ってもらおう、と呼びかけた。実際のところ、ワーク、ライフ、家族のバランスを実現するのは、相当な額の財源があるか並はずれて協力的な家族がいるかでないかぎり、途方もなく難しい。

このことは、出生率の変化に反映されている。アメリカでは現在、最も裕福で学歴が高い層の女性が多くの子どもを産む傾向にあるが、歴史的には、社会的、経済的に低い階層の人たちのほうが子どもを多く産んでいた。[37] 年収が50万ドル以上（約7400万円）ある世帯の3分の1は3人以上の子どもがいるいっぽう、年収50万ドル未満では、すべての収入層で、40歳から45歳の女性のうち3人の子どもがいる人は3分の1に満たない。[38] ネオリベラル資本主義のもとでは、広い家に住み育児を助けてもらう手段を得て子どもに最高の機会を与えてやるだけの余裕があるのは、最高の収入がある人だけ、という傾向が強まっている。一説によれば、高学歴の女性のパートナーは育児も共同で取り組もうとするという。

超富裕層は別だが、研究によれば、一般に女性は子どもの数が多いほど、同年齢の男性と同じだけの給料を得られる見込みが低くなっている。[39]

これは、女性が最適な選択をしなかったからではなく、うまく乗り切るために必要な条件が整っていなかったからで、古くからある社会の体制の問題だ。たとえば、企業は学校が休みの期間に合わせた十分な有給休暇を与えない、子育てに膨大な費用がかかる、などだ。

ここまであげてきた状況は、経済の不平等に関心があるフェミニストの最優先事項にあげるべき課題だ。不利な条件を乗り越え成功した女性たちの話には心を動かされるが（またこうした人たちは興味深い人生を送っているものだが）、「すべて手に入れる」ことを強調するのは現実からかけ離れていて、女性にとって不利な社会体制を強化することになる。

4　給料からあなたの価値を知る

「自身の価値を知ろう」は、女性のメンターが、キャリアアップを図り個人の資産を増やすよう勧めるときに使うキャッチフレーズになった。私は、女性に向けたこの手の指南書を3冊調べた。いずれも何らかのかたちで「あなたがほんとうに信じる自分の価値は何かを問うてみよう」とアドバイスしている。また、「平等な給料に向けて自分の価値を知ろう」とか「自分の価値を知り交渉する方法」とかいったセミナーがひんぱんに開催されている。ロンドンで定期的に開催される「資産大改造」と称する5時間のセミナーの参加費は169ポンド（約3万2000円）もする。

もちろん時給10ポンド（約1890円）で働く人にも、1日で500ポンド（約9万4000円）稼ぐ人に劣らない価値がある。社会で不可欠な仕事をしているのに給料が少ないという人が何百万人もいる。ただし、一定の時間で得られる賃金には、それぞれの仕事に対する社会の見方が反映されている。そうした時間あたりの賃金が個人の生涯にわたって積み重ねられていく。

たしかに、お金があるということは、人生において物質的な快適さを与えてくれるものであり、個人にとっても家族にとっても機会が増えるということだ。貧困からくるストレスを軽減し、愛する家族が困窮しているのを見るつらさから解放してくれる。だから、もっとお金を稼ごうとするのは悪い考えではない。ただ、「給料からあなたの価値を知る」という提案は概して、ある種の女性についてのみ取り上げ論じているものだ。資金がふんだんにある（ボーナスや手当を交渉する余地がある）大規模な民間企業に勤めている女性、キャリアのなかですでに自由と選択を十分得ている女性、だ。多くの女性は、給料を交渉したり自由に転職したりできる立場にない。大半の組織で変化は遅々としていて、予算は厳しく制限されている。ましてや、職務明細書を変更してもらったり手当の交渉をしたり、あるいは主張が報われたりする余地はあまりない。

給料と自分の価値を同一視するのはばかげている。「自分の価値」だけのものを得られることはけっしてない。給料はある特定の時点で稼いでいる金額にすぎず、あなたの価値とは関係ないからだ。もし、自分の能力や経験を反映していると思う金額を自分で決めたとしても、それだけの金額を払ってくれる人を探さなくてはならないし、弁護士や外科医や心理療法士の1日の料金は、最終的には特定の地域にその専門職が何人いて専門スキルがどれぐらい求められているかで決まる。たしかに、あなたは優秀だと判断されて、雇用主や利用者が高い給料や料金を払ってくれるときもあるだろう。

しかし、そんなふうにばかり考えてはいけない。反対に、次の仕事で給料が下がったとしても、あなたの価値が下がったという意味ではないのだ。雇用主から余剰人員になったと言い渡されたとしても、同じだ。

ネオリベラル・フェミニズムの問題点

結局のところ、ネオリベラル・フェミニズムは非政治化されている。世界を変えるために、大衆行動について語ったり人々を運動に駆り立てたりはしない。社会正義や公正や解放といった、女性の権利運動が何世紀にもわたって支持してきた原理とはあまり結びついていないのだ。

ネオリベラル・フェミニズムをこれまでのフェミニストの思想と比べてみよう。第一波フェミニズムは、19世紀の終わりから20世紀初めにかけて女性の参政権運動を盛り上げた。その結果、1918年の国民代表法の成立へとつながり、すべての男性に選挙権が認められた。女性にも初めて選挙権が認められたが、5ポンド以上の価値がある不動産物件に住む30歳以上の女性、つまり中・上流階級の女性に限られていた。多くの女性は、自分自身の不動産でなく、夫の不動産によって選挙権が認められた。

第二波は、おおむね1960年から1980年にかけてで、「個人的なことは政治的なこと」というスローガンを掲げた。活動家たちは、家庭の領域にあってそれまで目を向けられなかった問題に光をあてた。

たとえば配偶者からの虐待、子どもの世話、家庭に閉じ込められた女性のフラストレーションなどだ。それまでは、家庭や職場でのジェンダーによる分断は政治的に重要だと考えられていなかった。たとえ男性と女性の経済的地位の違いが論じられたとしても、生物学に基づいて「自然」かどうかという文脈でしか語られなかった。[40]

ベティ・フリーダンによる1963年の著書『新しい女性の創造』(大和書房、1965年)は、何百万人もの女性の共感を呼んだ。フリーダンは、主婦である女性の倦怠と不満に焦点をあて、これを「得体のしれない悩み」と呼んだ。第二波の時期にフェミニストは、家庭内のジェンダー不平等は、女性を抑圧している大きな体制の一部だと論じた。男性と女性の生活の違いが、初めて政府レベルで真剣に検討されるようになった。

第三波は、1990年代に始まった。運動のなかで生じた分断を解決しようと願う若い世代の女性たちのあいだで、フェミニズムが取り上げられた。この時期、フェミニストはジェンダーとセクシュアリティの流動性を強調した。美と女性らしさの基準を批判し、女性の解放を決定づけると考えられていた野心や個人主義や自己主張を組み込み、「ガールパワー」や「女性のエンパワーメント」といった概念が大衆文化の一部となった。[41] 間違いなくこの時期に、資本主義がフェミニズムと結びつくようになった。自分で購入した衣服や化粧品によって、さらには伝えようとするイメージを通じて、自由を表現することが女性にとってますます重要になっていった。

いずれの「波」も完全ではないが、あらゆる思想と同じく、何世紀ものあいだにフェミニズムは広範な考え方を包摂し、さまざまな社会的、政治的な目的に取り組んできた。

ネオリベラル・フェミニズムは個人の成長に注力するもので、政治運動というより自助プログラムのようになっている。このことが、たびたび用いられる表現に反映されている――よき企業フェミニストは自分自身についてよく調べ、人前で話すことや昇進に対する不安など、仕事での成功の妨げになる精神的な障壁に気づくこと、そして自信をもって仕事をする。

これは、経済的、法的な権利を求めて闘うため女性どうしで助け合おうと呼びかけ、集団行動を盛り立ててきた、政治哲学としてのフェミニズムの核心から、あまりにもかけ離れている。フェミニズムは、進展してきたときと同じように、また変化しながら続いていくだろう。そろそろ、ネオリベラリズムと決別し、その影響を過去の遺物とする時期だ。

チョイス・フェミニズム

女性は、出産後にパートタイムの仕事を選択するから、男性より貧しいのだろうか。それとも、もっと高い地位につくため転職できるときに、低い地位にとどまるほうを選択するからだろうか。

女性が直面する経済的不平等について論じられるたび、いつも同じ疑問が投げかけられる。女性は意図的に、あるいは無意識のうちに、経済的に弱い立場を選んでいるのではないか？という疑問だ。これは、ここ10年のあいだに、フェミニズムの目的は女性の選択肢を増やすことだと広く考えられるようになったためでもある。「チョイス・フェミニズム」は、女性が行う選択は本質的にエンパワーメントにつながるものであるという論理に依拠し、女性は選択にあたって自主性を発揮できるので、女性の選択はフェミニスト的な考えに基づいている、というものだ。

たしかに、過去には女性の自主性や自立が制限されていたし、女性に与えられる選択肢——大学に行く、医師として開業する、銀行口座を開設するなど——が増えることでジェンダーの平等が促進されてきたのも事実だ。また、世界のなかには、いまもなお女性が自律的に行動できない地域もあり、こうした地域で女性が男性の支配から解放されるためには、選択の自由を広げることが不可欠であるのもたしかだ（よい例がサウジアラビアで、２０１８年にようやく女性の運転が解禁になった。サウジアラビアの女性が男性の付き添いなしに行きたい場所へ車を運転して行けるようになったことは、女性に大きな力を与えるものであり、ジェンダー平等を求めて闘ってきた同国の活動家にとって決定的な勝利だった）。

しかし、選択を広げることだけがフェミニズムだ、あるいはフェミニズムの中心的な問題だ、と考えるのは誤りだ。

理由を説明しよう。選択は何もないところで行うのではない。誰にとっても同じことだが、女性は自分に可能な選択肢と、直面している制約とに基づいて選択をする。女性の行動や個人的な状況を、選択の結果であるかのように言い立てるのは、女性の生きてきた経験を無視することになる。

これは、チョイス・フェミニズムという論理を女性がおかれている経済的不平等にあてはめてみれば明らかだ。女性たちは子どもができたあと、純粋に「選択」として勤務時間を減らしたのだろうか。そして年金貯蓄より子どもの世話のためにお金をつぎ込むことを「選択」したのだろうか。

チョイス・フェミニズムは、このような選択をせざるをえなかった、力の構造を考慮していない。その結果、構造そのものを批判する余地がなくなっているのだ。賃金格差やそのほか女性が経験する独特の状況を選択によるものだとすることは、ジェンダーの平等を進めるうえで何の役にも立たない。

女性の権利の問題は、１９９０年代から２０００年代初頭にかけて、すっかり過去のものと化していたため、自分のことを積極的にフェミニズムと結びつけて発言する女性はあまりいなかった。そうした状況は２０１２年以降根本から変わり、有名人や政治家、ビジネス界のリーダーたちが、自分はフェミニストだと「カミングアウト」するようになった。「私が知っているフェミニストの多くは、最近まで、フェミニストだと名乗ることさえなかった」とビジネス記者のエイドリアーナ・ロペスが述べている。[42]「あの人たちはプラカードや黒焦げになったブラジャーを手にして通りを練り歩いたりはしない。おそらく、自分のキャリアを築くのに忙しいのだろう」とつけ加え、平等を主張する人は下着に火をつけるような怒りに燃えた人たちだとする、言い古された侮蔑的な表現を繰り広げた。

ネオリベラル・フェミニズムとチョイス・フェミニズムの影響がなければ、フェミニズムはビジネス界や大衆文化で成功した女性を称える勲章のようにはけっしてなっていなかっただろう、と私は強く言いたい。このようなフェミニズムの流れのなかでは、「エンパワー」された人や「選択」を行った人がいれば、そのような行動や状況はすべて「フェミニスト」だと称されるようになるかもしれない。

ネオリベラリズムの思想はフェミニズムと巧妙に合体し、両者が密接に関連していく。少なくとも、経済的不平等について女性を「助ける」ことに関しては。しかし、ネオリベラリズムとフェミニズムはそれほど相性がよい仲間ではない。

女性がおかれた経済的不平等に終止符を打つということは、女性の権利運動の目的をネオリベラリズムとチョイス・フェミニズムとの影響から解き放つということだ。自分の領域で個人的な闘いを続ける社会のその先を見据え、大衆運動としてのフェミニズムという視点へと移行するときが来ている。ジェンダーの平等をつくりだすための社会行動を求めるフェミニズムだ。

第2章 ✦ これまでの道のり

女性が銀行から締め出されていたころ

1950年まで、イングランドで所得税を払う能力がない人は「子ども、既婚女性、精神錯乱者、精神薄弱者、正気を失った人のいずれか」と定義されていた。[1] 歴史を通じて、女性を子どもや精神疾患者と同列に扱うのが当然だと考えられていた時代があった。この傾向は、とくに財産を所有する権利がからむときは顕著だった。たとえ女性に労働や投票など一定の自由が与えられていても、お金や不動産、銀行口座や融資へのアクセスを制限し社会のなかで女性を子ども扱いして能力を奪おうとしてきた例は、いくらでもある。そんな話は過去の歴史だと思うかもしれない。しかし、私たちがこんにち享受している経済的自立はだいたいにおいて、私たちや私たちの母が生きているあいだに勝ちとったものだ。

1980年に法律が改正されるまで、イギリスでは女性が男性の保証人なしに銀行の融資を受けることが認められていなかった。たとえその女性が保証人の男性より稼いでいたとしてもだ。法改正の前は、女性が返済できなくなったときに支払いを保証してくれる男性がいなければ、銀行は女性への融資を拒否することができた。女性が請け合っても十分ではないのだ。そして、お金に関して女性は信用できないという、人を見下したような通念が、40年以上たったいまもはびこっている。この点については第3章で述べよう。

1990年まで、既婚女性の資産は、少なくとも法律上は夫に帰属するものだった。イギリスの税制度では、世帯の男性の収入に妻の収入も加えたうえで夫の税登録番号のもと夫婦として課税されるという180年続いた慣習が維持されていた。法律の改正により、女性も税に関して男性と同じように自立性が確保され、財産に関するプライバシーが守られるようになった。同時に、収入の少ない妻が収入の多い夫の税率に合わせて納税することもなくなった。[2] ジャージーでは、2020年になってようやく、既婚女性が自分で税金を払う権利が認められた［ジャージー島などからなるジャージー代官管轄区は、内政に関してはイギリス議会の支配を受けず高度な自治権を有している］。

これが、女性の権利が剝奪されてきた歴史だ。投票や政治参加の権利だけではない。やりたい仕事をして給料を受け取りお金や資産をもつ能力――自己のアイデンティティと行為主体性と安定をもたらしてくれるであろう能力――が、女性は仕事や資産を切り回せないだろうという想定のもと奪われていた。女性の力を軽んじてきたことの影響は、こんにちも続いていて、女性が経済的平等を得るうえで障壁となって残っている。

あなた自身は、女性を見下し制約を加える法律の時代を生きていないとしても、あなたの女性の親族や上司や先生は、そういう時代を生きていた。何世代にもわたり女性は経済リテラシーがないと考えられてきた結果、女性はお金について娘に教えることができず、資本主義社会における重要な力の源（お金）から女性が疎外されてきた。そして、金融分野が自分のキャリアになると信じて育った女性はあまりいなかった。

財産としての女性

何百年ものあいだ、女性は財産をもつことができなかった。女性自身が財産だったからだ。まず、女性は父親の所有物であり、次いで夫の所有物になる。私たちは資産だったのだ。年齢や外見によって、また料理や掃除や子どもの世話をしてベッドを暖めてほしいと願う男性にとってどれほど有用かという基準で、査定された。そして、婚姻を通じて取り引きされた。親や兄弟は、持参金や相続や地位を女性と引き換えることで取り引きに加担する。多くの場合、女性は将来の配偶者を選ぶことに対し無力で、経済的な観点から、望まない結婚にノーと言えるだけの強い立場になかった。しかも、これが現在でも世界の一部で女性がおかれている状況なのだ。[3]

そういったなかで、処女性という概念は女性を商品化するために利用されてきた。妻が取り引きされる市場では、女性の体は商品であり、処女性は何より望まれる条件だった。若い女性の価値は、純潔とみなされるかどうかで高くも低くもなった。女性の処女性に対する執着は、現代の西洋社会でも根強く残っている(オンラインで処女を売る若い女性や、10代の娘と父親が参加するアメリカの純潔舞踏会を思い浮かべるとよい)。いっぽう、家父長制社会では、女性を支配する能力に自分の価値を見いだすよう、男性をけしかけてきた。

男らしさは、婚姻を通じて（普通は男性より若い）女性と正式な関係を結び経済的に支える男性の能力と結びつけられてきたのだ。

イギリスの中世の法律では、女性は、荷馬などの動産と同じような「家財」とされ、この法律がのちにアメリカ植民地にも持ち込まれた。法律に基づき、女性は婚姻により「(夫に庇護され) 包含されるもの（coverture)」になり、女性の権利が失われるという考え方が補強された。包含とは、法律上妻は夫と不可分とされ、すべての権利が夫のものになることを意味していた。

結婚した女性は、自分で賃金を得ることができず、契約を結ぶことも財産を所有することもできず、遺言を書くことも認められなかった。妻が相続した財産はすべて夫のものになり、夫は妻の許可なく売却できた。たとえ夫が望んだとしても、夫は妻に財産を与え、妻と法的合意を結ぶことはできなかった。妻と合意を結ぶことは、自分自身と合意することと同じとみなされたからだ。夫は妻が教育を通じて得た考えを統制し、妻は夫の許しがなければ知的能力を向上させることができなかった。

所有とは本質的に力と結びつくものだ。裕福な女性は、求婚する男性にとって力を得る足がかりとして魅力的だった。しかし、結婚すれば女性は何も所有できなくなり、行為主体性も尊厳も奪われた。

そして、女性には子どもに対する法的権利がなかった。子どもは夫に属するものであり、夫は自分の死期が近いと悟ると、子どもを守るために血のつながりのない後見人を指名することができ、後見人は子どもの母親より優位な立場になった。[4] これは、中世のあきれた話だと思われるかもしれない。だが、夫の死に際して女性が後見人と同等の権利をもつようになったのは、１９２５年のことだ。そして、１９７３年にふたたび法律が改正されるまで、結婚している母親は子どもの治療同意書に署名できず、自分の名前で子どものパスポートを取ることができなかった。[5]

同じロジックで、婚姻関係にない親から生まれた子どもは「nullius filius」、つまり「誰のものでもない子ども」とされた。この場合、父親は母親に対する所有権がないため、子どもの父親になれなかったのだ。父なき子を産んだ母親には恐ろしいスティグマが課された。こうした母親は、経済的なお荷物で社会資源の無駄遣いだとみなされた。女性が子どもと自分自身の面倒を見ることができるような社会を構築するべきだとか、人口の増加によって社会が恩恵を受けるだろうといった考えはなかった。

このような風潮は現代の社会政策にも反映されている。2019年、200万人の医療を管理する国民健康保険（NHS）ロンドン南東監督局の幹部は、今後は独身女性の体外授精には保険を適用しないと発表し、その理由は「社会の負担が大きくなるから」だとした。[6] NHS当局はこの対応の根拠として、公式なガイドラインで、古代ギリシャの哲学者アリストテレスの論理を謳っている。「アリストテレスが言う平等の論理とは、同等であれば平等に扱うというものだ。だから、夫婦である者は夫婦として平等に扱う。女性だけまたは男性だけというのは、夫婦と同等でないので、夫婦と平等に扱うことは根拠がなく、支持できるものでない」。アリストテレスは2300年以上前にこの世を去ったが、女性は男性に比べ生まれながらにして「劣っている」「欠陥がある」「不完全」だと考えていた。[7]

いわゆる婚外子に関する法律は、1576年に初めて導入された。その目的は、結婚せずに子どもを養うことができない人に罰を与え、子どもの養育費を得る手段として父親を特定することだ。法律の執行は地域の教区（教会）の責任であり、原則的に、教会は困窮した母親を支援しなければならないとされた。

女性にとって厳しい時代だった。イングランドの１６０９年の法律では、教区で面倒を見なければならない赤ん坊を産んだ「みだらな」母親は1年以内の禁固刑に処せられた。１７４３年の法律では、未婚の母は公開ムチ打ち刑を受けるとされた。婚外子は階級を超えた問題で、裕福な家庭にも貧しい家庭にも婚外子は生まれる。[8] 不貞や性的搾取による場合もあったが、結婚する予定であったカップルでも、男性が軍隊に入ったり刑務所に入れられたり、あるいは死亡したりということがあった。

未婚女性への偏見

１８３４年まで、女性は子どもの父親から適度な額の養育費を受け取る権利が認められていたが、未婚の女性はこの費用を受け取ることが難しかった。[9] 当局は、「怠慢な貧乏人」階級が労働より社会支援を選ぶのではないかと恐れ、道徳的品性と確固たる労働倫理を奨励しようとしていた。また、貧しい男性が、未婚で妊娠するような、道を踏みはずした女の言いなりになっているのではないか、そんなふしだらな女たちがやすやすと教区の支援を得ているのではないか、と考えていた。

何百年も続いた法律にかわって、１８３４年に新救貧法が制定された。非嫡出子条項により、父親は、婚姻関係を結ばなかった女性が生んだ子どもの養育費を払う義務がなくなった。非嫡出子は16歳になるまで、母親だけが責任を負うことになった。

この法改正をめぐり抗議の声がわき起こった。2人の親がいても女性だけが非嫡出子に対する経済的負担を抱えることになるためだ。それでも、婚前交渉が抑制されることはなく、一部の地域では婚外子が増加した。男性は、妊娠させた女性に対する責任をいっさい負わずにすむからだ。[10] 子殺しや中絶の増加を懸念する声もあった[11]（こうした懸念はこんにちのイギリスでも見られる。妊娠中絶の件数が記録的に増えているからだが、とくに比較的年齢の高い女性による中絶が増えていて、その60パーセントはすでに子どもがいる女性によるものだ。慈善団体によれば、政府の児童手当の制限が要因だという）。[12] 生活していけない母親は、子どもと一緒に救貧院へ行くことを余儀なくされた。ヴィクトリア朝時代の救貧院は国が運営する施設で、刑務所のような場所だった。障害者や高齢者や病人、孤児や未婚の母といった、社会的弱者にシェルターを提供するかわりに、入所者に労働させていた。経費は、入所者が行う労働によってまかなわれることになっていた。困窮を極めている人たちが国家の支援に頼らないよう、救貧院は厳格に運営された。その環境は、外の世界で最低の労働に従事する人たちよりも劣悪だった。

貧しい人を救貧院に送るという慣行は、いまとなっては２００年も前のものだが、イギリスの保守党政権が過去10年にわたり実施してきた社会福祉政策と驚くほど似ている。保守党政権は、国家による支援を受けている人に対する懲罰的制度を巧妙につくりあげてきた。「ユニバーサル・クレジット」〔従来の低所得層向けの給付を統合した新しい給付制度〕の導入により、国家の給付を頼りにしていた人たち――大部分は子どもがいる女性――がたいへんな苦境に陥っている（詳しくは第6章を参照）。論理としては、国家給付を最低限まで引き下げれば給付の申請を抑制できる、というものだ。しかし現実は、救貧法が導入されたときと同じだった。

多くの母親が、1日24時間週7日、子どもの面倒を見ながら食費と住居費をまかなうお金を稼がなくてはならないという、とてもあり得ない状況におかれている。仕事をしているあいだに、払える範囲で子どもの面倒を見てもらう手だてがなく、経済的に支えてくれるパートナーもいないなら、どうやって仕事と子どもの世話を両立できるというのか。

アイルランドのある事例

女性を財産として扱う法律は、イングランドでは1857年に廃止されたが、信じられないことに、アイルランドでは1981年まで法令集に残されていた。1972年、ヴェルナー・ブラウンというドイツ人の実業家が、この古めかしい法律を利用して妻のハイデの愛人を訴えた。ブラウン夫妻はアイルランド南部のコークに住んでいたが、結婚生活はうまくいっておらず、ハイデは地元の裕福な実業家スタンレー・ロシュと関係をもった。アイルランドはカトリックが浸透した国で、婚外交渉は一族全体の恥さらしになるほどの醜聞だと考えられていた。妻の情事を見つけたブラウンは怒りのあまり、自分の「財産」(ハイデ)がロシュによって「汚され」「おとしめられた」として、裁判所に訴えた。

陪審が評決を審議するため退廷する際、担当の判事が次のように助言した。「この国では、妻は家財とみなされ、サラブレッドの牝馬か乳牛と同じ」なので、ハイデが「失う価値もない」ような「だらしない」女性なら、ブラウンの訴えは却下されるべきだ。[13] ハイデは価値ある財産だとみなされたに違いない。

ブラウンは妻の「損失」により、1万2000ポンド（約230万円）を受け取ることが認められた――当時は家族で住む家を買うのに十分な金額だった。[14] ハイデとロシュは結婚し、一緒に暮らした。アイルランド議会は、なぜいまでも女性は法律上男性の所有物だとみなされているのか、と疑問を提起したが、当時の法務大臣のデズモンド・オマリーは、急いで改正する必要はないと言ったという。[15]

道を切り拓こうとした女性たち

所有の権利を獲得することは、女性にとって決定的な意味があった。女性は不動産をもたないので、雨風をしのぐためほかの人に頼らざるをえなくなるというだけではない。長期にわたって財を蓄積して資産をつくるための元手になるものもなかった。

アメリカでも、「包含（coverture）」というイギリスの制度が採用されたが、国土が広大であったことが、女性の権利の拡張を促進した。アメリカではフロンティア開拓のため、男性が何か月も何年も家をあけることがあったので、女性は生きていくために家計を管理できなければならなかった。たとえば、マサチューセッツ州では1787年に、一定の条件下で既婚女性が「女性単独の取引者」になることを認める法律が成立した。夫が長期間航海したり家を空けたりする場合は、女性が単独で商業活動をできることになったのだ。

財産に関しては、1664年にメリーランド州で成立した法律によって、男性が妻の財産を売却する場合は、判事が妻と2人だけで話し合い妻の同意を確認しなければならないと規定されていた。1771年にニューヨーク州で同様の法律が成立し、妻の財産の売却や譲渡を希望する男性は、妻の署名をとりつけるとともに、判事と個別に面談することが求められるようになった。[16] 妻が財産を売却するよう強制される可能性は残ったものの、進歩であった。それでも、多くの人は、女性は自分自身を守るため男性の監督下にいるべきだと考えていた。当時の人たちの考え方が多少なりともわかるエピソードを紹介しよう。

のちにアメリカの第二代大統領になるジョン・アダムズは、1776年にこの若い国がイギリスの足かせから解き放たれたときの指導者の一人であり、これからより自由で公平な社会の基礎を築こうと願っていた。ジョンの妻のアビゲイル・アダムズは、並はずれて教養の高い女性で、夫が最も頼りにする助言者の一人になった。

アビゲイルは、天然痘の流行と闘う地域で独立戦争が繰り広げられているあいだじゅう家庭を切り盛りし、そのかたわら、何百マイルも離れた土地にいる夫に、政府や政治に関する広範な考えを手紙で伝えた。アビゲイルはある手紙のなかで、女性が「包含」から解放され、男性から際限のない権力を勝手にふるわれることなく生きられるようにと懇願した。「婦人たちのことを心にとめていてください。そして、あなたがたの祖先がしてきたよりも、婦人に対して寛大に、好意的になってあげてください」と綴っている。男性が権力を乱用している状況にアビゲイルが絶望していたことが、次の記述から読みとれる。「あなたがたの性が生まれつき暴君なのはまったく真実ですから、どんな反論も受け入れられません」。[17]

ジョンの反応は？「私としては笑いとばすしかない」と書いて、恩着せがましいユーモアで妻の懸念を切り捨てたのだった。

アビゲイルの願いはかなわなかった。政治の世界で取り上げるべき関心や要求など女性にはないと考えられていたのだ。しかし、女性たちは男性に依存せざるをえなかったものの、野心がなかったわけではなかった。

イギリスでは、エンジニアのサラ・グッピーが女性として初めて、1811年に橋の設計をして特許をとった。ただし、その橋は建造されなかった。サラは、数多くの実績を残したエンジニア、イザムバード・キングダム・ブルネルを指導し、彼の代表作である、イングランドのブリストルのエイボン峡谷に架かるクリフトン吊り橋の設計に影響を与えたとされている。[19]

シビラ・マスターズは、アメリカで最初の女性発明家だと言われることがある。1712年にトウモロコシの製粉機を発明したが、この発明は、ロンドンで1715年に夫の名前で特許がとられた。アメリカで初めて特許を取得した女性は、コネチカット州の発明家メアリ・ディクソン・キーズで、1809年のことだ。メアリは、しゃれた帽子を作るため麦わらに絹や糸を織り交ぜる手法を開発した。この画期的な技術が生まれたのは、アメリカのファッション界に緊急事態が発生していたときだった。当時ヨーロッパはナポレオン戦争のまっただ中にあり、アメリカの船舶も攻撃を受けていた。その報復措置として、トマス・ジェファソン大統領はイギリスからの輸入を禁止した。物資が入ってこなくなったため、女性たちは自ら製作するようになり、ニューイングランドで帽子製造業が盛んになった。女性にとって、収入を得る機会、またファッションを通じて自己表現をする機会になった。

1870年、ヴィクトリア・ウッドハルと妹のテネシーは、ウォールストリートで株式仲介業を始めた最初の女性になった。「ウォールストリートに行ったのは、とりたてて株式仲買人になりたかったからではない。この大陸のまんなかに女性の反乱の旗を立てたかったのだ」とヴィクトリアは語っている。[20]ヴィクトリアは大統領選挙に立候補した最初の女性でもあった。しかも当時、女性は投票権さえ与えられていなかった。男性の付き添いなしに商店やレストランに入ることもできなかった。「こんな立場をとれば、熱狂より嘲笑を巻き起こすであろうことは、初めからはっきり認識していた。それでも、世間をあっと驚かせ急激な変化を起こすような画期的な出来事になる。今日ばかげて思えることが、明日は重大な局面として受け止められるだろう」と、『ニューヨーク・ヘラルド』紙のコラムで述べ、立候補を発表した。[21]

新聞の風刺画では、ヴィクトリアは悪魔として描かれている。ヴィクトリアは悪評を買ったため、家から追い出された。娘は学校に行くのをやめた。ほかの親たちが、子どもがヴィクトリアの娘とかかわりあいになるのを嫌がったためだ。ヴィクトリアは、自然に反し邪悪だという非難をかわしつづけなければならなかった。150年ののちになっても、アメリカの政治で最も権力をもつ地位にまだ女性がついたことがないと知ったら、ヴィクトリアがどれほど失望するか想像してみるとよい。これまでに200人を超える女性が大統領に立候補したというのに。[22]

夫の姓になることを拒否した女性

経済的自由が大きくなるにつれ、女性はほかの面でも自立を表現できるようになった。ルーシー・ストーンは、1855年にマサチューセッツ州で結婚したあと、夫の姓を名乗ることを拒否して有名になった。この決定により、当局とのあいだでたいへんな苦労をするはめになる。「夫が妻の姓を名乗らないのと同じように、妻は夫の姓になるべきではないのです。私の名前は私のアイデンティティなのだから、失ってはなりません」と、ルーシーは夫に宛てた手紙で書いている。[23]

ルーシーの夫のヘンリー・B・ブラックウェルは寛容な精神の持ち主で、彼の妹はアメリカで初めて医学の学位を授与された女性の一人だった。[24] 夫妻は結婚に先立ち、婚前契約のようなものを結んだ。ルーシーは、女性は経済的に自立すべきだと信じていた。「お金は力です」と演説で述べ、お金を稼ぐ機会を保証することを女性の権利運動の目標にすべきだと主張した。シンシナティの女性に向かって、女性の優先課題は教育を受け、ある程度のお金を貯めてから土地に投資することだ、と語った。[25]

ルーシーとヘンリーは親になることに関して、女性の性の自立という考え方の影響を受けていて、夫は感情に任せて妻を屈服させるべきでないと論じた。性交渉の結果（つまり子ども）に対処しなければならないのは母親であるので、ヘンリーは「いつ、どこで、何回母親になるかは、あなたが決めるのです」[26]と手紙のなかでルーシーに約束している（第11章で、女性が経済力をつけるためにはバースコントロールがいかに重要かを見ていく）。

労働の権利と女性にふさわしくない仕事

第一次産業革命から第二次産業革命の時期に、工場制手工業と製造業の発展により、西洋諸国は農業社会から都市社会へと変貌を遂げた。産業革命は女性によって促進された面もある。経済的な必要性から、女性たちが工場や商店や住宅、炭鉱に出向き、織物製造に従事したり家事使用人や洗濯係として働いたりするようになった。1851年時点で、賃金労働についていない女性はわずか4分の1だった。[27]

女性と産業革命にまつわる話には二つの側面がある。よい面は、稼いだ賃金で生活水準が上がった女性がいたことだ。家庭の外に出ることで自立でき、より広い世界とひんぱんに接するようになった。女性は少しずつ、市民であり経済主体であるという新しいアイデンティティを確立していった。負の側面は数多くある。大多数の女性の生活は19世紀初期に、以前にも増して厳しいものになった。家事や子どもの世話といった、妻として母としての責任をかわりに引き受けてくれる人がいないまま、妊娠しても重労働を続けた。妻が稼いだ賃金は法律により夫のものとされたが、男性の賃金は家族を養うのに十分でないことが多かった。家族の関係は神経をすりへらすものだった。男性が妻を殴るのは、1879年まで合法とされていた。

産業革命に伴う困難から、女性の権利運動が推しすすめられるようになった。フェミニストたちは、工場法が導入された1891年以降、何年も声をあげつづけた。工場法では、女性が出産後4週間以内で、雇用主がその事実を知っている場合、その女性を雇うことが禁止された。働けない母親がどのようにして収入を得るのかについては言及していなかった。2年後、母親が働けなくなる期間が出産後11週間まで延長された。

第一次世界大戦中に、力関係が変わる。伝統的に男性が担っていた役割を肩代わりするため、多くの女性が仕事に出るようになり、バスの車掌や警官や軍需工場の労働者などの職についた。しかし、一般に、男性が行っていたのと同じ仕事に対して女性に支払われる賃金は、男性より少なかった。戦時中に女性の貢献があったことで、女性は知的にも体力的にも劣っているという通念に疑問が呈され、女性の選挙権を否定し女性を職場から締め出していることを正当化するのが困難になった。また、戦争によって社会の保守主義が揺さぶられたため、社会と政治の変化がそれほど脅威だと思われなくなった。[28] 女性が権利を求めて闘うことに自信をもち、フェミニスト運動がより組織的に繰り広げられた結果、1918年に850万人の女性が選挙権を勝ちとった（先に見たとおり、規定額以上の財産を有する30歳以上の女性、または夫に規定額以上の財産がある既婚女性とされた）。選挙権は1928年にすべての女性に拡大された。

女性の役割に対する姿勢は軟化したものの、女性が賃金の支払われる職業に進出することには依然として反対があった。女性に権利を与えれば男性の立場がいくぶん弱体化するのではないか、と危惧された。繰り返し出現するテーマだ。

女性の参政権を求めて闘った第一波フェミニストは、参政権が得られれば、そのほかのジェンダーに根ざした抑圧はなくなるだろうと考えていた。[29] 現実は失望させられるものだった。1920年代以降、男性の賃金は上昇し、やがて、一人の稼ぎで家族を扶養できるまでになった。その結果、稼ぎ手である夫と家庭にいる妻という、いわゆる「伝統的な」家族が生まれた。女性は工場を去って家庭に引きこもり、こんにち私たちが経験するジェンダーによる経済の不平等の土台が生まれることになる。

似たような話は大西洋の向こう側でも持ち上がった。女性がいつ、どこで、どのように働くかに制限をかける「保護法」と呼ばれる法律が制定されはじめた。ミシガン州では、健康に害を引き起こしモラルを損なう可能性のある仕事に女性が従事することが禁じられた。[30] たとえばバーテンダーだ。また一部の州では、夜間に女性が仕事に従事することが認められなかったが、多くの場合、夜間業務のほうが賃金が高い。[31] 男性は、雇用があればどこでも柔軟に働けた。

オハイオ州では女性は、荷物の取り扱いや靴磨き、ビリヤードホールやボーリング場での業務といった仕事につくことを禁止され、ニューヨーク州では「健康」を守るため、女性が夜間にレストランで働くことが禁じられた。[32] おそらく、こうした場所では女性は多くの男性——しばしば粗野な男性——と接する機会があり、「女性のふるまいに好ましからざる影響を及ぼす」と懸念されたからだろう。[33]

カリフォルニア、オハイオ、オレゴンなどの州では、女性の労働時間に制限が加えられた。[34] 扶養してくれる男性がいない女性や将来に向けてお金を貯めようと願う女性、また生活費のやりくりに苦労する女性にとっては問題だった。ある訴訟では、女性が有する「身体的構造と母親としての役割遂行」のためとして、労働時間を制限する決定が支持された。[35]

結婚という障壁（マリッジ・バー）

1970年代になるまで、イギリス、アメリカ、オランダ、アイルランドでは、女性は結婚したら仕事を失うのが普通だった。「マリッジ・バー」として知られるもので、教育、政府機関、行政、銀行で働く女性は結婚と同時に退職を強制されるか雇用を打ち切られるかした。既婚女性を職に留めておくのは「より雇用を必要としている人（つまり男性）の職を奪う」ことになり、「若い女性が数年働いたら退職することで必要な人員の入れ替えができる」と考えられていたからだ。1946年の『スペクテイター』誌に、既婚女性は「未婚女性に比べ信頼できず自由に動けない[36]」とする記事が掲載された。このような見方は、現代の多くの職場でも無意識のうちにまだ存在する。

結婚による強制退職は根強く残った。雇用主が女性の人材育成に時間と金を投資したにもかかわらず、また従業員が入れ替われば新しく人員を雇用するための空白期間ができコストがかかるにもかかわらずだ。1944年から行った調査に関する政府報告によれば「教育と訓練を受けながら不本意な退職をした女性が相当数いることは明らかだ[37]」とされていた。ここでも、女性の経済的状況にはほとんど配慮が払われていない。それどころか、あまり裕福でない既婚女性を解雇することについて、「家事労働をする人を雇う手だてがないので、（こうした女性は）一般に結婚と同時に退職」して掃除などの家事労働を行わなければならない、と正当化していた[38]。

マリッジ・バーは、女性に支払われる賃金が少ないことの口実にもされた。早く退職するなら「キャリ

ア の価値」が低いからだ。[39] イギリスではマリッジ・バーは、1944年にBBCと教職で――結婚した女性は子どもの教育に向いていると当局が気づいたので――廃止されたが、公務員と郵便局では1954年まで存続した。一部の労働組合は1960年代になるまでこの慣行を維持した。[40]

女性は弁護士になれない

女性が財産を増やし男性と平等な地位を築くには、男性と同じように稼げる能力を身につけなくてはならない。しかし、女性が大学に行くことには激しい抵抗があり、入学がなんとか認められ勉強して試験に通っても、女性は学位を受けることができず、学んだ分野で職業につくことができなかった。医学など最も収入が高い職業につく権利を求める女性の闘いは何十年も続いた。法律分野では、カナダとアメリカの女性が弁護士業務を行う権利を得たのちも、イギリスの女性は長いあいだ法曹界から閉め出されていた。

知的な意味でより難易度が高いとされる領域で、女性は門戸が閉ざされていた。女性のほうが生まれつき劣っているとする男性の思い込みによるものであり、女性は知能が低いので数学的、科学的、論理的な思考ができない、と考えられていたためだ。このような偏見が根強く残っていることは、次のエピソードによく表れている。

1867年にタイプライターが発明されたとき、女性が扱うには複雑すぎると考えられていた。しかし100年後の1960年代後半、いまでは恥さらしとなったオリベッティの広告では、ブロンドの美女がタイプライターの前に座り、こんなキャプションが添えられていた。「タイプライターがこれほど有能なら、女性は賢くなくていい」。

皮肉なことに、広告の女性は賢いなんてものではなかった。彼女の名はシェア・ハイト。有名なコロンビア大学で歴史学の博士号をとるための費用の足しにしようと、モデル業を始めたのだった。ハイトは、タイピングのスキルがすぐれているからオリベッティに選ばれたのだろうと思っていて、自分のイメージがどういうふうに利用されたか、あとになって気づいた。最後に笑ったのはハイトだった。著書『ハイト・リポート新しい女性の愛と性の証言』（パシフィカ、１９７７年）は５０００万部を売り上げ、女性が自分の体に対して抱くイメージに革命を起こした。

女性が知的に劣っているという観念は生物学的な事実だと考えられていたが、この観念が薄れはじめてもなお、女性をめぐる生物学的価値観は、私たちに不利なように利用された。大学の講義のあいだじゅう座っていることは、子宮に何らかの影響を与え、乳腺を枯渇させるのではないかと思われていた。

１８８８年、イライザ・オームは、イングランドの女性として初めて、法律の学位をユニバーシティ・カレッジ・ロンドンから授与された。オームは、女性はもっと権利を主張すべきであり、高い収入を得られる職業の機会が女性にも開かれるべきだと信じていた。しかしイライザは、事務弁護士として働くことを法的に認められるまで31年待たなければならなかった。１９１３年、４人の女性によって裁判所に訴訟が持ち込まれた。女性の１人はグウィネス・ベブで、オックスフォード大学で法学を学び、試験で最優等の成績をおさめたが、正式に卒業できなかった。

ベブは事務弁護士として開業するための試験を法律協会に申請したが、受験料が返金されてきた。女性は弁護士になれないので、試験場に来ても受験は認められないと書かれていた。ベブは法律協会を訴え、法律では弁護士になるのは「人（person）」と記載されているので女性も含まれる、と主張した。法廷は、女性というジェンダー全体が「人」の定義の枠外であると論じた。「1843年の事務弁護士法の意味する範囲において、女性は人でなく（略）、それゆえに、法律協会が実施する予備試験の登録から除外されるのが妥当である」と控訴院の判決文に記されていた。[41] 判決は、「法律に基づき、女性も子どもも奴隷も法曹職につくことは認められない」と述べた中世の論文を参照したものだった。[42]

長年女性に学位を授与しなかったオックスフォードとケンブリッジ

名の通った機関ほど、女性に男性と同じ地位を提供するまでに時間がかかることがよくある。このことは、こんにちでも政府の要職や法曹界、学界、金融界、医学界で男性に比べ女性が少ないという事実と呼応している。イギリスのエリート大学であるオックスフォードとケンブリッジが女性を男性と平等に扱うようになったのは、国内の大学でいちばん遅かった。オックスフォード大学は、1920年10月になるまで女性に学位を授与しなかった。その50年近くも前からすでに、大学内に4校あった女子学生だけのカレッジで女性が学び試験に合格していたにもかかわらずだ。[43] ケンブリッジでは、1940年になってようやく、女性に学位を授与した。しかし、こうした進展には但し書きがつく。オックスフォードでは

1927年以降、女子学生の人数を最大840人、または学部学生全体の6分の1に制限していた。水門を開放すると怒涛のように流れ込むのではないかと危惧したためだ。21年後に上限が引き上げられ、さらに90人の女性を受け入れるようになったが、定員の割り当ては1957年まで撤廃されなかった。

これは経済的平等を実現するには重大な障壁だった。一流の教育はより高い収入につながるからだ。しかし、女性がいるとほかの学生の気が散ると考えられていた。オックスフォード大学のある女子カレッジの学長は「じつに嫌な苦情だ。わがカレッジの学生がタイトスカートをはき脚を見せて座っているので、男性の試験官が落ち着かないという」[44]と書いている。するべきことに集中できない男性がいたとしても、それは女性のせいではない。

生涯男装した女性医師

女性は医療専門職でも同じ障害に直面した。1789年にアイルランドのコーク県で生まれたマーガレット・アン・バルクリーは、男性に変装してエディンバラ大学で医学を学び、イギリスで最初の女性医師になった。裕福な支援者たちの協力を得てみずからをドクター・ジェームズ・バリーに仕立て上げ、有能な軍医になって南アフリカ、セントヘレナ、トリニダード・トバゴで医療に従事し、大英帝国で初めて帝王切開に成功した。[45]ドクター・バリーが死去したとき、埋葬のため遺体を整えていた女性が、バリーは女性だと気づいた。事実が発覚し、ヴィクトリア朝時代のイギリスで大事件になった。女性が医師として働けるようになる50年以上も前のことだ。私なら、ドクター・バリーを10ポンド札の顔にするだろう。

　バリーは細身で女性らしい顔つきだったが、この軍医が女性として生まれたとは誰も思わなかった。そのかわり「いっぷう変わっていてあまり人と交わらないバリーについて、学生たちがうわさをしはじめた。『ミスター』・ジェームズ・バリーはぜったいに男ではない——間違いなく少年だ。（略）思春期にもなっていない子どもだ。根拠はたくさんあって明らかだ。彼は背が低い、体型が華奢、声が高い、繊細な顔つきで肌がなめらか」[46]。

　このばかばかしい状況は、男性と女性の知性に対する当時の期待をよく物語っている。小柄で少女のような医学生は、知能が高い早熟な男の子以外にありえなかったのだ。

　女性が職場からあからさまに除外されていなかったとしても、女性を締め出すため別のかたちの差別もあった。１９８２年まで、パブでは女性に対するサービスを拒むことができた。この「男性の領地」で女性がお金を使うことを認めるかどうかは、店主次第だった。状況が変わったのは１９８２年11月のことで、事務弁護士のテス・ギルとジャーナリストのアナ・クートが、フリート・ストリートで人気のパブ、エル・ヴィーノに苦情を申し立てたのだ。エル・ヴィーノでは、女性がカウンターで飲み物を注文したりカウンターの脇に立ったりすることを禁じていて、女性はテーブル席がある奥の部屋にしか入れなかった。エル・ヴィーノの言い分は、騎士道精神を守るためというものだった。エル・ヴィーノはシティに店を構えていて、ジャーナリストや弁護士らが集まってゴシップに興じる場として愛されていた。しかし、１９７０年に女性ジャーナリストの一団がカウンターに押しかけ飲み物のサービスを要求しても、経営者はまだ自分たちの方針を曲げなかった。[47]

第一審の法廷では、女性差別に当たらないと判断されたが、控訴審では、女性がバーの特定の場所にしか集まれないのであれば、職業上不利な状況におかれる可能性があると認めた。判事は次のとおり述べた。「男性はエル・ヴィーノで飲みたければ飲める。望むならカウンターの周りに集まり友人と交流できるし、とくにジャーナリストであるなら興味深いうわさ話をいろいろ拾えるだろう。（略）男性ジャーナリストにそうしたことが認められているなら、なぜ女性には認められないのか？」[48]。

女性用トイレがない

トイレの設備がないことは、女性が職場で不利な状況におかれみずからを向上させる機会を妨げられる理由にたびたびされてきた。ハーバード大学は、非常に長い期間にわたって、トイレがないことを理由に女子学生の医学部入学を認めなかった大学の一つだ。医学部に女子学生の入学が認められたのは１９４５年のことで、女性が初めて志願してから１００年近くたっていた。ハーバード大学ロー・スクールが女性に門戸を開いたのは１９５０年で、最初の女性が入学を志願してから79年後だった。イェール大学医学部は、１９１６年に女子学生を受け入れた。経済学教授のヘンリー・ファーナムが費用を払い、女子トイレを設置したあとのことだ。ヘンリーの娘がイェールの医学部に入ることを強く希望していたからだった。[49]

アメリカで最も名高い士官学校のバージニア州立軍事学校は、１９９６年になるまでトイレを口実として利用していた。

女性用のトイレが十分にないという問題は、アメリカで「トイレの平等（potty parity）」として知られている。一部の専門職の職場や権力の殿堂で女性用トイレがないことは、女性が除外されていることの指標になる。

信じられないことに、アメリカの下院では２０１１年になるまで議場の近くに女性用トイレがなかった[50]。男性用トイレは下院の議場のすぐ近くにあって、靴磨き台まで含むアメニティが取りそろえられ、暖炉がしつらえてある。テレビもあり、議場の進行をリアルタイムで映しているので、男性は議事を一瞬たりとも逃さずにすむ。女性初の下院議員は１９１７年に誕生し、２０１１年には78人の女性下院議員がいたが、女性用トイレまで長い距離を歩いて行かなければならなかった。議事次第で決められた休憩のあいだに議場まで戻って来られなくなることもよくあったが、そうすると討議の一部に参加できない。２００７年に、女性用トイレを議場からもっと近い場所に設置する計画が検討されたが、「歴史的建造物という性質上、また配管の追加工事が必要になるため、費用がかかりすぎる[51]」とされた。

妊娠したら解雇される

女性は母親になる可能性があるという事実は、１９８０年代になるまで、仕事を見つけ働きつづけようとする女性にとってつねに障壁であり、制度的な差別が容認される一因になっていた。

アメリカでは1935年から1968年まで、妊娠した女性は雇用に適さない、と連邦政府の政策に明記されていた。つまり、女性が最も無力なときに、（男性の）雇用主が収入を断ち切ることが法律で認められ、好ましいとさえされていたのだ。大西洋の両岸で、妊娠した女性は予定日のはるか前に解雇されていた。この慣行は、アメリカでは1978年に、妊娠した女性の解雇が違法とされるまで、イギリスでは、1975年に性差別禁止法が成立するまで、普通に行われていた。法律が改正されてもなお、女性が妊娠に関連した理由で解雇される状況が続いたが、労働争議を審理する法廷は、これが性差別禁止法の違反にあたるとはみなさなかった。[52]

1980年、イギリスの性差別禁止法をめぐって画期的な訴訟が起こされた。ミセス・ターリーが、入社後1年未満で妊娠したことを理由に解雇されたとして、勤務先だったオールダーズ・デパートを訴えたのだ。雇用主側は違法性を否定した。法廷は、もし男性が同じような扱いを受けないのであれば差別的な措置にあたると考えた。そして、ミセス・ターリーは差別を受けたのではないと裁定した。男性は妊娠できないから、男性がミセス・ターリーと同じ立場だったら解雇されていたかどうかを判断することはできない、という理由だった。[53] 訴訟は欧州司法裁判所に持ち込まれ、裁定が覆された。[54]

平等人権委員会によれば、現在、イギリスで不法に解雇された妊娠女性は毎年5万人に上るという。この数字は2005年の2倍に相当する。

最近になって、世界的なスポーツ用品のブランド、ナイキでは、スポンサー契約を結んでいるアスリートが妊娠すると経済的な制裁を与えていたことが発覚し、メディアの話題になった。陸上競技では、またほかのスポーツでも同様だが、アスリートの収入は、所属するクラブやリーグよりもスポンサー契約に負うところが大きい。ナイキをはじめとする多くのスポンサーは、アスリートが定められた水準の成績を残せなかった場合は、支払いの停止か減額を行う権利を留保している。妊娠と出産および出産後の回復期も例外とはされず、女性アスリートが最高のパフォーマンスを示すことができなければ、つねに罰則が適用された。この差別は、アメリカのランナー、アリシア・モンターニョが、前のスポンサーだったナイキに、子どもを産みたいなら「簡単だ、契約を中断して報酬の支払いをやめるだけだ」と言われたことを２０１９年に公表したのがきっかけで、明るみに出た。[55] アリシアは「スポーツ界では、男性がキャリアをまっとうすることは認められるが、女性が子どもを産みたいと思うと、絶頂期でも排除される」と語り、さらに、守秘義務条項があるため、アスリートは公にすることができないのだとつけ加えた。アリシアは、女性が妊娠中もアスリートとしてのキャリアを続けられることを証明しようと決意し、妊娠８か月で競技に参加した。

のちに、オリンピックで6個の金メダルを獲得したアメリカの陸上競技選手、アリソン・フェリックス［２０２１年の東京オリンピックでさらに1個の金メダルを獲得した］は、妊娠中は報酬を通常の70パーセントにするとナイキから通告されたと語った。アリソンは妊娠高血圧腎症で生命の危険があったため帝王切開が必要になったにもかかわらず、出産後はすぐ競技に戻らなくてはならないというプレッシャーを感じたと明かした。以後ナイキは契約を変更し、出産予定日の8か月前から起算して18か月間は女性アスリートが妊娠に関連して経済的な不利益を被らないようにする、とした。

長く厳しい道のりであったが、女性は、法的、社会的に最低の地位であるという足かせからようやく抜け出そうとしている。こんにち私たち女性は、男性と同じく完全に自立した成人であり、子どもやお金や財産や将来について自分のこととして決定する力があるとされている。しかしながら、私たちが労働力に組み込まれていくいっぽうで、歴史的に続いてきた差別の名残で、一流の仕事や高額の報酬については、女性は平等な分け前を得ることができないのだ。

第3章 ✦ お金に関する思い込み

女性は浪費家なのか？

女性は軽率で、男性は洞察力がある。女性は消費する人、男性は稼ぐ人。お金のこととなると、メディアの取り上げ方には、おなじみの性差別がつきまとう。

３００の記事を言語的に研究した結果、ジェンダーにより明確な二つの分類ができることが明らかになった。「ケチなくせに浪費家」の女性と「有能な投資家」の男性。スターリング銀行の調査によれば、女性は、必要がないものに「散財」しがちな浪費家なのに出費を抑えたがっているように描かれるという。女性を対象にお金について書かれた記事の多くは、家計と倹約が中心的な話題になっていて、ほかの人から経済的支援を得るよう勧めることもある。男性に向けたメッセージとはまったく対照的だ。男性に対しては、お金と富は獲得するものであり野心をかき立てるもので、男性としての理想の一部であると、力強く発信する。男性向けの記事で用いられる言葉は、強さや力、競争に関連するものだ。経済力とは「挑戦するだけの度胸がある」人が「手中におさめる」もののようだ。

こうして、メディアにより、私たち女性と女性のお金に関する力とに対するネガティブな見方が、しばしば知らず知らずのうちに助長される。それでも興味深いのは、男性と女性の消費傾向にはあまり差がないと、同銀行の報告に書かれていることだ。女性は考えなしに浪費し、男性は浪費しないというステレオタイプは、純粋かつ単純な性差別なのだ。

このように、それぞれのジェンダーのお金を管理する能力について、もっともらしいメッセージが発信され、それを私たちが取り込んでいる。ある研究では、イギリスの年金貯蓄制度への理解を促進する公的機関である、年金アドバイザリー・サービスが年金貯蓄制度の利用者から受けた問い合わせの記録をもとに、１７０万語を分析した。その結果、女性は男性に比べ、年金貯蓄に関する問題を伝える際、「心配」「不安」「混乱」といった否定的な言葉を使うことが多いとわかった。[1] 女性は、お金の扱いが下手だというメッセージを自分の内面に吸収し、間違ったことをしてしまったという思い込みを抱きながら経済的問題に向き合っているようだ。

ここで、女性とお金に関する代表的な（誤った）通説を紹介しよう。

通説その１――女性はリスクを嫌う

女性はお金の扱いに慣れていないという通説は、賃金の不平等と相まって、あまり語られることのない問題を生んでいる。女性は貯蓄を投資に回すことが圧倒的に少なくキャッシュで貯めておく、というものだ。この「ジェンダー投資ギャップ」は、女性が長期間にわたり資産を増やすうえで障害になり、ジェンダーによる富の格差を広げてきた。投資をすればお金が増える。1ポンドが2ポンドにも5ポンドにもなる。普通の預金のほうが安全だと思えるかもしれないが、ときがたつにつれ、インフレーションによりお金の価値は下がる。適切に投資すれば、預金の利率をあてにするよりずっと早くお金が増えていくのだ。どのようにすればよいかは第15章で説明する。

私たち女性が投資をしないのは、女性はリスクを嫌うためだと考えられていることが多い。女性はどこまでも慎重だというのは、相変わらず女性を見下したような神話の最たるものだ。そして、女性の状況と経済的安定を考慮するなら、ことさら悪意に満ちていると言える。この通説は、多くの女性にとって真実ではない。ところが、言葉の力によってその通説が自己増幅していくのだ。ある研究で、投資に長けているのはどちらのジェンダーだと思うかと女性に聞いたところ、女性のほうが男性より投資がうまいと考えていたのはわずか9パーセントだった。[2]

女性はリスクをとらない、とよく批判される。リスクの回避は欠点だと考えられていて、女性の年金貯蓄額が少ないのはもっと積極的に投資しないからだ、と非難されることが多い。リスクを冒すことと軽率なこととの違いはほんのわずかだ。やたらとリスクを冒すのは、本質的に好ましいものではない。職場でも株式市場でも、慎重さこそ私たちが望む美徳だ。

賃金や財産や年金の格差があるうえ、女性は子どもの世話や家事に多くの責任を期待されている。食料や日用品といった短期的な支出に気を配らなくてはならない。男性に比べ女性はパートタイムの仕事につき、収入が少ない場合が多い。

リスクに対する女性の姿勢を扱った20数点の報告を精査した結果、大半が小さな違いを誇張して論じていることが明らかになった。女性と男性に関する根強い通念を助長するだけの支離滅裂な話を並べ立てているのだ。「結果は、予想よりかなり込み入っていた。（略）（この通念は）再考する価値がある」[3]と述べている。別の研究では、アメリカの教授たちの投資ポートフォリオについて調べたところ、教育程度が同じ人たちのあいだでは、リスクの許容度にジェンダーによる差は見られなかった。ジェンダーによってリスクを回避する傾向に違いがある場合は、収入や婚姻関係、世帯の子どもの数などが影響している。

リスクに対する指向を経済状態と切り分けて検討すれば、異なる状況が浮かび上がってくる。一般に捉えられているイメージとは違い、女性が男性に比べて経済的リスクを冒さないとは言えないのだ。イギリスの年金アドバイザリー・サービスによれば、リスクに対する考え方の違いは、どれだけお金をもっているかによるという。[4]裕福な女性や遺産相続が見込める女性は、株式市場で積極的に冒険する。別の研究では、職場で差別を受けてきたLGBTQ＋の人やアフリカ系アメリカ人、および女性は、貯蓄を投資に回したがらないということがわかった。つまり、差別されてきたことによる不安感が経済的な決定に直接的な影響を及ぼしていると示唆されている。[5]

いくつかの研究から、実際に投資をしてみると、女性のほうが男性より成功する場合が多いことが明らかになっている。[6]男性のほうが、株式市場の動向に敏感に反応するようだ。ウォーリック・ビジネス・スクールによる研究では、男性は1年に平均13回、株式の取り引き（売買）を行うが、女性は平均9回だった。[7] この違いは小さいと思われるかもしれないが、長い期間にわたって株式を保有するのは（ひんぱんに売買するより）投資戦略としてははるかに適切だ。理由の一つは、売買のたびに手数料が発生し利益から差し引かれていくからだ。女性は慎重だからだと思われていたことが、じつは金融のセンスがあることを示していたのだ。[8]

ウォーリック・ビジネス・スクールの研究者たちは、ジェンダーにより選択する株式の種類に違いがあることも見いだした。男性は投機的で「宝くじ的」な投資を好む。かなりの値上がりが見込めて低価格で購入できる株式銘柄を選ぶのだ。また、値上がりした、つまり「勝った」株式は売却するいっぽうで、損失が出ている株式は手元においておく傾向があった。歴史的に有名な投資家から学んだ教訓がある。株式が値下がりしているときは、いずれまた値上がりするだろう、やはり自分は正しかったはずだと思って手元においておくよりも、この投資は間違っていたと認めて売却するほうがいい――この姿勢こそが何より重要ということだ。お金に関する判断を誤ったと認めるのはとてつもなく難しいと言う人もいる。しかし、過ちを認めなければ、投資による代償がさらに大きくなるかもしれない。

ウォーリック・ビジネス・スクールでこの研究を行った行動科学の教授、ニール・スチュワートは、次のように述べている。「ひどい映画を最後まで見たことがあるとすれば、それは損失を手放すのに苦労しているということだ。宝くじを買うのは、大当たりがあると期待しているからだが、めったに当たりはしない。男性のほうが投機的な株に引きつけられる傾向が若干強く、女性はすでに実績がある株式銘柄に注力することが多い。これはおそらく、女性は経済的な目標を達成できるような投資を行い、男性は投資の高揚感に引かれているという意味だ」。

また同研究によれば、女性の投資成績は男性を大幅に上回っていた。女性は、各年のFTSE100指数より1・94パーセント高い利益を得ていたが、男性は0・14パーセント高いだけだった。数十年の期間にわたり女性が投資から蓄積できる利益を考えると、これは、統計的に見て非常に大きな意味がある。『ガーディアン』紙は、この数字を使って計算を試みた。FTSE市場が年5パーセントで成長すると仮定して毎月100ポンド（約18万9000円）を投資すれば、20年でこの金額が、男性の場合は1万8000ポンド（約340万円）増え、女性は2万8000ポンド（約529万円）増えることになる。[9]

女性はリスクを嫌うという通説は、私たちが金融に関するアドバイスを求めたときの対応に影響している。キングス・カレッジ・ロンドンでは、架空のプロフィールの顧客を想定してフィナンシャル・アドバイザーに対して調査を行った。その結果、「女性」とされた顧客のほうが、金融知識があまりなくリスクに対する許容度が低いと判断されていた。「女性」の顧客は、リスクが低いポートフォリオ、すなわち損失を被る可能性が少ないが利益の見込みも少ない商品を勧められた。「男性」の顧客とは対照的だった。「男性」は、より多くのリターンを得られる可能性があるハイリスクで冒険的なポートフォリオを勧められた。興味深いことに、女性のフィナンシャル・アドバイザーも、男性のフィナンシャル・アドバイザーと同様のアドバイスをしていた。つまり、ほかの女性の投資について同じような先入観を抱いていたと考えられる。[10]

ここで重大な問題がある。多くの女性は生涯賃金が男性より少ないので、この賃金ギャップを埋めるには、投資を通じて得られる金額を最大限にしなくてはならないということだ。そのためには、より積極的に投資のリスクを負わなければならない。消極的になっていてはいけないのだ。

通説その2――女性はビジネスの才能がない

女性はお金を扱う能力がないという思い込みから、女性はビジネスの才能がないという考えに行きついても不思議ではない。世界じゅうで、女性の役員がいない企業は全体の60パーセントを占め、50パーセントの企業には上席役員に女性がおらず、女性がCEOの企業は5パーセントにも満たない。[11] 政府が支援したある調査では、なぜイギリスの上位350社に女性の役員が少ないのかを探った。企業の幹部と面談した結果、次のような理由があげられた。


「優秀な」女性はみな、ほかで活躍の場をすでに与えられている。

ほかの役員が女性を役員に任命したがらない。

すでに女性が1名役員会に入っているので、もういい。ほかの人の番だ。

たいていの女性は役員会であくせくして重圧を感じながら仕事をしようと思わない。[12]

女性は「とんでもなく複雑な問題」を抱えて苦労するだろうと言った役員もいれば、「役員会の環境になじまない」と回答した者もいた。調査者に対してこうした発言がおおっぴらになされたのであれば、閉ざされた扉の陰にある女性嫌悪《ミソジニー》について考えてみる必要がある。性差別的発言は女性の背中ではね返り、空気中に吸収されるのではない。無意識のうちに内面に取り込まれるのだ。そして、その侮蔑的な言葉が発せられた時間よりもさらに長く女性に影響を与える。

女性の能力を過小評価することに女性自身が加担することもある。女性のあいだで起業家精神が広まり、ハッシュタグに #girlboss（ガール・ボス）、#mumpreneur（ママさん起業家）、#bossbabe（〈ボスベイビー〉この言葉はインスタグラムで１３００万回使われた）といった言葉が登場した。こうした言葉は、女性の地位を向上させ女性の力を高めるのではなく、母親として、あるいは興味を引く対象（ベイビー）としての伝統的な女性性（ガール）を強調するものだ。男性が自分のことをボーイ・ボスとか、パパさん起業家とか言うのを聞いたことがあるだろうか？　男性は単に「ボス（上司）」「起業家」と呼ぶことで、家庭的な役割をそぎ落とそうとする。

ロンドンの地下鉄にあった広告で、女性の姿とともに「あなたはガール・ボスをやっていればいい。ＳＥＯのことは私たちがお手伝いします」というキャッチコピーが書かれたものがあったが、掲示を禁止された。女性を「ガール」と呼ぶのは見下した言い方ではないかという苦情を、広告基準局が支持したのだ。さらに広告基準局は、この文脈で「ＳＥＯ」（インターネット上の検索エンジン最適化を指す）を持ち出すのは、女性はテクノロジーに通じていないと暗に言っていることになる、と述べた。

女性はビジネスの才がないとする、このようなステレオタイプは現実に即していない。データが示す事実とは異なっている。なぜなら、リーダー的役割の女性を増やして成功した企業の事例がたしかにあるからだ。単純に社会正義の問題として言っているのではない。

上級管理職に多くの女性を登用している企業のほうが、創造力が高い。こうした企業では「イノベーション強度」と呼ばれる現象が起こり、特許をとれる革新的な技術を開発している。[13] 管理職に女性が多い企業は、利益も高い。『ジェンダー多様性によって利益が増えるか?』と題した調査報告書では、91か国の2万2000社近くを調査し、明確に「イエス」という答えを引き出している。[14] 経営コンサルタント会社のマッキンゼー・アンド・カンパニーも、この問題について12か国の1000社を調査し、管理職に多様なジェンダーの人がまじっている企業は平均以上の利益をあげている傾向があると明らかにした。[15]

そのほか、経営層に平均以上の人数の女性が入っている企業では、賄賂や汚職、株主との確執といったスキャンダルが少ないというデータもある。[16] 興味深いことに、先にあげた91か国の調査では、女性をCEOに就任させても、そのことだけで収益性が高くなるのではないと指摘されている。いわゆる「Cレベル」、つまりCOO、CFO(最高財務責任者)、CIO(最高情報責任者)、CMO(最高マーケティング責任者)といった経営上層部の役職に女性が多くいると、好ましいインパクトが出ていたという。

この結果は、どれほど高い地位であっても、その女性が幹部レベルで唯一の女性だった場合、女性の声がほんとうに聞いてもらえるのか、という問いにもかかわっている。研究では、「3」がマジックナンバーだと示唆されている。役員室に女性が3人以上いると転換点に達し、女性たちの意見が影響力をもつようになるのだ。[17]

賃金格差を是正することの価値についても考えてみよう。ジェンダーや人種によって賃金に差があるとわかった場合、賃金を平等にするにはコストがかかる。しかし、スタッフが不満を抱いたまま放置されるのではなく、満足する待遇が与えられ社内で長期間キャリアに邁進すれば、企業の業績がよくなり、収益性が上がったときにそれまでかかったコストは回収できる。

リーダーシップの多様性を実践している企業への関心が非常に高まっているため、最近では、そういった企業に特化して株式を購入するプロの投資家が出てきている。こうした投資家たちは次のように述べている。企業の経営に関して女性に発言力のある企業のほうが、成果をあげ革新的で全般に業績がよいのであれば、論理的に言って、経営層に１人も女性がいない企業（世界の30パーセントにあたる）はそれほど業績がよくないだろう、と。

イギリス最大手の資産管理会社リーガル＆ジェネラル・インベストメント・マネジメントは投資ファンド（複数の企業の株式からなるファンド）として、Ｌ＆Ｇ・フューチャー・ワールド・ジェンダー・イン・リーダーシップ・ＵＫ・インデックス・ファンド（略称「ガール・ファンド」）を設立した。[18] さまざまな職位で女性が登用されているかどうかによって、イギリスの企業をランク付けし、ジェンダー平等の度合いが最も高かった企業に多くの投資をする。この構想は、多様性という課題について企業が積極的に取り組むよう奨励するものだ。多様性を真剣に取り上げる企業がより多くの投資を受けることになるからだ。投資家も、多様なジェンダーの人たちが経営する企業の株式から多くの利益を得られるだろう。

このファンドは、年金貯蓄や個人貯蓄口座（ＩＳＡ）の資金がある人なら投資でき、毎月30ポンド（約

5700円）という少額から投資を受けつけている。もちろん、投資を始める前には専門家のアドバイスを受けたほうがよい。こうしたファンドへの投資はどんな人にも向いているというわけではない。しかし、ジェンダーの多様性によるメリットを認識している人にとって、このような取り組みを支援することは、企業における多様性を推進するための実際的な方法になるだろう。

通説その3――女性はすぐれた起業家になれない

女性はお金の扱いに長けていないという通念があるため、女性が経営するスタートアップに向けた投資は全体の1パーセントにも満たないと、ある政府報告で指摘されている。

「男性のなかには、女性はほんとうの意味で起業家の世界に入ることはできない、と心の底で考えている人がいる。女性の家族であっても、投資を検討している人でも、ビジネスパートナーや助言者になるかもしれない場合でも、そう考える男性はいる」と、『女性の起業に関するアリソン・ローズ報告書』は述べている。[19] 同報告書は、イギリスの小規模企業のうち女性が経営するものは5分の1しかないという「ショッキングな」現状に対応するため、政府の委嘱により作成された。結論として、女性起業家が少ないことは経済に不利益をもたらす、と述べている。

皮肉なことに、ベンチャーキャピタルの投資家は、女性起業家や女性が経営する企業のほうがリスクが高いと認識していて、男性起業家に投資するという「より安全な」選択肢を好む、と示す根拠がある。[20] カリフォルニア工科大学の研究者によれば、男性投資家は男性が経営する企業を支援したがるという。[21] 研究では、1万8000社を調査した結果、男性が率いる企業のほうが投資家の関心を集め、投資家から会合に呼ばれたり投資家のあいだで言及されたりすることが多い、と判明した。

ここでも「鶏が先か卵が先か」という問題が持ち上がる。女性が経営するスタートアップに資金を調達しようと言い出す女性が産業界の上層部にあまりいない、だから女性が経営するスタートアップに資金が回らない、すると女性が産業界で活躍するためのルートが狭められる、というわけだ。

カリフォルニア工科大学の研究者は、女性が立ち上げた企業の業種が男性の投資家を引きつけないのではないかと考えた。しかし、男性か女性のどちらかだけをターゲットにしているのではない「ジェンダーニュートラル」な企業を分析しても、やはり男性は男性が経営する企業を選好していた。

女性が「龍の穴」に入って投資家に売り込みをかけようとしても［視聴者が持ち込んだ企画をビジネスの専門家が評価する『Dragon's Den』というBBCの番組がある］、女性は異なる基準で審査されがちだ。投資家は女性のビジネスリーダーに対して、男性の場合以上に高い信頼を求めることが多いと、アリソン・ローズ報告書で明らかになった。[22]

これに関連して言うと、男性の起業家が投資家から受ける質問の60パーセントは事業の可能性に関するもので、どのような計画で何ができるか、といったものだ。いっぽう、女性起業家に対する質問の60パーセント以上は、リスクを軽減することに関するものだ。つまり女性の事業では、ビジネスの可能性よりも大きな失敗を回避することに関心が向けられている。

「企業は男性に対しては、見込みがあると判断すれば投資するが、女性に対しては、すでに実績を示している場合にしか資金提供しない」とアリソン・ローズ報告書は述べている。これは、ベンチャーキャピタル投資家の大半を占める男性たちによる近視眼的な見方だ。しかし、数々の研究から、女性が経営する企業も男性が経営する企業と同じように成功することが示されている。スタートアップ３５０社を調べた研究によれば、女性が経営者の企業は男性が経営者の企業に比べ、投資額1ドルあたりの利益が2倍に上ったという。

イギリスでは現在、もし平等な社会であったら女性が経営していた可能性があるが、実際には「埋もれてしまった」企業が１１０万社にも及ぶ。先に述べたとおり、起業家精神は富を築くための鍵となる原動力だ。だから、自分で事業を運営して成功する女性がもっと出てこなければ、経済的平等を達成できないのだ。

ほかの領域と同じく起業に関しても、何か一つの解決策で不平等を簡単に修正できるというわけではない。たしかに、女性起業家に対しては、起業のための特別な資金や、より重要である、追加的資本をもっと提供する必要がある。２０１８年、サマンサ・キャメロン［デイヴィッド・キャメロン元首相の妻で文房具メーカーのスマイソン社のクリエイティブ・ディレクター］、メアリ・ポータス、カレン・ブレイディをはじめとするイギリスのビジネスリーダー２００人が、女性が率いる企業を支援するための対策を求める公開質問状を政府に提出した。そのなかで、女性起業家が直面する「慢性的かつ不公平な融資ギャップ」が強調されている。

多くの場合、小規模企業では初期投資の資金は得られるのだが、事業を拡大するために必要な資金が著しく不足する。ベンチャーキャピタル投資家が女性経営者による企業に対し積極的に資金提供するよう、奨励策をとるべきだ。イギリス政府は、富裕層の投資家が初期段階の企業に資金を提供すると税の優遇措置を受けられる制度を導入している。「企業投資スキーム」と「創業企業投資スキーム」で、どちらも個人投資家のあいだで非常によく利用されている。女性の起業家精神を奨励することは経済の拡大に有効なのだから、ジェンダーに配慮したインセンティブ制度に関する議論が出てきてもよいだろう。

ほかの国、たとえばアメリカ、カナダ、オーストラリアなどの成功事例に目を向けることもイギリス政府にとって有益だろう。これらの国に比べると、イギリスでは起業する女性が少ないことがとくに目立つのだ。女性起業家にとっては、ネットワークも課題だ。女性起業家が少ないので、交流する機会も少なくなる。これは明らかに民間企業が介入できる分野だ。たとえば、融資する側が女性経営者によるスタートアップのための会合を定期的に開催して、女性起業家たちのために魅力的な条件の融資を提供するなどだ。

スタートアップや伝統的に男性の領域とされてきた事業にもっと多くの女性が従事できるようにするためには、募集広告で違和感がある言い回しを使わないようにすることも有益だ。携帯電話ネットワークのボーダフォンは近年、求人広告にジェンダーバイアスがかかった言葉が入っていないか精査し、職務明細書の表現を女性が受け入れやすいよう変更している。違和感がある言葉、略語、男性目線の言葉は使ってはならない。たとえば、「ずばぬけた応募者」「絶対不可欠」「激しい成長」「最高の代理店」などで、それぞれ「とくにすぐれた応募者」「不可欠」「力強い成長」「トップクラスの代理店」と修正する。ボーダフォンは、この取り組みの試行期間中に、求人広告の表現を変えることで女性の採用が促進されたとしている。

紹介される専門家の多くが男性

女性は、経済やビジネス、株式市場や融資について考えを伝えるための平等な場を与えられていない。イギリスの新聞の経済記事で引用されている専門家について分析したところ、意見を述べる機会が与えられたり、紙面で言及されたりしている人の80パーセント以上が男性だった。[23] 女性と男性を平等に取り上げた記事や、男性より女性の話を多く引用している記事は5分の1にも満たなかったという。その結果、経済や税金、政府支出、金融などの記事の多くは、男性による見方や男性の関心に沿って記述される。女性の意見を代弁することもあるが、女性自身が女性の問題について主張するのと同じではない。女性の声が取り上げられなければ、女性の関心事が見過ごされてしまい、経済的に不利な状況が続いていくことになる。

少なくともメディア界では、変化が起きつつある。記者やプロデューサーが男性の声だけを取り上げたコンテンツを制作することは、まだあるとはいえ、以前ほど受け入れられなくなっている。ＢＢＣをはじめとする主要なメディア機関は、ジャーナリズムに多様な声を取り入れようとしている。ロンドンを拠点とする『フィナンシャル・タイムズ』紙は、代名詞とファーストネームを解析して記事のジェンダーバランスを精査するソフトウェアを購入した。その結果、同紙で言及される人のうち女性は21パーセントにすぎないと判明した。編集者は、担当する紙面に女性の意見が十分反映されていない場合、このソフトウェアによって警告を受け取ることになる。[24] 金融や投資、ビジネス、経済といった伝統的に男性が中心だった分野を扱う新聞としては、すばらしい変化だ。これが世界の報道機関の標準になるべきだ。ただしいっぽうで、編集者たちの仕事はメディアの受け手を満足させることでもある。読者や視聴者がジェンダー差別のないジャーナリズムを求め支持しなければ、変化を起こそうという気運があまり盛り上がらないだろう。

記者もプロデューサーも、銀行や保険会社や会計事務所、資産運用管理会社や経済コンサルタント会社の広報担当者のジェンダーによって、ある程度の制約を受ける。どんな企業でも、スタッフのなかでその企業の顔として発言するのに最もふさわしい人を決めるのは、経営幹部だ。たいていは男性が選ばれる。その男性はメディア対応の訓練を受け記者たちに紹介され、社内の広報部門と緊密に連携を取りながら仕事をする。記者の求めがあれば、インタビューに応じるのは彼だ。だから、メディアが男性の意見に偏っているとすれば、その要因は企業の経営幹部にある。（大半が男性の）企業の経営幹部が（大半が男性の）上級スタッフを見比べ、社を代表してメディアに出る男性を選ぶ。このようにして、組織の構造に埋め込まれているジェンダー不平等が増幅される。ラジオをつけても、インターネットでニュースを見ても、専門家として紹介されるのはほとんどが男性だ。

経済ニュースで女性の見方が取り上げられないため、結果として、女性に対して不利に働く二つの通念がさらに広まっていく。一つは、女性は経済について語る資格が十分にないというもので、二つ目は、女性は公平な見方ができないというものだ。ビジネスに関し洞察力に富む鋭いコメントの基準は、男性による発言というわけだ。男性は、すべての人に向けて話していると想定される。女性が議論に登場すると、「女性の」視点で語っているとみなされる。つまり、私たち女性は公平でない、女性はすべての人に向けて話をしないと考えられている。

このように女性の声が黙殺されることを、伝説のフェミニスト、グロリア・スタイネムは「女性のことはすべておざなり」と表現した。[25] 男性に影響がある問題は、社会で標準的なものだ。誰にでも関係する問題だ。女性の課題は、少数の人の関心事でしかない。こうした通念を払拭し女性と経済にかかわる先入観をくつがえすため、力関係を是正していかなくてはならないのだ。

第4章✦老後貧困という重大問題

老後の資金格差

女性は男性より寿命が長い。歴史を通じ、信頼できる記録があるどんな地域でもどの年を見ても、女性は男性より長く生きてきた。スカンジナビア諸国、ジャマイカ、バングラデシュ、マレーシアなど、死亡率が高い国でも低い国でも、ジェンダー不平等や賃金格差が大きい国でもだ。何世紀にもわたって、私たち女性は男性より長生きをしてきた。スウェーデンでは、何世代にもわたる広範な公的記録が残っているが、1800年の平均寿命は、男性が31歳で、女性が33歳だった。

こうしたことは、人間だけに特有なことではなく、成人女性にかぎったことでもない。乳幼児について言えば、女児は男児よりも1歳の誕生日を迎えられる可能性が高い。類人猿も、メスはオスより長生きする。女性のほうが長く生存することは、驚くべき生物学上の特徴だ。とくに女性は出産で危険にさらされることを考えれば、なおさら驚異的だ。

科学者たちは、女性の寿命が長いことを説明しようと頭を悩ませてきた。歴史的には、男性は肉体労働で疲弊するから、あるいはより危険な仕事につくから早く死ぬのだと考えられてきた。しかし、男性も女性もデスクワークに従事するようになり、医療が向上しても、なお女性のほうが明らかに寿命が長い。これは矛盾している。女性のほうが一生のあいだに経験する疾患が多いのに、それでも長生きするのだ。

　男性のほうに、寿命を制限する生物学上の何らかの特徴があるのだろうか――男性ホルモンのテストステロンが心疾患のリスクを高めるとか、老化を加速させるとか。逆に、女性はエストロゲンが高いので、体の健康、とくに心臓が守られているのだろうか。しかし、確かなことはわかっていない。

　こんにち、ロシアやカザフスタンなど旧ソ連の一部の地域では、女性の平均寿命は男性に比べ、10年から13年長い。世界全体で見ると、平均寿命の差は4年から7年だ。イギリスでは、女性の平均寿命は82・9歳で、男性は79・2歳となっている。

　女性のほうが長生きするという事実が多くの記録で示されているので、豊かな社会では、余分に生きる期間に備えるための資源が確保されているはずだと思われるかもしれない。しかしほとんどの先進国で、女性はライフステージのあらゆる段階で男性より貯蓄額が少なく、貯えが男性より少ないまま高齢に達する。ヨーロッパでは、年金貯蓄の平均額に男女で40パーセント近くの差があり、差が最大のドイツでは45パーセントだった。オーストラリアではその差はさらに大きく、２０１８年は70パーセントとなっていて衝撃的だ。[1]この差は避けられないものではない。ヨーロッパで年金のジェンダー格差が最も小さいエストニアでは、差は5パーセントだった。

　金額で言うと、イギリスの男性は、退職時に勤務先の年金貯蓄が平均31万５０００ポンド（約６０００万円）になっているが、同じ年齢の女性の平均額は15万7000ポンド（約3000万円）だ。[2] これは単純な計算の問題だ。女性のほうが賃金が少なく、「キャリアの中断」（育児に費やす期間に配慮していないことがよくわかる婉曲表現）が長い。このため貯蓄が少なく、多くの女性が老後貧困という問題に直面する。

仕事ができなくなった高齢者の収入源には2種類ある。個人の貯蓄と国家の支援だ。先にあげた数字は、個人で蓄えた年金貯蓄の金額だ。老後を生きのびるための資金を男性が女性より40パーセント多くもっているとするなら、女性が生涯を通じて経験してきた賃金格差が基本的に倍になるということだ［「はじめに」によれば、ヨーロッパでは賃金格差は平均18〜19パーセント］。

給料の違いは問題でないとか存在しないなどと声を大にして執拗に言い張る男性は、男性の半分の額の年金で何年も長く生きるということがどんなものか、母親や祖母に聞いてみるとよい。

イギリスでは、65歳以上のひとり暮らしの人のうち70パーセント以上が女性だ。未亡人、離婚経験者、独身女性らがいるが、その多くがやっとの思いで暮らしている。同じような傾向はヨーロッパ全体で見られ、欧州ジェンダー平等研究所のデータによれば、女性は老後貧困に直面する「重大なリスク」があるという。[3] 退職したときに夫やパートナーがいたとしても、残りの人生をずっと頼るわけにはいかないだろう。厳しい現実だが、男性のほうがたいてい早く死ぬ。離婚は女性の貧困の大きな要因だ。そして、未亡人や離婚経験者の多くは、生活していくうえで頼れるものがほとんどなくなってしまう。実際のところ、高齢期の貧困について話題にするときは多くの場合、女性について語っているのだ。

女性が退職後にもっと収入を得られるようにすれば、社会全体が恩恵を受けるはずだ。経済的に自立した女性は、国家の支援に頼る可能性が低く、地域社会により積極的に参加できるだろう。健康状態もよいはずだ。いわゆる「シルバーボンド（高齢者の富）」は、世界経済の鍵を握る分野であり、若い世代の繁栄と幸福を促進する。

女性の後半生の困窮には、女性の経済的幸福が構造的に無視されてきたことが反映されている。年金貯蓄制度は、男性が男性のために設計したものだった。歴史的に、定年退職という概念は女性には適用されなかった。家庭での仕事にはいつまでも終わりがない［イギリスでは２０１１年までに男女とも定年制度が廃止された］。

女性は年金積み立てが難しい

第二次世界大戦後数十年にわたり、企業の経営者は年金貯蓄制度を提供して、従業員の貯蓄を助けてきた。ただし義務ではなく、また男性従業員と女性従業員の両方に適用する必要もなかった。

女性にとって、マリッジ・バーが年金貯蓄の大きな障壁になっていた。一部の企業の年金貯蓄制度では、男性は21歳から積み立てを始めるが、女性はもっとのちになるまで、つまり結婚するには年をとっていると考えられる年齢になるまで、積み立てが認められなかった。多くの場合、25歳から40歳のあいだで開始された。これは、働く女性にとって積立期間が何年分か失われることを意味する。職場で年金貯蓄を積み立てていても、結婚すると、積立金は「結婚祝い金」にされてしまうことが多かった。つまり、一時金として受け取って退職する。そして、女性が積み立てていた年金貯蓄は、おそらく家族の日々の生活で必要なものに使われたのだろう。

企業の年金貯蓄制度では、女性の積み立てをいっさい認めないこともあった。いずれ結婚したときに、積立額を返金する手間をかけたくなかったのだ。女性が職場の年金貯蓄の積み立てを認められた場合でも、給料に対する掛け率は男性より低いことがよくあった。男性が一家の稼ぎ手だと考えられていたからだ。幸運にも夫がいて、夫の職場の年金貯蓄で家族が生活していけるだろうと思われた人でも、夫の死後に妻が年金貯蓄を相続することはできなかった。

こんにちでは、何十年にもわたって蓄積されてきた文献があり、年金制度の恩恵を受けられない女性がいること、年金制度が男性に有利なものになっていることが明らかになっている。現状を見てみよう。

財務省は、年金貯蓄を促すため、総額530億ポンド（約10兆1100億円）に上る税控除を毎年実施しているが、その70パーセント以上が男性に対する税控除に向けられる。[4] それには二つの理由がある。第一に、男性のほうが多くのお金を貯蓄に回せる。このため毎年の年金貯蓄の総額の69パーセントは男性によるものだ。第二に、男性のほうが収入が多いので、税控除の額も多くなる。この二つの要因が相まって、男性は自分の退職後の貯蓄のために、毎年納税者から総額376億ポンド（約7兆1000億円）を受け取っていることになる。これに対し、年金貯蓄総額のうち女性が拠出した分は31パーセントで、女性が受け取る税控除額は控除額全体の29パーセントだ。さらに、退職後の貯えに回せるだけの十分な収入を得られない何百万人もの女性がいる。そもそも税控除どころではないのだ。

収入が足りず年金に加入できない

2012年、イギリス政府は過去数十年で最大規模になる年金制度の全面的な改革に着手した。しかし、低収入の女性に対する政策の効果についてはまったく考慮しなかった。新しい規定では、すべての企業が「自動加入制度」というしくみによって、従業員に年金を提供することが義務づけられた。この政策により企業側はコストが増加する。しかし、数百万人もの人々（男性も女性も含む）が老後に十分な貯蓄がないことを考えると、強く望まれていた大規模な制度変更だったと言える。それでも、労働者の3分の1にあたる270万人の女性は、雇用主が従業員の貯蓄口座に金銭を移転するというこの大きな変化から除外されていた。なぜか？　給料が十分でないからだ。

規定によれば、自動加入の資格があるのは22歳以上で国の年金受給開始年齢未満の人で、かつ一企業からの年収が1万ポンド以上（約189万円）あること、となっている。女性の59パーセントは高度な技能を必要としない業務に従事しており（したがって低賃金）、基準の1万ポンドの収入を得ていない。この事実を政策立案者たちはお忘れのようだ。男性で未熟練労働に従事している人の割合ははるかに低く、37パーセントだ。

自動加入制度から除外される女性労働者のもう一つの集団は、1万ポンド以上の収入はあるものの、勤務先が複数ある人たちだ。政策立案者は、子どもの世話をしながら複数の仕事をかけもちしなければならない女性たちに考えが及んでいない。保守党政権の目玉である、将来の貧困を阻止するための政策は、女性の3分の1を除外しているのだ。いっぽう、収入が少ないために制度の対象とならない男性は16パーセントのみである。

逆の状況を考えてみよう。どちらのジェンダーにも関係する課題の対応を検討している。84パーセントの女性は恩恵を受けるが、男性の3分の1が無視されるという解決策を想像できるだろうか。さらに、制度設計の欠陥を考える。270万人の男性に不利益をもたらす政策を実施に移すだろうか。自動加入制度の改善案はいくつかあるので、本章の注に詳しく記しておく。[5]

会社から離れると不利になる年金制度

年金問題のもう一つの側面は、高齢になった女性が利用できる国家からの支援、国家年金に関するものだ。イギリスは国家による年金制度を最初期に導入した国で、ドイツに続き1908年に開始した。それに先立つ調査で、最も困窮しているのは高齢の女性だということが明らかになっていた。国民は高齢になると、それまでに払った国民保険料に応じて国家から手当（国家年金）を受け取る資格が得られる。国民保険料は、収入から一定の割合で歳入関税庁によって差し引かれる［イギリスでは、年金、健康保険、失業手当等を含む社会保障制度が国民保険（National Insurance）として一元化されている］。

公平に聞こえるかもしれない。しかし、受給資格の基準を満たすのは、おそらく人口の一部だ。男性である。イギリスでは、35年間働いて国民保険料を払った人だけがようやく国家年金を満額受給できる。就業していた期間が10年以上35年未満の場合は、少ない金額で生活していかなくてはならない。2006年に女性で国家基礎年金［国家基礎年金に加え国家付加年金がある］の満額受給資格があったのは、13パーセントにすぎなかった。これに対し、男性は92パーセントに受給資格があった。

またしても同じ話の繰り返しだ。多くの女性は子どもの世話をするために賃金労働から離れている期間がある。女性は長期にわたって労働して社会に貢献している。ただし、会社のためでなく家庭でだ。収入がないので税金も国民保険料も払わない。その結果、国家年金の受給資格に必要な年数を満たせず、多くの女性が、高齢になったときに国家年金を受け取れなくなるのだ。成人してからの大半の期間で（十分な）収入がなければ、民間の個人年金保険にも入れない。

女性は献身的に家族に尽くすという期待された役割を果たしていることを忘れてはならない。多くの女性はほかに選択肢がなかったのだ。お金を払って子どもの面倒を見てもらう余裕はない。病気や障害に苦しむ親族がいても、政府による援助はきまって十分ではなかった。

煩雑な申請制度

個人の資産問題に精通した女性にとっても、年金関連の制度は複雑なので、気づかないうちにじつは規定を守っていなかったという事態になりかねない。たとえば、育児のため休業中の女性は、児童手当の受給資格がないとわかっていても、児童手当の申請をしなければ国民保険クレジットを獲得できない［育児や失業中等の一定の要件を満たす人は国民保険料の支払いをしていなくても「国民保険クレジット」を付与され保険料拠出をしたものとみなされる」。

つまりこんな具合だ。12歳未満の子どもがいて有償労働に従事していない人は、国民保険クレジットが受けられる。この期間は、当該者が国家年金を満額受け取るために必要な35年の払い込み期間に算入される。国民保険クレジットを受けるためには、児童手当の申請をしなければならない。ところがややこしいことに、パートナーの収入が多いために児童手当を受け取れない人も、申請しなければならない。そして、手当の申請が却下されてようやく国民保険クレジットが認められるのだ。パートナーの年収が5万ポンド（約944万円）から6万ポンド（約1133万円）の人は児童手当を満額受け取れず、世帯収入が6万ポンドを超えると、いっさいの児童手当給付がなくなる。税務当局は誰が仕事をしてどれだけ稼ぎ、どの世帯にどの給付の受給資格があるかを把握している。わざわざこんな手間をかけさせることは意味がない。当然ながら、各世帯の手続きが容易になるような行政制度を整備したほうがよい。

拠出金による制度は不平等である

ところで、国家年金は長いあいだ、貧困ライン以下の生活を余儀なくされる水準に設定されてきた。近年多少の制度変更が行われ、女性にとって条件が改善されたと考えられているが、「新」国家年金のもとで、週168ポンド60ペンス（約3万1800円）（年8767ポンド20ペンス〈約165万6000円〉）の満額を受け取れる年金生活者は50万人しかいない。また、満額を受け取れたとしても、この金額はあまりにも少ないので、個人の貯蓄やパートナーの収入などほかの財源で補完しなければならない。しかし、２０１３／２０１４年度に、個人年金の払い込みをした女性は37パーセントにすぎなかった。これに対し男性は63パーセントだ。個人年金がない女性は男性や家族に頼るか、または貧困生活に直面することになるだろう。

女性が受け取る金額がどれほど少ないかを示す事例がある。69歳のある女性が、なぜ国家年金を週に80ポンド（約1万5０００円）しか受け取れないのかと、全国紙に投稿した。彼女は企業の年金貯蓄にも加入していて、そちらからも週30ポンド（約5７００円）受け取っていた。[6] たしかに思い違いもあった。この女性は、育児のため10年間のブランクがあったが、それ以外はずっと雇用されていたので、国家年金からもっと受け取れるものと期待していた。同紙の年金専門家は、国から正当な金額を受け取っていると説明した。

この女性は、１９７０年代に一般的だった年金制度に加入していた。妻は収入に対する国民保険の保険料率が低くなるかわりに、退職後に受け取る年金額が減額されるというもので、４４０万人の既婚女性が加入していた。この制度は俗に「既婚女性タイプ」と呼ばれ、選択する人が多かった。この場合、女性は毎月の手取り額が増える。加えて、妻は夫の収入をあてにできると当然のように考えられていた。しかし、多くの女性は、自分がこの制度の加入に同意したことになっているとは知らなかった。雇用主が自動的に女性をこの制度に加入させていたのだ。多くの企業の年金貯蓄で女性従業員の加入がまだ認められていなかった時代のことだった。そのため、年金貯蓄に対する女性の意識は低かった。この世代の女性の多くが退職する年齢に達し、受給できる国家年金がどれほど少ないかを知ってひどいショックを受けた。この制度は1977年に新規加入を打ち切ったが、加入していた女性が現時点でまだ200人いる。

国民保険は拠出金に基づく制度だ。制度で定められた金額を十分払い込んだと認められた場合にのみ、受給資格が付与される。ジェンダーの視点から見ると、拠出金による制度はまったく不公平だ。一部の労働者による社会と企業への貢献しか認めていないからだ。家庭の外での有償労働を優先できる人たちである。いっぽう、国民保険以外の国からの給付は、再分配の原則に基づいて支給される。税金として徴収された資金から、支払った金額にかかわらず、必要な人に分配される。

国家年金についてよくある誤解は、給料から天引きされた国民保険の拠出金が本人の名前による貯蓄として積み立てられていくというものだ。実際には、いま年金生活をしている人が受け取るお金は、勤労者の拠出金から支払われている。したがってイギリスでは、人口の高齢化（若年人口に対する高齢人口の割合が高いこと）が問題になる。この制度は、高齢人口より若年人口のほうがはるかに多いという状況下でのみ機能するからだ。

拠出金によらない市民年金

男性にも女性にも公平でより望ましい制度にするには、勤労者の拠出金を投資して価値を高め、拡大した資金源を国家年金受給資格者の給付金に活用するのがよい。ジェンダー予算グループ［イギリスの研究者やＮＧＯなどによって組織されたネットワーク」は、税金を財源とする「市民年金」の導入を呼びかけている。高齢者はすべて、拠出金にかかわらず年金を受け取れるというもので、快適に生活していけるだけの給付金が提供される。これが国家によるジェンダー・インクルーシブな再分配だ。父親も母親も、また自分を犠牲にしてほかの人を優先してきたケアラーも尊重され、高齢者は、すべての人が享受するに値するだけの尊厳と自立を得ることができる。

　退職者の貧困を検討すると、二つの重要な真実が見えてくる。経済の不平等のインパクトは数十年あとになってから認識されるということ、そして、政府の政策のなかで些細だと思われる事柄が女性の生活に壊滅的な影響をもたらす可能性があるということだ。

　もう一つ例をあげよう。イギリスの「年金クレジット」は、最貧困層の年金生活者に政府が追加で給付金を出すしくみだ［収入が最低所得基準に満たない高齢者に差額を支給して最低所得補償を行う］。この制度を利用する女性は１００万人で、男性は60万人だ。年金クレジットの給付額は２０１８年に２・３パーセント増加した。いっぽう、受給者の大半が男性である国家年金の給付額はより潤沢で、３パーセント増加している。小さな差かもしれないが、些末な問題ではない。高齢者の扱いに関しては男性と女性で重要度に相対的違いがある、という事実が反映されているのだ。

　ここ10年、政府は年金クレジットの支出を削減してきた。そして、２００７年から２０１３年にかけ、支出額が１パーセント削減されるたびに、イングランドの高齢者の死亡率が上昇した。[7] 85歳以上の人の多くが女性で、貧困状態にある高齢者の大部分も女性だ。政府による「予算の節約」は、じつのところ、女性を死に追いやっているのだ。この時期、高齢女性の死亡率は6パーセント上昇した。

国家年金の不平等に反対する女性と未亡人

年金貯蓄は、素人にはきわめてわかりにくい業界だ。複雑な決まりに細かい変更がひんぱんに加えられ、不可解な業界用語が飛び交う。おかげで、年金貯蓄の利用者は戸惑い、いっぽうフィナンシャル・アドバイザーは仕事にありつける。「未確定年金一時払」「受給額年間非課税限度枠」「単純一括払い」［いずれも年金貯蓄の受け取りに関連する用語］などは年金関係の専門用語の一部だ。女性が年金アドバイザーに問い合わせをするときに最もよく使う言葉が「すみません」だというのも無理はない。「お手数かけてすみません」「すみません、わかりません」「すみません、もっと勉強するべきですね」。

私たちは年金に関して、おそらく社会政策のほかの分野以上に関係当局や専門家に頼っている。政府機関や雇用主や独立系フィナンシャル・アドバイザーに任せきりだ。結果的に、関係者が怪しげな制度のつじつま合わせをするのに加担してしまっている。

そうしたなか、保守党政権が女性にかかわる年金制度を拙速に変更したことは、ことのほか非情な決定だった。女性の国家年金受給開始年齢をそれまでの60歳から66歳に引き上げ、男性と同じにしたのだ。歴史的に、女性より男性のほうが、退職を認められる年齢が高かったという事情がある。影響を受ける女性に十分な周知がされないまま、１９５０年代に生まれた女性は、60歳が近づいてから突然、退職までさらに最大6年待たなければならないと知ることになった。

その結果は、「女性の貧困、ホームレス、経済的苦境」だと国連は言う。[8] 380万人の女性が、一人最大5万ポンド（約944万円）の損失を被った。年金制度のもとで何十年も保険料を拠出して受給資格があったはずのお金だ。多くの女性が、健康状態がよくないにもかかわらず仕事を続けざるをえなくなった。自殺を考えるほど落胆した者もいる。〈国家年金の不平等に反対する女性たち（Women Against State Pension Inequality：WASPI）〉がキャンペーン活動を行っているが、それでも政府は困っている女性たちに手を差しのべることを拒否している。

さらに、女性たちの境遇を伝えるメディアの影響によって、一般の人々から冷ややかな反応が起きている。「愚かな女性たちは、年金についてもっとよく知っておくべきだった。自分の責任だ」といった見出しから引き起こされる感情だ。

こうした女性は、もっとよく知っておくべきだったのだろうか。彼女たちの身になって考えてみよう。この世代の女性を社会がいかに子ども扱いしていたかわかるはずだ。あなたが1950年に生まれたとすると、自分の給料の所得税を初めて払ったのは40歳のときだ（それまであなたの夫が世帯分の税金を払っていた）。30歳のときに、男性の保証なしでローンを組むことができるようになった。1950年代生まれの女性は、経済についてあまり教えられることがなかったので、年金の法制度に関する数々の変更を知らなかった。この世代の女性は、結婚して経済面は男性に頼るようにと育てられたのだ。不測の事態に備える計画について誰も教えてくれなかった。

未亡人も政府予算削減の標的にされてきた。2017年まで、子どもがいて夫か妻かシビルパートナーを亡くした人は、葬式代と別離に伴い失った収入との補塡として2000ポンド（約38万円）の一時金が支給された。さらに、最長で20年にわたり週最大113・7ポンド（約21万5000円）の給付金を受け取れた。この制度は、ひとり親、とくに母親が貧困に陥るリスクが高いことを考慮したものだった。女性は、男性より長生きするうえに、自分より年上の男性と結婚することが多いため、未亡人になる可能性が男性より高いからだ。配偶者やパートナーを亡くしたときの経済的打撃は、女性にとって男性よりはるかに大きい。男性のほうが収入が多く、女性はパートタイムで働くことが多いためだ。

年金の支払額は、死亡した人の国民保険拠出金を加味して算出されるので、残された親はパートナーが拠出したお金の一部を受給できた。この支払いは、残された親が新しいパートナーと同居を始めるかまたは再婚した場合は、打ち切られた。

2017年、政府予算の削減により、この制度が大幅に縮小された。配偶者を失った親に対し、一時金として3500ポンド（約66万円）〈子どもがいない場合は2000ポンド〈約37万7800円〉〉、そして月350ポンド（約6万6000円）〈子どもがいない場合は100ポンド〈約1万8900円〉〉の給付金を1年半のあいだ支給することになった。

配偶者を失った親に対する経済的支援が20年から1年半になるという大幅な削減であり、この政策の変更は間違いなく、女性をいっそう困窮させるものだ。男性が多数を占めるこの国の指導者たちがいかに女性をないがしろにしているかが、またしても露呈された。

複雑な年金貯蓄制度

本書で論じている退職後の貧困はすべて回避可能だ。政府はその気になれば、高齢女性を支援するための財源を捻出できるはずだが、明らかに政治的意思が欠如している。

並行して、多くの企業が安定性の低い年金プランに切り替えるようになった。伝統的な「確定給付」年金は企業にとって不当に費用がかかると主張している。確定給付年金は従業員にとって最も安全な年金プランだ。従業員は退職時に一時金を受け取り、さらに毎年一定の金額を死亡するまで受け取る。この場合、退職後に受け取れる「給付」の金額はあらかじめ決まっている。受け取り額は、勤続年数に応じた給料の掛け率で決まり、さらに通常は、インフレを考慮して増額される。

若い世代では、とくに民間セクターでは、「確定拠出」年金が適用される。この場合確実なのは、口座にどれだけのお金が貯まったか（「拠出」されたか）ということだけだ。貯めたお金は投資に回されるが、投資がどれほど利益を生むか、そして退職時に最終的な金額がいくらになっているかは予測できない。この二点が、確定拠出年金の大きなリスクだ。

企業は確定給付年金を徐々に廃止していて、ほぼすべての民間企業で新規の加入を受けつけていない。そのいっぽうで、イギリスの大手企業350社では、株主への配当の支払い額が年金支払い額の14倍になっている。とすると、どれだけ払えるかではなく、何を優先するかという問題なのだ。そして当然ながら、女性のほうが長生きするので、企業の確定給付年金をより長いあいだ受け取るのは女性の退職者だ。

しかし女性は一般に大企業の経営者ではなく、従業員の年金の種類を決定する立場にもない。

こうした動向に私たちは抗議できるはずだし、抗議すべきだろう。ところが、活動家たちは行く手を阻まれてきた。年金貯蓄制度が複雑で迷路のように入り組んでいるからだ。不可解な用語があふれ、誤った情報が広まっている。将来の経済状態がかかっているにもかかわらず、多くの人は年金制度を改善するための運動を支持しない。とにかく現状を十分に理解できていないからだ。

この複雑さは意図されたものだ、と皮肉を言う人もいるかもしれない。力をもつ者（政府や企業）が力のない者（勤労者）には理解できない複雑な慣行を導入すれば、力の構造が維持される。抑圧が巧妙に行われるので、混乱があっても、空が雲で覆われるようにわかりにくい。傲慢にも400万人近くの女性をだまし、助けを求める女性の声を無視しているのだ。

政府は、ジェンダーによる年金格差に関する年次報告を発行すべきだ。そうすれば、年金格差の問題が賃金格差と同じように議論されるだろう。ただし、「社会的に必要な無償労働」をするために有償労働から離れた人に対する補償なくしては、女性が被っている経済的不平等にけっして対処できない。

フルタイムで無償の世話をする人たちの年金拠出を政府が継続的に支援すれば、どれほどの違いが生まれるだろう？

シンクタンクの社会市場財団によれば、産休中の女性は毎週762・75ポンド（約14万4000円）に相当する労働をしていて、その3パーセントを年金貯蓄に拠出すれば、拠出額は年に1189・89ポンド（約22万5000円）になるという。[10] 年金政策研究所によれば、この方法を採用すれば、ジェンダーによる年金格差は28パーセント縮まる。そのための政府支出は年間12億ポンド（約2259億4600万円）から16億ポンド（約3012億6000万円）になるが、これは年金に対する税控除額の4パーセント相当だという。[11]

政府の解決策を待ち望むあいだ、女性にとっては退職時の貯蓄に関する基本的な事項を理解することが不可決だ。誰もが知っておくべき重要なポイントについて、以下に説明しよう。

年金の解説

退職するとは、目の前に土曜日ばかりの毎日が広がっているようなものだ。もう働かなくてよいほどお金が十分貯まっているなら、これほどすばらしい自由はない。

人生はいつも、今日の欲求を満たしつつ将来に備えるための闘いだ。大半の女性は、退職後に向けたお金を十分に貯めていないが、それは次のいずれかの理由による。第一は、そこそこの収入があり年金の拠出もできるが、将来図に退職後の計画がないケース。第二は、家庭で差し迫って必要なものがあるために、老後の資金を貯めることが現実的でないケースだ。

退職後の貯えで大事なポイントは、年金口座に何かあれば何もないよりはよいということだ。年金貯蓄に拠出した1ペンス1ペンスが、将来のあなたへの贈り物になる。

もちろん「年金」という言葉は知っているけど、しくみがよくわからない

年金口座は貯蓄口座に相当する。ただし、ほかには見られない特徴がある。たとえば、年金貯蓄は政府が定めた所定の年齢――２０２１年時点で55歳――に達するまで引き出せない（ここでは、現時点で一般的なしくみである確定拠出年金について述べる。先に述べた確定給付年金については、また独自の決まりがある）。

年金口座は、雇用主を通じて開設してもよいし、個人で開設してもよい。雇用主は従業員の給与の一定の割合の掛け金を年金口座に納める。多くの雇用主は、従業員が掛け金を増やすと雇用主からの掛け金も増やす。勤務先の年金口座を確認して、雇用主による掛け金が最大になる水準まで、自分で拠出する掛け金の月額を増やすとよい。

あなたの年金は、年金提供者が投資を行って貯蓄額を増やしていく〔年金の運営をするのは雇用主でなく年金提供者。企業によって利用する年金提供者が異なる〕。一般的には、国際株式市場、外国政府の借入金（国債）などで、さらにインフラ建設プロジェクトや金、不動産への投資があるだろう。自分で年金の投資先を選びたい場合は、個人でも投資できる。勤務先の年金提供者に連絡をとるとよい。または、ＡＪベル、アビバ、スコティッシュ・ウィドウズといった年金提供者が運営する「自己投資型個人年金（Self-invested Personal Pension：ＳＩＰＰ）」に口座を開設し、定期的に拠出金を払い込む。マネー・アドバイス・サービス〔法律に基づき設立された相談機関〕と市民相談所〔非営利団体によるネットワーク組織〕は、年金提供者の選び方について有益な助言をしてくれる機関だ。[12]

税控除って何？

税控除は、退職に備え貯蓄を奨励するための政府によるインセンティブだ。年金口座に貯蓄をすると、給料に課税されるはずだった額の一部が年金に回されることになる。控除率は、各人の所得税率と連動している。所得税が基本税率の人は20パーセントの税控除があり、より高い所得税率の人は40パーセント、さらに高い所得税率の人は45パーセントの税控除を受けられる。

所得が高い人は知っておくとよいが、年金口座への貯蓄で税控除の対象となるのは1年間に給料額の100パーセント、または4万ポンド（約753万円）までとなっている。年金口座の貯蓄額を増やすのは自由だが（たとえば相続があったときなど）、この上限を超えると税控除の対象にならない。

税控除はわかりにくいかもしれないが、次のことを覚えておくとよい。お金に余裕のある人やフィナンシャル・アドバイザーは、最大限の税控除を受けられるよう、年金口座にできるだけ多くの額を入れるようにしている。そこを目標にするのがよい。

年金口座に貯蓄をしている期間は税金の支払いから「解放」されるかわりに、年金を引き出すときにはその金額に所得税がかかる。多くの場合、初めて年金貯蓄から一時金を引き出すときは非課税となっている。

収入が少ない人はどうする？

収入のない女性、または年収が3600ポンド（約68万円）未満の女性でも、個人年金に最大2880ポンド（約53万円）まで払い込むことができる（雇用主を通じた年金とは別の口座をつくる）。その場合、この口座の貯蓄額を含めた年最大3600ポンドが税控除の対象になる。

勤労者がパートナーの退職に備えた貯蓄を容易にできるように制度が変更されれば、女性はおおいに助かるだろう。勤労者が毎月の年金の一部をパートナーの分として指定できるようにすべきだ。または、勤労者が職場の年金制度のなかでパートナーの名前で別の年金口座を手軽に開設できるようにすればよい。この場合、事業主が二つめの口座に払い込みをする必要はもちろんない。勤労者が給与のXパーセントが自分の年金口座に行き、Xパーセントがパートナーの口座に行くと決めればよいのだ。勤務しているほうはパートナーの口座にアクセスして、残高を確認したりお金を引き出したり投資先を選んだりはできない。できるのは、仕事をしていないほうだけだ。

いくら貯める？

いくら貯めなければならないのかについて、専門家は若干のアドバイスをしてきた。ところが、その金額はとても貯められないほど多い、としばしば非難される。以下に例を示す。

1　よく言われている原則は、30歳までに年金貯蓄で年収と同額を貯めなければならない、というものだ。さらに、40歳までに年収の3倍、50歳までに6倍、60歳までに8倍を貯め、67歳までに年収の10倍にする。たとえば、年収3万ポンド（約565万円）の人は30万ポンド（約5650万円）を目標にする。一つ心にとめておいてほしい。ここであげた目標額のすべてを、あなたが自分自身で貯めるのではない、ということだ。雇用主の拠出金や投資による増額分を足し合わせて、目標額を達成できるようにするのだ。

2　月額給与の12・5パーセントから15パーセントを貯蓄に回す。年収が3万ポンドの人なら、雇用主からの拠出金も合わせると毎月312・5ポンド（約5万9000円）くらいになるだろう。職場の年金の明細書を確認するか、オンラインでアクセスするかして、毎月どれぐらい積み立てられているかを確認しよう。可能なら拠出額を増やす。毎月312・5ポンドを40年間投資し、投資額が年に4パーセント増えていくとすると、目標額の30万ポンドに達する。

3　十分貯められないのではないかと心配な人には、次のような貯蓄のしかたがある。年齢を半分にした数字のパーセンテージで給料を掛けた金額を年金口座に入れる。たとえば50歳の人なら収入の25パーセントを年金貯蓄に回す。たしかにこの方法だと、何歳であっても給料のかなりの部分を毎月貯蓄にもっていかれることになる。それでも、この方法が可能であるなら、そして貯蓄額を増やしたいなら、とてもよい方法だ。

いくら貯めればお金の心配がまったくなくなるのかという問いに、決まった答えはない。60代、70代になれば、出費は大幅に少なくなるものだ。そのころには（理想を言えば）住宅ローンの返済も終わっているので、毎月の住居費が不要になるし、通勤のためのガソリン代や電車代もいらなくなり、子どもも独立する。70代の人の大半は、結婚式や子どもの誕生や新しい車のために貯金をしない。退職した人の収入はおおむね、現役時代の40パーセントから70パーセントになる。つまり、年収5万ポンド（約941万円）だった人は、年2万ポンド（約377万円）（以前の収入の40パーセント）の収入があることが目標になる。

とはいうものの、どれぐらいのお金が必要かは個人の生活スタイルや関心によって決まる。孫と一緒に過ごす時間を楽しみつつイタリア語を勉強したい人もいる。コート・ダジュールでシャブリを飲みながら残りの人生の大半を送りたいという人もいる。

退職後のプランを真剣に考えるなら、退職しようと思っている年齢と平均寿命とを検討する。これは職業によって異なる。警察官や消防士であれば、マーケティングや弁護士秘書の仕事に比べ、早いうちに仕事から退く。子どもが3人いて、末の子どもが大学を卒業するまで仕事を続けたいのか？　15年以内に家を売って、生活費が安いマラガに移住する計画だろうか？

複数の会社で年金に入っていたら？

約4億ポンド（約753億円）もの年金貯蓄が「消滅」し忘れ去られてきた。職場を変わり、何年かのちになって、年金貯蓄があったか、どの年金提供者に加入していたか、そしてどうすれば知ることができるのかがわからなくなった人たちの年金だ。平均すると、イギリス人は生涯で11回転職する。所在がわからなくなった年金貯蓄があるのは、あなただけではない。そういう人たちを助けるため、政府には年金追跡サービスがあり、無料で利用できる。詳しくは、〈gov.uk/ find-pension-contact-details〉を見てほしい。

年金口座がいくつもあった場合、一つにまとめるべきだろうか？　それは状況による。複数の年金口座をもっていることの難点は、それぞれの口座で預金を投資するための年間手数料がかかることだ。何十年にもわたって年金口座をもっていると、手数料の合計がかなりの金額に上る。だから、別々の年金口座を一つにまとめ、口座にかかる投資手数料の支払いを一回だけにしたほうが経済的だ。それぞれの年金口座のお金が異なる方法で投資されていて、それぞれの投資の理由に納得し投資を継続したい場合は、一つにまとめないほうがいいかもしれない。

複数の年金口座をまとめるかどうかについては、いずれもっと容易に決定が下せるようにするべきだ。政府は、オンラインバンキングと同じように、誰もがログインできるウェブサイトの開発に取り組んでいて、個人がもっている複数の年金口座を一元的に把握できるようにしようとしている。年金ダッシュボードと呼ばれる。完成を待とう。

では、年金貯蓄をどう使う？

先にも述べたとおり、多くの人は55歳の誕生日を過ぎたら年金貯蓄の引き出しができる。年金貯蓄から少しまとまった金額を引き出して、住宅ローンの返済にあてたり、投資用の不動産を購入したり住宅のリフォームをしたりするのに使う人もいる。年金貯蓄からお金を引き出すと税金がかかり、またそのあと何年くらい年金保険料の払い込みを続けるかにも影響する。だから、年金貯蓄の一部引き出しを考えている人は、フィナンシャル・アドバイザーに相談したほうがよい。老後の生活に十分な額を残しておくにはいくらまで引き出せるか、また税金支払い額がいくらになるかなどをすぐに計算してくれるだろう。

退職時にどれぐらいの額を年金貯蓄から引き出すかについては、選択肢がいくつかある。最も一般的なのは、年金貯蓄から非課税で一時金を引き出せる制度を最大限利用することだ。こうして手に入れた臨時収入は、ちょっとした楽しみや住宅ローンの支払いに使える（もちろん具体的には、退職時に規定を調べて、いくらまで非課税が認められるかを確認しなければならない）。

選択肢は以下のとおりだ。

1　残ったお金は引き続き投資に回し、毎年生活費としていくら引き出すかを決める。年金用語ではこれを「取り崩し」と呼ぶ。定期的に貯蓄を「取り崩して（引き出して）」いくからだ。警告――これはリスクが高い方法だ。なぜなら、お金は引き続き投資されるが、投資額が少なくなるので、退職後の貯蓄が少なくなる。ただし投資に回した分は増えるかもしれないので、退職後何年かたつうちには増える可能性もある。そして、死亡後に残ったお金は相続人が受け取ることになる。

2 非課税分の一時金を受け取ったら、年金貯蓄に残った一部または全部を保険会社に預け入れし「終身年金」に加入する。終身年金は、保険会社が毎年一定額の年金を生涯支払うという契約である。受け取り額は、終身年金の「購入」金額と、保険会社が計算した加入者の余命とに基づいて算出される。保険数理士は、加入者の年齢、健康状態、配偶関係、居住地といった個人的な状況を詳細に調べたうえ余命を推定する。70歳で退職し100歳まで生きると推定されたら、保険会社は、一生喫煙を続けた人や二度のがん闘病を生きのびた人よりはるかに多い年数にわたって年金を支払うことになる。あまり健康でない人ほど、毎年の受け取り額が多くなるだろう。余命が短いと想定されるからだ。

終身年金に加入するメリットは、死亡時までどれだけの収入があるかを日々確認できることだ。難点は、年金貯蓄の全額（または大部分）を保険会社に預けるので、あとになって、もっとほかの方法でお金を増やせたのではないかと思い悩むことになるかもしれない。たとえば、投資用の不動産を買っておくべきだった、フィナンシャル・アドバイザーに投資してもらったらよかった、などだ。

3 終身年金から退職者が受け取れる額は、投資市場の動向によっても左右される。年金を預かった保険会社としては、加入者に払う以上の金額を得ようとして投資をする。その差額が保険会社の利益になるのだ。投資市場が不調だと、退職者にとっては不利な取り引きになってしまう。

退職時にどんな方法を選んだとしても、貯めたお金でできるだけ長く生活できるようにすることが肝心だ。政府は、個人が資金計画を立てるためのより進歩したツールを導入し、マネー・アドバイス・サービスや市民相談所等を通じて利用できるようにする必要がある。年金貯蓄はジェンダーに根ざした課題だ。女性が働きはじめ、年金貯蓄の払い込みをし、年金口座の最後の１ペンスを使うときまでかかわっている。

第5章 ✦ 男性が主流の経済学

著名な経済学者はほぼ男性

フェミニズムは必然的に経済とかかわっているが、経済学は必ずしも女性の問題を扱うわけではない。経済学は男性が支配する業界だ。経済学界に女性が占める割合は、イギリスでは15パーセント、アメリカでは12パーセントにすぎない。[1] さらに、ヨーロッパの経済学部の上位20校で、女性の教授の割合はわずか12パーセントだ。[2] 女性の割合が増えジェンダーバランスが均衡に向かいつつある、社会科学のほかの分野や自然科学の専門職とは際立った対照をなしている。イギリスでは会計士の44パーセントが女性で（アメリカでは63パーセント）、一般開業医の48パーセントは女性だ（アメリカでは37パーセント）。[3]

著名な経済学者は、ほぼ全員男性といっていい。女性はすぐれた考えをもっていないからだろうか？ それとも、女性の貢献が過小評価されているのだろうか？ オックスフォード大学教授のリンダ・ユーは著書『アダム・スミスはブレグジットを支持するか？：12人の偉大な経済学者と考える現代の課題』（早川書房、２０１９年）で、これまでとくに大きな影響を与えてきた経済学者12人について論じ、その思想がこんにちどのように役立っているかを述べている。12人のなかに女性は1人しかしない。ジョーン・ロビンソンだ。この点についてユーは、この職業には「女性が慢性的に不足している」[4]からだとしている。

経済学で最高の栄誉、ノーベル経済学賞はこれまで84人に授与されたが、そのうち女性は2人だ。2009年、エリノア・オストロムがオリバー・ウィリアムソンと共同受賞した（2人はそれぞれ別に研究を行った）。また、2019年にエステル・デュフロが、パートナーであるアビジット・V・バナジーと共同研究者のマイケル・クレーマーとともに受賞している。単独で受賞した女性はいない［2023年、クラウディア・ゴールディンが単独受賞した］。

例外的な女性のご多分にもれず、オストロムも1960年代のアメリカで、駆け出しの研究者として流れに逆らいもがいていた。「高校で教師をするか、妊娠するか、裸足でキッチンに立つことくらいしか期待されない」時代だった、とかつてインタビューで語っている。[5]

大学の経済学部で女子学生は希少種で、女性の教員と研究者は絶滅危惧種だ。女性の大学教員は年齢が上がるにつれ数が少なくなるため、学生を教える女性教員は地位が低いことが多い。学生は、女性のリサーチ・アシスタントに個人指導を担当してもらうことが多く、女性教授から自著をもとに見解を披露される機会は少ない。学位課程では女性は少数派なので、経済学専攻の学生が出席するゼミでは、大半を男子学生が占める集団で、男性中心に築いてきた思想について議論することになる。

経済学で学士号取得を目ざして勉強する女子学生は減少していて、イギリスでは現在、経済学部の学生のわずか28パーセントだ。[6]数学、工学、理学、テクノロジー、経営学といった学位では女性の割合がもっと多いので、もって生まれた能力とは関係がない。女性が経済学の研究を志望しないとは、最高の収入が得られるキャリアへと続く道を、知らず知らずのうちに閉ざしていることになる。経済学部の卒業生は男性でも女性でも、医学部に次いで収入が高いのだ。[7]

経済学が女性にとって厳しい分野だというのは、おおっぴらに言われないだけで、じつは誰もが知っている。卒業生の就職フォーラムでもノーベル賞受賞者の世界でも同じだ。ある調査では、『経済専門職市場のうわさ（Economics Job Market Rumors：ＥＪＭＲ）』という、よく利用されているインターネット上のフォーラムで学生と若手のエコノミストが女性と男性について用いる言葉について研究した。[8] 女性は容姿や性格について性的な言葉で語られることがひんぱんにあったが、男性は学術的な資質を中心に語られていた。

すべての男性が女性に敵対的というわけではない。経済学者や経済学専攻の学生も同様だ。しかし、ミソジニーがはびこるなかで（オンライン上でも現実社会でも）沈黙を続ける男性は、女性を軽んじる文化と共謀している。この状況を変えるには、男性こそ最高の立場にいるのだが。

経済学は、熱のこもった多くの議論を繰り広げてきたという点で、政治と似ている。経済学理論を競い合う様子はまるで宗教のようだ。学生も研究者も、神の言葉であるかのごとく自分の信条に固執する。経済学を議論するときには、けっして軽々しい雰囲気にはならない。経済は重大な問題なのだ。ノーベル経済学賞を受賞した2人目の女性（そして最年少の受賞者）となったデュフロは、経済学界の議論は「マッチョ」で「性差別的」文化のなかで「アグレッシブ」になるので、女性は気をそがれ、女性経済学者が「壊滅的に少なくなる」と述べている。[9] デュフロによれば、経済学の思考パターンは「適者生存」のようだという。女性がトップの地位まで辿り着けないとしたら、それは食物連鎖の下のほうで食われてしまうからだ。つまり、そういうことなのだ。

フランス出身でアメリカで活躍するデュフロは、さらにつけ加えて言う。「意図的に性差別をしようとしていなくても、結果として性差別的になっている。社会のなかで、女性は礼儀正しくし、ほかの人の話をさえぎらずに話し終わるのを待ちなさいと言われてきたからだ。（略）熱心に取り組むことと攻撃的になることとの違いは微妙で、重なっているときもままある。（経済学のように）人の話に割って入り、ほかの人が考えを述べるのをさえぎってもよいという環境は、男性に有利だ。率直に言って、女性はそういうことを好まない」[10]。

女性経済学者が必要な理由

多くの分野で女性が占める割合は低いが、一部の分野では不均衡に高い。しかし、経済学者がどういう人たちなのかは、たしかに問題だ。経済学者は、政府と社会に多大な影響力をもっているからだ。世界各地で、「主席エコノミスト」は政府機関や中央銀行、そのほかの公的機関や民間組織で高い地位にあり、大いなる尊敬を集める。エコノミスト・チームが現状について見解を述べ予測をする。そして、その予測が、医療や教育、大気汚染から新しい空港の建設地に至るまで、現代社会のあらゆる領域の意思決定の指針となっていく。

政策立案に男性の意見しか取り入れられないのは、医薬品や安全保護用品を男性の体でしかテストしないようなものだ。よく言っても、政策立案者は男性の考えによって人口の半分がどのような影響を受けるか認識していないことになる。最悪の場合は、男性の偏った見方によって、女性は害を被るリスクにさらされる。アメリカの男性経済学者に関するある調査によれば、男性の経済学者は、政府の政策に関するリスクについては女性の経済学者以上に認識していて、最低賃金の義務化が失業を引き起こすことなどについては考察をするが、環境保護に関しては女性の経済学者より関心が低い傾向があるという。[11]

これに対し、アメリカとヨーロッパの女性経済学者に関する調査では、女性経済学者は収入の平等な分配や累進課税を積極的に支持し、労働者の権利を拡大すれば経済成長が阻害されるという見解には反対する傾向があり、市場の力が問題を解決するという見方をあまり信じていない。[12]また、調査対象の女性経済学者は、企業は常勤の従業員の健康管理を行うべきだという意見に賛成することが多かったが、これはおそらく、病気の家族や友人の世話にかかわったことがある女性の実体験に影響された考えだろう。

調査結果でとくに示唆に富むのは、ヨーロッパでもアメリカでも女性経済学者は、男性と女性が平等な機会を与えられているという意見に反対することが多い点だった。男性のほうが高等教育においても職業においても機会に恵まれ、とくに学界で優遇されていると考える傾向が強かった。

男性の経済学者はこれに賛同しない。機会は平等であり、賃金格差は男女間での職業選択や教育や技能の違いによって説明できると考えることが多かった。おそらく、ジェンダー不平等がなくならない理由は、社会政策を立案する人たちが問題に気づいてさえいないからだ。経済学に女性がもっと進出すれば、より広範な解決策が提示され、さらに重要なこととして、社会問題として捉えられる事象の範囲が広がるはずだ。[13] 女性は不平等は避けられないと考えることが男性より少ないので、経済学者はまったく異なる問いに着手するようになるだろう。

経済学という職業は「経済学の再生」ともいうべき存在の危機を乗り越えてきた、とイングランド銀行主席エコノミストのアンディ・ホールデンが示唆している。[14] 過去20年にわたり主流の経済思想は、深刻な問題について説明し解決策を提示するため悪戦苦闘をしてきた。極端な富の不平等、物価上昇の停滞、記録的な低金利の影響、そして、気候変動が加速するなか、限りない成長を根本においてきた社会は持続可能なのか、といった問題だ。

こうした障害に対し経済学者が明確な道筋を示せないことで、主流の経済思想の信頼性に疑問が投げかけられている。経済学という領域で新しい思想が切実に求められているのだ。経済学の将来を形づくるために女性が貢献するときが来ている。

男性主流（メイル・ストリーム）

経済学の主流《メイン・ストリーム》はメイル（男性）・ストリームだと、一部の学者から言われてきた。この学問のそもそもの土台からして不当に男性的だという。学問の端緒が男性中心主義に偏っているのだから、経済学によって実際の社会問題に解決策を提供するのが難しいのは、批判する者にとって驚くことではない。

現代の経済思想の基礎は、スコットランド生まれの大学教授アダム・スミスによって築かれた。１７５９年と１７７６年に出版された2冊の著書［それぞれ『道徳感情論』と『国富論』を指す］で発表した、社会が繁栄するための最良の方法に関する考察は画期的だった。スミスの基本原理は、あらゆる状況において、あらゆる個人の行動はつねに自己の利益のために行われるというものだ。それから1世紀にわたり、男性知識人はスミスの仮説を用いて「経済人」または「ホモ・エコノミクス」と呼ばれる人格をつくりだした。経済人は、経済的利益で動く計算高い人物で、意思決定にあたり民衆の声に動かされることはけっしてない。

激しい批判が起こり、人間の動機についてより繊細な解釈を行う行動経済学の理論が発展したが、それでもなお、経済人は、こんにち用いられる経済モデルの多くの基盤となっている。経済学者のカトリーン・マルサルは著書『アダム・スミスの夕食を作ったのは誰か？　これからの経済と女性の話』（河出書房新社、２０２１年）で、スミスは人生の大半を母親とともに暮らしていた、と指摘する。[15] 家庭を切り盛りし毎晩かならず息子の夕食を用意する母親だった。愛情ゆえに、息子が経済理論に取り組める時間をつくってやったのだ。しかし皮肉なことに、スミスの経済理論は、誰もがひたすら自己の利益を追求すると仮定していた。見返りを求めることなく行動する人、つまり彼の母親のような人たちのことは考慮していなかった。

またスミスが強く信じていたのは、取り引きにかかる規制や税金を撤廃すべきというもので、これが「自由」市場と呼ばれるものになっていった。

自由市場の背景にある考え方は、ある種の矛盾をはらんでいる。スミスは、誰もが制限を受けることなく自分の利益を追求できるようにすべきで、そうすれば市場は効率的で社会にとって有益な方向へとみずから修正されていく、と論じた。つまり、誰もが自分の好きなようにしていれば、誰にとっても有益な市場経済が出現するというわけだ。

数字で表せない経済活動

18世紀の知識人たちは、物理学と天文学の登場に興味をかき立てられていた。この二つの学問領域では、数学を利用して物理的な世界を説明する。人々は、神の手によるものと思われていた世界のしくみが科学的な測定や計算によって解き明かされるのだと信じた。

数学が経済学に取り込まれた結果、経済学は科学的正当性があり有用だとされた。数学を用いて予測を行い、情報を視覚的に提示できるからだ。ただし、計算をするために、経済学者は何らかの仮定に基づいて考察する必要があった。つまり、私たちはみな経済人であるという仮定である。こうして、それぞれの歴史やアイデンティティや動機をもつ個人によって構成される複雑な社会が、経済人という社会に単純化されてしまった。自己の利益というたった一つの欲求しかもたない人々、そして、意思決定をするために、たった一つの方法——計算に基づいた合理的なアプローチ——しか存在しない社会だ。

経済人とは、男性の特性を露骨に戯画化したものだ。ところが、何世紀かたつうちに、経済人という考え方こそが、男性が（そして女性も）とるべき行動の理想になっていった。経済学の方程式にあてはまらない人間の価値観や動機には、愛や思いやりや寛容、それに利他主義、協働の喜び、共同体などがある。いずれも女性的と考えられている特性だ。しかし、そういった動機は経済学の枠組みから排除され、軽んじられる。じつはこうした動機によって社会が機能しているにもかかわらずだ。一家の稼ぎ手が外で仕事をしているあいだに子どもの世話をする親は、家族や地域社会や国家が経済的資産を生むうえで役割を果たしている。子どもが学校から帰ってきたら食卓に夕食を用意する人や、パートナーが始業時間までに会社に着けるよう車で駅まで送っていく人も同じだ。こうした行動は、賃金を支払われるか支払われないかにかかわらず、すべて経済活動なのだ。

ローズ色に染まった眼鏡をかけて世界を見れば、赤い旗はすべて色がわからなくなるという。だから、経済学が制度的な意思決定に強力な役割をもつと、あらゆる社会問題が数学をひねくり回して解決できるものに仕立てられてしまう危険がある。病院の収益をあげ国際貿易に貢献する場にしよう、介護施設の経費を切り詰めよう、企業による教育への投資を奨励しよう（そうすれば国内総生産「GDP」が上がる）、ポンド高を維持しよう、といった具合だ。

経済学者のあいだでも、この学問領域が抽象的で日々の関心からかけ離れたものになってしまった、と憂慮する声がある。デュフロは、経済学者がGDPと所得に固執する現状を「歪んだレンズ」だと批判した。[16]

GDPが見落とすもの

経済の規模と成長をはかる数字であるGDPは、国の豊かさを示す代表的な指標としてすっかり浸透しているので、私たちは景気後退（GDPが落ちる時期）を恐れ、経済の回復（GDPが上がる時期）を願う。GDPの上昇が社会政策の道しるべになっている。GDPは、一定の期間における各国の相対的な繁栄を比較するツールであり、公共生活のあらゆる領域の政治的決定は、経済が拡大することを目ざして行われることが多い。

GDPの計算方法は時代によって、また国によって異なる。政府や統計学者によってしばしば手が加えられ、より信頼性が高くなる場合もあるが、競合する国より経済が好調であるかのように見せかけるために操作されるケースも多い。

ナイジェリアは2014年、南アフリカを抜いてアフリカ最大の経済国になったと発表した。現状は何も変わっていなかった。しかし、ナイジェリアの経済学者が自国のGDPの計算方法を変えたのだ。以前は計算に入れていなかった、ダウンロードされた音楽の価値や急成長する「ノリウッド（Nollywood）［ナイジェリアの映画産業をハリウッド（Hollywood）にかけてこう呼ぶ］」といったものを計算式に含めたのだった。

また同じ2014年には、イギリス経済が一夜にして50億ポンド（約9415億円）以上も成長した。6700万人のイギリス人にとっては何も変わっていない。変わったのは、経済学者がGDPの計算に性産業を含めるようにしたことだった。売春宿は違法であり、検察庁がセックスワークは性的搾取の一形態であるとしているにもかかわらずだ。財務上のちょっとしたしかけで、性産業に経済的正当性が生まれ、国家経済を引き上げたのだった。

性産業に関するデータが著しく不足していたため、統計学者はある仮説を立てる必要があった。イギリス全土に6万8879人のセックスワーカーがいて、1人が1週間に25人程度の客から平均67・16ポンド（約1万3000円）の料金をとる、というものだ。[17] 算出にあたっては、オランダの事例を参考に、1人のセックスワーカーが年間107ポンド（約2万円）を衣服代にかけ、コンドーム1個に47ペンス（約86円）払うと想定された。[18] これは明らかに、複雑な市場を大ざっぱにくくった見積もりだ。五つ星のホテルも、（合法的な売春エリアがある）リーズのホルベック地区の裏通りも一緒くたにしている。男性も女性も未成年者もいれば、同意や虐待や薬物依存の程度もまちまちなはずだ。

GDPに性産業を含めるかどうかをめぐる議論は、GDPの欠陥を浮き彫りにしている。国民の幸福を考慮に入れていない。たとえば、100人がサルモネラ菌の中毒にかかり治療を受けたとすると、患者の回復に要した労働と資材が経済活動としてカウントされ、経済が拡大したことになる。しかし、病気にかかる人が多いのはよいことだと主張する人はいない。GDPが高いのが「よい」ことで低いのが「悪い」ことだとすれば、性産業による取り引きが増加するとGDPの数字としては喜ばしいのだろう。じつは、現行の法律に違反しているし、性産業にかかわり苦しんでいる人たちを利用していることになるのだが（ここで性産業に関する道徳規範について意見を述べることは控える。本書のテーマではないからだ。ただし、性産業で働くのは大半が女性で、人身取引や組織犯罪がからんでいる場合が多いということを、私たちは知っている）。

それに加え、ＧＤＰは無償で行う労働を考慮していない。売買される財やサービスのみが計算対象となる。だから、賃金と引き換えに労働を提供する人は計算に含められる。いっぽう、子育てや掃除、食事のしたく、障害者や病人や高齢の親族の世話といった無償労働はＧＤＰの対象として認められないが、こうした労働をするのは大半が女性だ。イギリスの女性は平均して1年に１３５２時間の無償労働を提供している。だが、この労働、そして何百万人もの世界じゅうの女性たちの労働が、構造的に公的統計で認識されていないのだ。

こうして女性の価値が構図から見えなくされる。愛の労働は、社会を判断する成果指標として経済学者が計算するものではないのだ。これはおかしい。１００人が家族のために料理をしたりほかの人の世話をしたりするために時間を費やし、その労働が社会にプラスの効果をもたらしたとしても、無償の労働だから経済的に価値がないとみなされる。つまり、ＧＤＰのようなしくみは、大部分が女性によって担われているケア労働の価値をおとしめている。そのいっぽうで、かかわっている人の大半が女性である違法な労働形態（セックスワーク）の価値は認めているのだ。

育児関連の支出をインフラに

歴史的に、経済学者は家庭労働の価値を定量化するのを拒んできた。はかるのが困難だという理由からだ。しかしここ数十年、フェミニスト経済学者が、女性の労働を計算するモデルをいくつか考案してきた。時間ごとに何をしていたかを報告してもらう時間利用調査を行い、ほかの人に同じ仕事を依頼した場合にいくら払うかを統計学者が推計するなどだ。この種のモデルは、経済協力開発機構（ＯＥＣＤ）をはじめとする公的機関で利用されている。イギリスの国家統計局（ＯＮＳ）では、家事に賃金を払うとすると、女性は平均して週２６９ポンド（約5万円）支払われることになるだろうと見積もっている。[19]

また、労働の価値の評価と計算の方法については、伝統的に「男性」のものとされてきた仕事と「女性」のものとされてきた仕事のあいだで、明らかに整合がとれていない。道路や港湾施設に対する政府支出はインフラ投資と分類され、経済活動の拡大に欠かせないと認識される。男性を中心とした雇用を創出し、商品の輸送や人の移動を容易にする。これに対し、保育サービスを全国で提供することは経済にとって価値があるにもかかわらず、保育に関する政府支出は重要だと捉えられていない。しかし、保育サービスは多くの雇用（多くは女性）を生み出すうえ、親がほかの経済領域に参加するための自由な時間を提供する。

アメリカでは、上院議員のエリザベス・ウォーレンが、育児関連の支出をインフラ投資に分類すべきだと要求してきた。[20] 先進国では、手頃な価格の保育サービスを提供できないと経済成長が停滞するということが、調査で示されている。[21] イギリスではほかの先進国に比べ母親の雇用がとくに少ないが、母親業をしながら同時に賃金労働にも従事できれば、経済活動に貢献できるかもしれない女性が大勢いるのだ。ジェンダー平等が進んでいるスカンジナビア諸国並みの手厚い育児支援をイギリスでも提供できれば、１４０万人の女性が就労できると推計されている。１４０万人の女性が経済面で男性と肩を並べ、自分の将来のために経済的資産を蓄えることができるのだ。[22]

育児支援は、運輸や医療と同じように欠かすことのできない公共サービスだ。運輸も医療も、それによって人々が仕事に行き賃金を得られるようになるという経済的利益があるので、国家が助成している。育児は経済の役に立つ目に見えない力だ。育児をする人がいなければ、世帯の収入が圧迫され消費が抑制される。労働力にならずに家庭に留まらなくてはならないため、経済活動に参加できる成人が少なくなり、納税額も減る。育児にかかる負担から、子どもを産むのがためらわれるようにもなる。[23]

世界じゅうで社会的にも政治的にも困難が続いている核心には、経済の不平等があるのだ。このテーマに関するすぐれた文献を紹介しておく。前述したカトリーン・マルサルの『アダム・スミスの夕食を作ったのは誰か？』のほか、ダイアン・コイルの『GDP: A Brief But Affectionate History（GDP――短くも愛にあふれた話）』（未邦訳）、デイヴィッド・オレルの『Economyths: 11 Ways Economics Gets It Wrong（経済神話――経済が行き詰まる11の道）』（未邦訳）がある。

不平等に関するジェンダーの側面は、困難に立ち向かう方策を議論するうえで、つねに中心に据える必要がある。主流の経済学が立脚している前提は、あまりに単純化され硬直化していて、男性と女性と経済とにかかわる人間的な意味合いを把握できていないことが、次第に認識されてきている。

第6章 ✦ 政府がジェンダーを考慮しない

保険適用されにくい女性特有の疾患

イギリスじゅうで、私を含め、珍しい遺伝性疾患を抱えながら生活している女性がいる。立って歩く力が次第に弱くなるという疾患で、脂肪性浮腫と呼ばれる。グリコサミノグリカン（ＧＡＧ）という長い鎖のようにつながったジェル状の物質が脂肪細胞にたまって、リンパ管（人体の解毒系）が詰まり、腫れてあざができ痛みが出る。この脂肪細胞は脂肪を含まないので、ダイエットや運動で燃焼させることができない。そのため、病変組織が脚や腕に増殖し、やがて癌のように全身に広がっていく。

脂肪性浮腫を発症するのは女性だけだ。ごくわずかな研究しか行われていないが、科学者たちは、女性ホルモンと関連があることは把握している。一般に、症状は思春期に現れ、妊娠や閉経や経口避妊薬の使用に伴って悪化するからだ。生涯にわたって進行するので、手術を受けなければ、私は45歳を迎える前に車いすの生活を余儀なくされるだろう（私は運がいいほうだ。脂肪浮腫のため20代でもう歩けなくなる女性もいる）。ところが、ＮＨＳはこの手術に健康保険を適用するのを拒否している。その論理的根拠は、治療には脂肪吸引術によって脂肪細胞を除去するプロセスが含まれるというものだ。脂肪吸引術は美容外科手術に分類され、健康保険が適用されない。それでいて、NHSは1年に8800万ポンド（約166億2400万円）をバイアグラに拠出している。[1]

皮肉なことに、脂肪性浮腫の患者は美容外科クリニックに行き、5000ポンド（約94万円）を前払いして脂肪吸引術の予約をするわけにはいかない。イギリスには脂肪性浮腫を治療できる専門の外科医は4人しかおらず、自由診療の費用は患者1人につき最低でも5万ポンド（約940万円）かかる。だから、脂肪性浮腫を患う女性は治療費を払うため、経済的安定を犠牲にして年金貯蓄を取り崩すか高額のローンを組むかするのが普通だ。患者は動けなくなるので、職を失ったり、早期退職に追い込まれたりする。立っていられなくなり、教員や看護師といったキャリアを泣く泣くあきらめる人もいる。脂肪性浮腫は、見たところ肥満のような状態なので、この疾患をもつ女性は差別を受け屈辱的な思いをさせられる。肥満とみなされた女性の賃金が低いことについては、第13章を見てほしい。

これはまぎれもなく、制度的なジェンダー差別だ。脂肪性浮腫が男性の疾患だったらどうだろう。そのほかの点では健康な若い男性が痛みに苦しみ、家を売るか車いす生活を送るかという選択を迫られるという事態を、NHSが放置するとはとうてい思えない。

さらに、イギリスは貴重な経済機会を失っている。というのも、まず、脂肪性浮腫治療に関してはドイツが先進的な技術を誇っているので、数多くいる専門医の診察を受けようと、世界じゅうの女性がドイツへ行く。次に、人々が健康になれば経済活動にいっそう参加できるようになるため、公衆衛生に1ポンド支出するたびに、経済には中間値で14ポンド（約２６００円）の見返りがあると見積もられている[2]［各調査対象地域の投資利益の中間値が1ポンドに対し14ポンドだった］。私は、すべての女性が脂肪性浮腫の治療をＮＨＳで受けられるよう、キャンペーンを始めた。詳しくは、〈gofundme.com/annabellelondon〉のウェブサイトをご覧いただきたい。

ＮＨＳイングランドの支出は、医療委託グループ［法に基づき設立されたＮＨＳの関連公的機関］の議長が決定するが、議長の85パーセントは男性だ。先に述べたとおり、勃起不全のイギリス人男性は、バイアグラとそのジェネリック薬をＮＨＳによって無料で入手できる。２０１６年には、３００万枚近くの処方箋が出された。これに対し、同じ２０１６年、低所得世帯にミルクと果物と野菜に使うバウチャーを配布するヘルシースタートという制度のためにあてられた税金は、６０００万ポンド（約１１３億円）だった。男性の勃起を促進するための費用より２８００万ポンド（約52億７０００万円）少ない。

バイアグラが、男性だけでなくカップルの双方に役立っているのは確かだ。しかし、治療を受けられず障害者になる女性が出るほどＮＨＳの予算が逼迫しているなら、自分で20ポンド（約３８００円）出して薬局で一箱買えばいい。

ＮＨＳで構造的に性差別が行われていることについては、動かしがたい証拠がある。バロネス・カンバーレッジ［一代貴族に叙せられた保守党の政治家］が２０２０年にまとめた調査報告書によって、ＮＨＳの性差別の結果、40年のあいだに、女性が仕事や住居やパートナーを失い経済的に不安定になっている実態が明らかにされた。[3]調査では、女性を中心に７００人から聞き取りを行った。議論を呼んでいる三つの医学的介入を受けたあと不調に苦しんでいる人たちで、三つの医学的介入とは、抗てんかん薬のバルプロ酸ナトリウム、プリモドスなどのホルモン妊娠検査薬、そして失禁や骨盤臓器脱を治療する骨盤メッシュ手術だ。彼女たちの悩みは、何年も、ときには何十年も「取り合ってもらえず、見過ごされ無視された」ことだ。重篤な副作用が数えきれないほど報告されているにもかかわらず、医師たちは女性の苦痛を真剣に取り上げてこなかった。調査で特定された女性たちは、より大きな問題を提起している。制度全体として政府の政策が性差別的なことが、女性が男性より貧しいことの大きな理由になっているという問題だ。

緊縮財政の影響を受けるのは女性

イギリス政府が10年にわたり、福祉国家を再構築するという使命を掲げていることで、多くの女性の経済見通しに甚大な影響が出ている。下院図書館の調査によれば、2010年以降、給付金と税控除の削減により政府が節約できた費用のうち、86パーセントが女性にかかわるものだったという。[4] 女性は総額で790億ポンド（約14兆8800億円）を失ったが、男性の損失は130億ポンド（約2兆4500億円）だった。これには児童税額控除［子どもがいる低所得者世帯を対象とした税控除］と児童手当の削減が影響していて、いずれも申請するのは圧倒的に母親だ。[5] 平等人権委員会によれば、とくに深刻な影響を受けたのはひとり親家庭で、その9割が母親と子どもだという。[6] また、ジェンダー予算グループのデータで、シングルマザーは収入の15・6パーセントを失うことになった、とわかった。[7]

女性に対し不均衡に悪影響を与えている政策は数えきれないほどある。2011年から2013年にかけ、公共部門の勤労者の給料が凍結された。公共部門の勤労者は75パーセントが女性なので、生活が苦しくなったのは大半が女性だった。[8] ２０１３年から２０１７年にかけては、公共部門の賃金上昇が1パーセントに抑えられた。[9] インフレ率を下回るので、労働者にとっては実質賃金が１・７パーセント低下したことになる。[10] その間、ディストリクト［イギリスの行政区分で市町村レベルに相当］の看護サービスの予算削減により、大半を女性が占める看護職に「持続不可能な」負荷がかかるようになったと、研究者たちは明らかにしている。[11] 乳幼児とその親を訪問し子どもの発育をチェックする専門職であるヘルスビジター［日本の保健師に似た業務を行う］の半数近くが４００件を担当しているが、これは親と子どもの健康と幸福を守るために望ましいとされる担当件数の２５０をはるかに超えている。[12] 社会政策のほかの分野でも同じだが、「とにかく支出を切り詰める。女性は何があっても仕事を続けてくれる」という姿勢のようだ。

イギリスにおける女性の貧困は、国連が任命した〈極度の貧困と人権に関する国連特別報告官〉フィリップ・オルストンの調査報告で注目されるようになった。オルストンがまとめた報告書は、公共サービスの大幅削減により、とくに女性と子どもが深刻な影響を受けた、と厳しく非難している。結論は次のようなものだ。「会議室にミソジニスト（女性を嫌う人）の一団を集め、女性でなく男性の役に立つ制度にするにはどうしたらよいかと尋ねると、現在の制度で行われていないことに関するアイデアはあまり思いつかないだろう」。保守党政権は、福祉に対し「懲罰的で悪意に満ち、しばしば無情とも言えるやり方」で「厳しい困難」を押し付けてきた、とオルストンは考える。報告書では、世界第5位の経済国でこれほど多くの人が貧困に苦しんでいるのは、「明らかに不当」であり「不名誉なだけでなく社会の大惨事であり経済的災難」だと述べているが、多くの人がそう感じることだろう。[13]

予算削減に伴う負荷を女性が背負わされるのは、政府決定に関するジェンダーへの影響を示すデータを政府関係者が見ていないからだ、と言う評論家もいる。しかし、政策が女性に与える影響について政府がたしかに把握していることを示す根拠がある。対応しないだけなのだ。

女性の貧困に対する政府の姿勢は、医療従事者の労働時間に関する保健省の調査に要約されている。調査では、「女性に対する間接的な悪影響は、正当な目的を達成するための相応な手段だ」と述べている。[14]これとは別に、自由民主党の前党首ジョー・スウィンソンは、「公共支出を削減すると、女性のほうが大きく影響を受けるが、改革は進む。それが『基本的な真実』だ[15]」と語った。対照的に国連の報告書は、イギリスでは福祉改革を進めた結果、「あらゆるエスニックグループで、また所得分布のどの層をとっても、男性のほうが女性よりはるかによい生活をしている」と結論づけている。[16]

政府の主要な福祉政策によって、女性の暮らしがどのようになっているのか、詳しく見てみよう。

ユニバーサル・クレジットの問題点

2013年、低所得層と失業者に対する新しい福祉給付金が導入された。6種類の国家給付——児童税額控除、住宅給付、所得補助、所得調査制求職者手当、所得調査制雇用生活支援手当、就労税額控除——を統合して、一つの月額給付にするのが目的で、ユニバーサル・クレジットとして知られている。

市民にとってわかりやすくするため、そして政府にとっては支出を削減するためだった。つまり、多くの世帯で政府による給付金が少なくなった。障害児のケアをするひとり親はとくに影響を被った。旧制度のもとで受け取っていた給付金10ポンド（約1880円）につき3ポンド（約560円）近くを減らされ、年間では平均1万ポンド（約188万円）相当の減額になった。[17] この緊縮財政改革の結果、ひとり親全体の貧困率は、37パーセントから62パーセントに上昇すると予測されている。[18] ユニバーサル・クレジットの導入以降、フードバウチャーのヘルシースタートの受給資格者も減少した。2013年には72万7309人の受給者がいたが、2018年には50万人以下となっていて、30パーセント以上減っている。[19]

ユニバーサル・クレジットの欠陥の一つは、申請をしてから最初に給付金を受け取るまでに最低でも5週間待たされることだ。12週間も待つ申請者も多い。最初の支払いまでのあいだ、前払い金（次の支給額から差し引かれる）を受け取れる人もいるが、現実には、収入も貯蓄もない人たちは、家賃の支払い猶予を好まない家主に立ち退きを命じられることになる。

フィリップ・オルストンの報告では、ユニバーサル・クレジットによる直接的結果として、かなりの数の人（圧倒的に女性が多いが男性もいる）が「サバイバル・セックス」に走るほど追い込まれたことが明らかにされた。[20] サバイバル・セックスとは、食事や寝床といった基本的ニーズを満たすために性を売ることだ。このためホームレスの統計では、女性の数が実際より低くなっている可能性がある（詳しくは第9章を参照）。サバイバル・セックスが目立って増えてきたため、議会の雇用年金委員会は調査を実施した。また、イングランド北部で女性のための活動をしている慈善団体、チェンジング・ライブスの理事長を務めるローラ・シーボームは次のように私に語った。「ユニバーサル・クレジットの利用者は、当面生活していけるだけの給付を受けられます。でも、いつまでやっていけるのかが、まったくわからないのです。ある女性は250ポンド（約4万7000円）受け取りましたが、これが2週間分なのか6週間分なのかわからなかった。結局は6週間分だったのですが、これでは家賃も払えません。ホームレスになって性を売らなくてはなりませんでした。ユニバーサル・クレジットの前払い金の返済を求められても、まったく無理というケースが多いのです。これでは、最低限の基本的な生活もできなくなります。とくに子どもがいる女性は[21]」。

ユニバーサル・クレジットがこれまでの制度より後退していることを示すもう一つの点は、子どもがいる夫婦が給付を申請する場合、「主たる養育者」の指定が求められることだ。この考え方は、男女共同育児休暇の導入など、家庭での男女の役割を平等にしようとする社会政策に逆行している。さらに、ユニバーサル・クレジットは、毎月の給付金を世帯のなかで収入が高い人に支給するが、夫婦の場合、5分の4は男性が受け取っている[22]。夫婦のあいだで所得が平等に分配されているという前提に基づくものだが、第1章で見たとおり、平等ではないとする根拠が数多くある[23]。以前は、申請をした人に給付金が支払われたので、多少なりとも女性が自分の手で家計を握ることができていた。

国会議員からなる雇用年金専門委員会の報告では、世帯に向けた給付金の全額をいっぽうのパートナーが受け取ることを認めると、「悪用するほうがますます力をもつという深刻な危険性がある」と示された。委員会で聞き取りをした女性の1人は、パートナーが「いつかある朝、自分の口座に1500ポンド（約

28万円）あると知ったら、全部もって出ていっちゃうかもしれない。そしたら、私たちは何週間もお金がなくなる」と語った。委員会議長のフランク・フィールド国会議員は、結論として次のように述べている。「ユニバーサル・クレジットは、女性たちが苦労して勝ちとってきた平等を何十年も前まで巻き戻した。いまは1950年代ではない。男性も女性もそれぞれ仕事をし、個人として税金を払っている。それぞれが独立した収入をもつべきだ」[24]。給付金は、世帯の双方の成人のあいだで分配すべきであり、スコットランド政府はそのような給付金制度を導入しようとしているが、イギリス政府は抵抗している。[25]

国家給付金を監督する雇用年金省はユニバーサル・クレジットに関する評価を実施し、政策としては「ジェンダーに中立的」であると結論づけた。この判断は、不合理な前提に基づくものだ。男性と女性が同じ状況にある場合、ユニバーサル・クレジットは両方のジェンダーを同じように扱っている、としている。しかし、男女が同じ状況におかれていることはめったにない。繰り返すが、ひとり親の90パーセントは女性なのだ。

このようなジェンダー差別は、この国の人権擁護義務の不履行にあたる。イギリスは、「経済的、社会的及び文化的権利に関する国際規約」に批准している。社会保障や「相当な食糧、衣類及び住居」に関する男女平等の権利を保証する人権条約だ。[26]イギリスの平等人権委員会によれば、社会保障は「量と期間において適切」でなければならず、削減する場合は「一時的で、必要性に基づき、均等に行われる」べきだとされている。政府は、みずからの法令の遵守を怠りつづけているが、責任を果たしてもらわなくてはならない。たとえば、政府は2011年に「公共機関平等義務」を導入した。これは、「政策立案とサービス提供にあたっては、平等に対する配慮が反映されるよう求める」ものだ。[27] 平等人権委員会も、福祉給付金の申請者に適切な生活水準を提供できるよう、また政策が完全に法に準拠するよう、早急な対策を政府に求めている。[28]

世界各国のジェンダー予算事情

政府は、年に一、二回、歳入と歳出の計画を予算書に策定し優先度を決める。ジェンダーに対応した予算とは、政府や組織の財政に関する決定がジェンダーに与える影響を勘案し、それぞれのジェンダーのニーズを考慮することだ。[29] これは、男性と女性から同じ金額を徴収するとか、ましてや男性と女性に対し平等に支出をするなどという意味ではない。たとえば、メキシコシティ当局は、公営のバスや電車が混みあっているときに、体を触られたり卑猥な言葉を浴びせられたりする女性がいることを認識し、女性だけの公共交通機関を提供するための支出を行った。女性のための支出が増えることになるが、公共機関がより安全になれば、女性にとって仕事に出ようというインセンティブになる。家族のための収入が得られ、地域社会で消費できる。

ジェンダーに配慮した予算は、オーストラリアで1980年代に先駆的な取り組みとして導入され、これまでに3か国がジェンダー予算の実現を憲法に明記している。[30] ボリビア、ルワンダ、オーストリアだ。オーストリアでは、家庭内暴力に取り組むための費用を配分したことが、国内の医療費削減に役立っていて、長期的に見ると、傷病で苦しむ人が少なくなるので、企業は従業員の欠勤で失う労働日数が少なくなるはずだ。[31]カナダ、フランス、日本ではジェンダー予算の計画書を発表し、[32]ベルギーとスペインでも、この分野に大きく踏み込もうとしている。[33]わがイギリスは、この流れに逆行している。

アメリカでも似たような状況だ。州政府でも連邦政府でも、予算のジェンダー分析を定期的に行っていない。さらにトランプ政権は残酷にも、12件あったセーフティネット・プログラムの8件を大幅に削減した。プログラムの利用者の大半は、基礎的ニーズを満たそうとする女性で、自分自身と、そして子どもがいる場合は子どものためにも、住居と食料を得て暖をとろうとしていた人たちだ。[34]撤廃されたプログラムには、最貧困層の人たちの住宅の暖房費にあてられる、低所得者向け光熱費補助プログラムがあった。受給者の63パーセントが女性だった。[35]貧困家庭一時扶助（Temporary Assistance for Needy Families：ＴＡＮＦ）の予算も削減された。失業者か低所得者で妊娠中または子どもを養育している人を支援するプログラムで、受給者の85パーセントが女性だった。

フードスタンプの予算は3分の1削減された。補助的栄養支援プログラム（Supplemental Nutrition Assistance Program：ＳＮＡＰ）は、貧困ライン以下で生活する人たちが基本的食料を購入できるようにするもので、一人一食あたり平均１・４ドル（約２０８円）を補助する。[36]２６００万人ほどの女性が給付を受けている。[37]受給者のなかには、フードスタンプを売り、購入が認められていない商品である生理用ナプキンやタンポン、石鹸などを買う人もいた。[38]この違法行為に応じる商店側は、自分たちの時間と労力に見合うよう、値段をつり上げることが多く、そのため女性はますます厳しい状況に追い込まれる。[39]

さらに、家庭内暴力や育児、性に関する健康など女性のニーズに直結した支援を提供していた9件のプログラムに対する支出が、18パーセント切り下げられた。[40] 9件のなかには、91年にわたって働く女性を支援してきた労働省女性局の予算もあり、女性局は76パーセントという壊滅的な予算削減を受けた。[41]

こうしたプログラムの予算を縮小するいっぽうで、トランプ大統領は、最富裕層に対する一連の減税を導入し、2025年以降も継続しようとしていた。[42] 世界の個人資産の70パーセントは男性が保有し、世界で最も裕福な人のリストに最初の女性が登場するのは15番目だ。[43] この減税によってどちらのジェンダーが恩恵を受けるのか、答えはおのずとわかるだろう。

アメリカの政策立案者が予算のなかでジェンダーの平等を考慮しない現状には、女性のニーズを軽んじる全般的な方針が表れている。アメリカは、スーダンやソマリアと並び、国連女子差別撤廃条約に批准していない数少ない国の一つだ。CEDAW（Convention on the Elimination of All Forms of Discrimination Against Women）と呼ばれるこの条約は、アフガニスタン、イラク、北朝鮮を含む189か国が批准しており、[44] 差別や暴力や貧困から女性を守るためのものだ。[45]

しかし、アメリカはこれまで、人権に関する条約全般に抵抗を示してきた。国家の主権を脅かすかもしれないと考えているからで、CEDAWも例外ではなかった。ビル・クリントン政権は、アメリカ政府が批准を留保している条約のリストをまとめたが、そのうち二つが女性の経済的平等に関するものだった。理由の一つは、アメリカには同一労働同一賃金に関する法律がすでにあるとして、同様の法律の制定に消極的だったことだ。第二の理由は、CEDAWで求められている「産休を導入すること。産休中は有給とする、またはそれに相当する社会的給付を支給する。それまでの雇用と勤続年数と社会手当を中断しないこと」という義務を受け入れられないからだと言われている。[46] こんにち、有給の産休を保証しないのは、アメリカとパプアニューギニアだけだ。[47]

アムネスティ・インターナショナルは、ジェンダー平等を推進するためＣＥＤＡＷを批准するようアメリカに求めてきた。アムネスティの主張の一つは、職場での性差別に対する訴えは人種差別ほど厳しく精査されていないというものだ。[48] ＣＥＤＡＷを批准すれば、こうした実態はやがて是正され、女性従業員がもっと保護されるようになるだろう。

第7章 日々の生活費が少しずつ高い

「ピンク税」の存在

ピンクにして小さくして値段を上げよう。

「男性用」商品の「女性用」バージョンを何十年も開発してきたマーケティングチームの戦略だ。意味のないジェンダー別商品は、ジェンダーのステレオタイプを助長するようなデザインが施され、女性的な特徴は扱いにくいと匂わせる。文房具メーカーのＢｉｃは、男性用サイズの標準的なペンをもてない女性のために、細めのボールペンを製造した。便秘薬のダルコラックス「女性用」はピンクで「飲みやすくコーティング」されている。女性用の耳栓はピンクなので「やさしい眠り」に誘われるが、男性バージョンはブルーで「極限まで保護するヒーローズ製耳栓」だ。

また、ドリトスのスナック菓子では、噛んだときにあまり音がしない「レディードリトス」が提案された。「女性は人前で大きな音を立てるのを好まない。指先をベロベロなめたりしたくない」と、ドリトスの親会社ペプシコのＣＥＯ、インドラ・ヌーイは語っていた。[1]

女性の暮らしは、そうでなくとも男性よりはるかに費用がかかる。生理用品のほか、男性に比べ下着にかかる費用が多い。ブラジャーを着けるからだ（女性は常時、平均して6枚のブラジャーをもっていて、生涯で2700ポンド〈約51万円〉を使うことになる）。[2] ストッキングも必要だが、ソックスより高い（生涯でストッキングにかかる費用は平均3000ポンド〈約56万5000円〉）。[3] ジェンダー化された社会の期待があるため、私たちは化粧をし、ヘアケア用品をふんだんに使い、体のケアに心を砕くが、すべてお金がかかる。男性は髭を剃るだけだが、女性はもっと広い部位にわたってムダ毛を処理する。女性が一生でムダ毛を剃るのにかける費用は6500ポンド（約122万円）になり、定期的にワックス処理をするなら、生涯でかかる費用は2万3000ポンド（約433万円）に上る。[4]

ジェンダーによって区別された商品について、メーカーが口を閉ざしてきたことがある。たいていの女性向け製品の方が高いということだ。「ピンク税」と呼ばれている。美容品、医薬品、子供服など、ほぼあらゆる製品に女性らしい雰囲気を加えて値段をつり上げる。

ニューヨーク市の研究者が、ピンク税に関する大規模な研究を行った。90のブランドについて、男性用、女性用が明確に区別されている800点の製品――ベビー用品から高齢者用品まで、ライフステージ全般にわたっていた――の価格を比較した。[5] すべてのカテゴリーで女性向け製品のほうが高く、平均すると7パーセント高かった。美容関連用品で言えば、化粧品は13パーセント高かった。「ピンクで小さく」の事例もある。女性向けの製品は男性向けの同等品に比べ、品質が劣っていた。ピンク税は女の子用のおもちゃにまでかけられていて、同時期に販売されていた男の子用より55パーセント高かった。研究者がとくに注目したのはラスカルズ・ブランドの幼児用ヘルメットで、頭部がサメのかたちをしているブルーのヘルメットは14・99ドル（約2200円）で、頭部がユニコーンのピンクバージョンは、27・99ドル（約4100円）だった。[6] これだけでは娘をもつ親の怒りを買うには十分でないと言うなら、女児用衣服は男児用より26パーセント高かったという。

ピンク税は墓場まで女性を追いかける。高齢者の健康のための製品（歩行用杖、尿ケア用品、サポーターや弾性ストッキングなど）の45パーセントで、男性用より女性用のほうが高い値段をつけられていた。また報告では、1995年のデータから、女性は男性と同じサービスをしてもらうために、毎年1351ドル（約20万円）の「ジェンダー税」を払っていると指摘する。現在の消費者市場はいっそう複雑になっているため、この数字はさらに上がっているだろう。

女性向け製品はニーズを反映しているのか？

こうした慣行について、大半の商品で男性用も女性用もほとんど変わらないのに、と批判する人たちがいる。いっぽうメーカー側は、女性向けの製品は女性のニーズに合わせて市場に出しているからだと主張する。剃刀メーカーのジレットの言い分だ。ジレットは、女性らしい形状の剃刀「ヴィーナス」に男性用剃刀の「フュージョン」より20パーセント高い価格を設定した。[7] 剃刀の機能は同じで、ピンクかブルーかだけの違いだ。なので、不当に高い値がついているとわかった女性は、「男性用」を選んでもよい。ただし、香料が入った製品となると、ピンク税を避けるのは難しい。ジェンダーによって違いがある香水では、ピンク税は「花から香料を抽出するのにかかるコスト」のせいだと言われてきた。[8] よって、たとえば、男性的な香りがするジレットのＭＡＣＨ３シェービングジェルは、フローラル系の香りの同等品サテンケアより20パーセント安くなっている。

価格が高いことが正当化できる事例もある。女性用の衣服の多くは、何種類かの素材を組み合わせているので、一種類の生地から裁断することが多い男性用の服に比べると、縫い合わせるコストがかかり高くつく。ただし多くの場合、価格を設定するのは小売業者であって、製造業者ではない。小売業者は、子どもやパートナーやペットのものも含め、家計支出の70〜80パーセントは女性が決定していると知って値段をつけているのだろう。

企業は、嬉々としてピンク税を取り入れてきた。ブラウスのドライクリーニング代は男性用のシャツより値段が高い。[9] 美容室では、ショートカットの女性が、同じような長さの髪の男性より高い料金をとられると不満をもらす。ＢＢＣで、オックスフォード大学のある研究者の話が紹介されていた。彼女は刈り上げのような髪にしていて、美容室でいつも女性の美容師に手早くカットしてもらい、37ポンド（約７０００円）払っていた。ある日美容室に行くと、男性の美容師が担当で、同じようにカットして料金は15ポンド（約２８００円）だった。それが、同じヘアスタイルの男性から受け取る料金だということだった。[10]

平等法では、サービス提供者はジェンダーを理由に顧客を差別してはならないと規定している。しかし、差別的な小売業者や企業と闘う責任は個人に帰せられる。

２０１９年、ジェンダーによって異なる価格を設定することを禁止しようと、消費者保護法の改正案が議会に提出された。[11] これでピンク税は葬り去られるはずだった。「実質的に同等」の品目は同じ値段としなければならないからだ。残念なことに、法案は成立しなかった。それでも、フェミニストがピンク税に反対する行動を起こす余地はかならずあるはずだ。小売店を相手にするか、もしくは議会で似たような法案を復活させるかだ。

女性向けに製品を設計しなおすのは、本当に必要であるなら歓迎すべきことだ。例をあげると、医療機関や警察、消防などの職業で着用する防護服などだ。女性はいつもフリーサイズの手袋やマスク、白衣やオーバーオールを支給されるが、これらは標準的な人、つまり男性向けにデザインされている。手も顔も大きく、脚は長く上半身の体型も異なる。

この問題は、女性スタッフが77パーセントを占めるＮＨＳの医療機関で何年にもわたりくすぶっていたが、新型コロナウイルス感染症のパンデミックで一気に表面化した。手袋やマスクのサイズが合わないと保護にならない。致死性のウイルスを扱う環境はそれだけでストレスが高いのに、命を守る装備品をダクトテープで巻きつけ、胸は押しつぶされ、小さな手は巨大な手袋の中で浮いているという状況では、ますます事態は悪化する。２０１６年の労働組合の報告により、60パーセント近くの女性が保護用の装備のせいで業務が妨げられていると回答したことが明らかになった。これもまた、制度的な性差別の例だ。女性スタッフが男性と同じように効率的に働けるよう、経営側が装備を整える費用を配分しなくてはならないのだ。

車の費用をふっかけられる

女性は車のことをわかっていないという固定観念があるため、女性のドライバーはその代償を払わされている。女性は車の修理に男性より数百ポンドも高い料金をふっかけられるのだ。ある調査によれば、女性がクラッチを交換する費用として提示された平均的な金額は、793ポンド（約15万円）だが、同じ作業に男性が請求される金額は673ポンド（約13万円）で、120ポンドの差が出ていたという。調査した自動車修理工場のうち、男性と女性に同じ料金を提示していたのは6パーセントだけだった。[12]

また研究者たちは、女性は価格の相場に通じていないと悟られると、より高い金額を示される、ということを見いだした。それなら、すでにいくつか見積もりをとったと伝えてから交渉を始めるとよいだろう。もう一つ、払おうと考えている金額を申し出れば、ジェンダーバイアスに左右されることなく話を進め価格交渉をまとめることができる。研究では、男性でも女性でも、いくら払う心づもりがあるかを前もって言っておけば、ジェンダーバイアスが払拭され、同じ見積金額を提示されることが明らかになっている。[13]

車を購入するときにもピンク・プレミアムが存在することが、研究で示されている。ある研究では、中国で14万5000件の車の購入について調査を行った。さまざまな条件を統制したうえで算定したところ、女性は男性より高い金額で車を購入していることがわかった。[14] また、販売店の近くに住んでいる男性、またはその地域で生まれた男性は、さらに値引きを提案される傾向があったが、この傾向は女性にはあまりあてはまらなかった。別の研究によれば、新車の販売店での価格交渉では、ほかにも差別がひそかに行われていて、白人男性は黒人や女性の顧客（じつは研究参加者）が購入を検討しているケースに比べ、大幅に安い価格を提示されたという。車の販売業者がある社会集団に敵意や偏見を抱いているのであれば、経済的差別とは別の要因による差別が働いたのかもしれないが、この状況は、経済的差別であると言ってよい。単純に言うと、女性とエスニック・マイノリティは、情報に通じていないので、簡単にだまされ高い金額でも払ってくれるだろうと思われているのだ。[15]

「生理の貧困」と「生理の平等化」

女性はみな、11歳の誕生日を迎えたときに月経カップを与えられるべきだ。一生を通じて何千ポンドも節約できるし、タンポンやナプキンより環境によい製品が、標準的な製品として使われるようになる。さらに、女性が被っている経済的不平等のなかで最も屈辱的な状況を防止できる。それは、いつまでも続く「生理の貧困」だ。生理用品を買う余裕がない女性がいるのだ。

イギリスでは、7人に1人の女性が、下着に一時しのぎのものをあてるだけですませたり、鎮痛剤がないため生理痛に苦しんだりしている。[16]適切な製品がないまま生理の不快感を抑え込もうとすると、女性は自意識過剰になり、女性の体は恥ずべきものだという気持ちが生まれる。アメリカでは5人に1人の女子生徒が、ナプキンやタンポンがないため学校を休んで家にいたり早退したりする。[17]生理はなんともいえないやり方で、女の子は男の子より「下」なんだ、と思わせるきっかけになっている。

難民とホームレスの女性はとくに生理の貧困に陥りやすい。イギリスでは、難民認定を申請中の人は、生活費として週にたった37・75ポンド（約７１００円）しか支給されない。ホームレスを支援する慈善団体は、女性がとくにほしがるものが下着だと報告している。

本書執筆中に、スコットランド、ウェールズ、イングランド、そしてオーストラリアのヴィクトリア州の政府が、学校で生理用品を無料で提供すると表明した。[18] すばらしい取り組みだが、女性が出血という男性にはない経験をするために被っている、経済面やそのほかの不平等に対してほんの少し歩き出しただけだ。

このことを表す言葉が「生理の平等化」で、活動家のジェニファー・ワイス＝ウルフによる造語である。[19] ここで、生理があるのは女性だけでないと指摘しておいたほうがいいだろう。トランスジェンダー、ジェンダー・クィア［自認する性が既存のジェンダーの枠組みにあてはまらない人、また流動的な人］、ノンバイナリーの人にもいる。生理の平等化は、こうした人たちに対する公正も含んでいる。生理のある人たちがシスジェンダーの男性と経済面で平等である社会なら、最終的には、生理用品が非営利価格で、理想的には無料で提供されることになるだろう。

すべての女性が生理の貧困を経験しないとしても、それでも生理用品にかかる費用は蓄積されていく。生理《ピリオド》の貧困と闘う慈善団体のブラッディ・グッド・ピリオドの計算によれば、平均的なイギリス人女性は、生理に関連する商品に月に11ポンド（約２１００円）を使うという。ここには、鎮痛剤や温湿布、汚れたシーツや下着を洗い取り換えるための費用が含まれる。女性は平均して一生に４５０回の生理があるので、費用の合計は４８００ポンド（約90万円）になる。[20] 世界的な規模で見ると、タンポンやナプキンを購入すると、多額の金が女性の財布から男性が支配する企業へと移転することになる。２０１７年には、月経年齢の女性が19億人いて、西洋社会では、１人の女性が一生で１万１０００個のタンポンを使うと推計されている。[21]

月経カップの特許が初めて認められたのは１８６７年で、ナプキンが市場に出回るようになる20年ほど前だ。[22] １９３０年代の終わりには、いくつかのブランドの月経カップが販売されるようになり、顧客を求めてタンポンやナプキンと競い合った。商品の購入にあたり、三つの選択肢はいずれも難点があった。ナプキンは厚く不快感がありずれやすく、価格が高い。タンポンは安全性が疑問視され、多くの女性は月経カップやタンポンを挿入することに不安を感じていた。月経カップよりナプキンとタンポンのほうがはるかに売れ行きがよかったが、これは既得権益をもつ企業が、女性に毎月定期的に使い捨て製品を使わせようと、マーケティングに注力してきたからだ。また一部のフェミニストは、男性が生理に対する不快感をもっているため、使い捨て製品がいいと強調されるのだと論じている。初めて月経カップを売り出した会社は、１９６３年に閉鎖された。一度も利益が出たことがなかったが、それは、一度製品を買って満足した客が同じものをずっと使いつづけたからだろう。[23]

こんにち、10社ほどのブランドの月経カップが市販されていて、価格は10ポンドから20ポンド（約１８９０円から３７７０円）だ。経血量にかかわらず一個あれば足り、耐用年数は10年ある。月経カップは扱いにくくて面倒だと思われることもあるが、月経カップに関する43件の研究を科学的に分析したところ、タンポンに比べ月経カップは漏れることが少なく、膣内の善玉菌にとって好環境であり、全般に性能が高いと明らかにされた。[24] ただし、月経カップを使ったあとは、手を洗うためのシンクと水が必要になる。

吸水ショーツも、明るい展望を切り拓く革新的な製品だ。股の部分が厚い層になったショーツで、ナプキンを使わなくても経血を吸収できる。使用後は普通の下着と同じように洗濯して乾かし、2年間使える。アメリカとイギリスでいくつかのブランドのものが出回っていて、価格は1枚20ポンドから30ポンド（約3770円から5660円）だ。

生理用品は医療上必要ではない？

タンポンとナプキンは医療上必要なものではないという考えが文化的心理のなかに深く浸透していたため、2019年になるまで、国家が運営するNHSの医療機関で、通常の対応として生理用品を女性に提供する施設は一つもなかった。いっぽう、NHSのどの病院でも、入院患者に剃刀とシェービングフォームを支給するという長く続いてきた方針があった。だから、男性は入院中にひげそりができたが、女性が月経の手当てをするのは容易ではなかった。[25]

英国医師会の調査によって、40パーセントの病院で生理用品を提供しない、もしくは緊急時のみ提供しあとは患者自身ですみやかに用意してもらっている、ということがわかり、医師会は改善を働きかけている。[26] にもかかわらず、14パーセントの病院と地域保健局には生理用品を買える売店も自動販売機もない。生理用ナプキンは産婦人科病棟の患者だけに渡され、ほかの病棟の患者は生理用品をもってきてくれる親族がいない女性でも、支給されないことが多い。ＮＨＳは、２０１９年の夏にようやく、生理用品を提供することを表明した。

さらに、必要な女性に生理用品を日常的に提供すべきなのは病院だけではない。ここ60年のあいだにヨーロッパ諸国では、ユニバーサル・ヘルス・カバレッジ［すべての人が支払い可能な費用で保健医療サービスを受けられること］が普及した。ヨーロッパで国家財源により提供される潤沢な医療ケアには、次のようなものが含まれる。８０００人のイギリス人に対する腹部美容外科手術（５０００万ポンド〈約94億円〉を拠出）[27]、ヘルススパの利用、バイアグラ、はり治療、難産後の家事支援、骨盤底筋強化エクササイズ、そして美容目的の豊胸と不調が起きた場合の豊胸バッグ除去。[28]なぜこれらには医療上の必要性があり、女性の生理用品は医療上必要なものでないのか、私には理解できない。

政府や企業経営者やチェーン展開するスーパーマーケットが物品を大量に購入すると、提供業者から多額の値引きをしてもらえる。イギリス政府は、イングランドの学校に生理用品を提供する企業の入札金額を公開した。初年度の費用として２０００万ポンド（約38億円）、または生徒１人あたり11ポンド（約２１００円）と設定されていた。[29]生理用品の提供をほかの集団、あるいはすべての女性にまで広げれば、１人あたりのコストはもっと下げられるだろう。

月経税

著名な婦人参政権論者のアリス・ストーン＝ブラックウェルは１８９６年、なぜ女性に選挙権が必要かについてリストを作成した。理由の一つは、「女性にとって不当な法律がもっと迅速に改正されるようになるだろうから」というものだった。ブラックウェルは完全に間違っていた。あれから１２５年たったが、先進国では、生理用品が贅沢品と分類され、付加価値税（または売上税）が課税される［生活必需品に適用される軽減税率や免税の対象外とされている］。税率は、デンマーク、ノルウェー、スウェーデンでは25パーセント、ハンガリーでは27パーセントとなっている。本書執筆時点で、アメリカでは35州で生理用品に売上税が課されている。[30] 州ごとに生活必需品とみなされる物品のリストがあり、生活必需品は購入時に売上税がかからない。リストに含まれるものには、ウィスコンシン州では射撃クラブの会費、コロラド州ではプライベートジェットの部品、テキサス州ではカウボーイブーツ、アイダホ州ではチェンソーなどがあり、なかでも私のお気に入りの生活必需品は、サウスダコタ州のロデオ大会参加費だ。[31]

女性だけに必要な製品を課税対象とするのは、経済的搾取だ。売上税の対象外とされているのは男性用の商品ばかりだということを、いま一度強調しておこう。コネチカット州とノースダコタ州では、尿漏れパッド（男性も使うだろう）は非課税だが、生理用ナプキンは課税される。[32]

生理用品の購入費用と同じく、タンポン税は多くの女性にとってたいした負担になっていないという議論がある。ニューヨーク州に住んでいる場合、一生で生理用品に８００ドル（約12万円）税金を払うことなるが、これが30余年に分散されるので、それほど負担だとは感じられないだろうという。[33] しかし女性は、年収から年金貯蓄に至るまであらゆる点で男性より経済的に不利な状況におかれているので、この800ドルは見過ごせるものではない。2015年の4月なかば、アマゾンの株式は1株375ドル（約5万5000円）だった。800ドルを出してアマゾン株を2株買った女性がいたとする。2019年12月には、1株が1760ドル（約26万円）になっていたので、2株買っていたら3520ドル（約52万円）になっていた。お金を上手に使ったら力になるということを顕著に示す例だろう。実際の数字がどうであれ、女性が生理用品に払わされている費用は、お金の使い方として望ましくない。

タンポン税には逆累進性がある。月経年齢のすべての女性に、支払い能力にかかわらず一律に適用されるからだ。活動家は少なくとも30年にわたりタンポン税と闘ってきたが、この不公正を男性は相変わらず無視している。バラク・オバマは、権力のある地位に女性がいれば社会にとって有益だと繰り返し口にしていたが、[34] 2016年に、アメリカ全土で生理用品が贅沢品として課税されていることを知らなかったと認め、さらになぜ贅沢品になるのか「わからない」と述べた。[35]

その前年、先が見えないほど経済が落ち込んでいたギリシャでは、タンポンにかかる付加価値税を13パーセントから23パーセントに引き上げた。[36] 税率の引き上げはほかの物品についても実施されたが、経済危機があまりにも深刻になり、サンドイッチ程度の値段で性を売る女性もいたときに、タンポンは税率引き上げの対象外とするべきだった。[37]

2016年以降、アメリカの32州で、タンポン税に反対する法案が提出されたが、のちに撤回されている。なかには、2度以上提案され撤回された州もある。[38] 政府は、財源が必要だからとして、生理用品の課税を正当化しようとする。しかし、売上税なしで販売される物品の例が数えきれないほどあるのだ。ほかのところで歳入を増やせばよい。生物学上の理由から女性だけが課税されるのは不当だ。

何十年にもわたって行動してもほとんど変化がなかったため、女性はクリエイティブになっていった。『フィナンシャル・タイムズ』のある記者は、生理用品のパッケージに、月1回の投資を女性に勧めるメッセージを入れるよう、生理用品のブランド、オールウェイズ、タンパックス、ボディフォームに呼びかけた。[39] ネガティブなこと（かならず発生する生理用品代）をポジティブなイメージ（明るい経済的将来）に変えるための、気のきいたやり方だった。もう一つの興味深い新奇な工夫は、ザ・フィーメイル・カンパニーというドイツのスタートアップで、ナプキンとタンポンにかかる19パーセントの付加価値税を回避するため、表紙の下にオーガニックコットンのタンポン15個が入った本を3・11ユーロ（約500円）で売り出した。なぜか？ ドイツでは、本の付加価値税は7パーセントだけなのだ。

生理用品にかかる税の引き下げの実現

日々の経済的搾取に反対する運動の成果が、少しずつ表れはじめている。2019年11月、ドイツ議会の画期的な投票結果により、タンポン税が7パーセントに引き下げられた。[40] イギリスでは、何十年にもわたるキャンペーンが実を結び、2015年に、政府は生理用品にかかる税率を20パーセントから5パーセントに引き下げ、さらに2021年1月、最終的に廃止された。その数年前、政府は生理用品による税収は女性を支援する慈善団体への助成金に回すと表明していた。

崇高な志《こころざし》だ。しかし、どのように慈善団体を選ぶのかという問題が持ち上がった。女性のための慈善団体の幹部と研究者たち計100人による公開質問状には、このプログラムを実施していた2年間に助成金を受け取った10あまりの団体のうち、女性の支援に特化した団体は、3団体だけだったと報告されていた。質問状を送った研究者らによれば、とくに女性を対象として草の根活動をする団体でなく、手広く活動している大規模な慈善団体が助成金を受け取ったという。これは選定基準の問題だ。助成金の申請は100万ポンド以上（約1億9000万円）とし、さらに申請額が当該団体の年間収入の50パーセントを超えないこととされていた[41]。この要件により、女性のための慈善団体の多くが除外され、助成金を申請する資格要件を満たす団体はごくかぎられた数になった。

女性を対象とした慈善団体によれば、緊縮財政により社会サービスが削減されてからここ10年、支援を求める人が増えているという。女性に課税して得た歳入を女性のための慈善団体の助成金にあてるというのは、課税が最終的に廃止されるまでのあいだ、お粗末な絆創膏で手当てをするようなものだった。たとえ草の根の支援団体が助成金を受け取れていたとしてもだ。

生理の平等化とは、女性のニーズを勝手に規定した差別的な法律は根拠がない、と異議を唱えることだ。政府と企業が女性を経済的に搾取できないようにすることでもある。

開発途上国のほうが、動きが速かった。インド、マレーシア、南アフリカはタンポン税を廃止した。ケニアでは、2004年にタンポン税を廃止したあと、2010年に世界で初めて、学校で生理用ナプキンの無償提供を始めた。[42] さらに歩みを進め、2011年には生理用品にかかる輸入税を撤廃した。これにより、大半のブランドで価格が50パーセント低下した。[43]

こういった変化を見ていると、先進国はお恥ずかしいかぎりだ。女性の国会議員は、この問題を政府レベルで取り上げたときに受けた反感について語っていた。ケニアは貧しい国かもしれないが、それでも女性の経済的エンパワーメントを優先課題にした。なぜ先進国が遅れをとるのだろう？　おそらく、先進国ではジェンダー平等に向けた闘いが終わったと考えられがちだからだ。まだ終わっていない。それを示す例の一つが、タンポンから車の保険まで、広範な物品とサービスについて、女性が不公平な出費を強いられていることだ。

第8章 「女性の問題」

トイレを使う時間を制限する

タンポン税と生理の貧困は社会の注目を浴びたが、まだ女性は生理のために職場で罰を受けている。ある研究によれば、職場でバッグからペンか何かを取り出すかわりに「うっかり」タンポンを落としてしまい、生理中なのが同僚にばれてしまった女性は、有能さに欠けあまり好ましくない人だと思われ、ほかの人はその女性の近くの席を避けたがるという。[1] アメリカであった訴訟では、雇用主が生理に対し偏見を抱いているため不当に解雇されたと訴える女性がいた。[2] しかし、アメリカでは、妊娠や出産と異なり、生理については公民権法第7編に基づく差別を禁止する法律で保護されていない。

新しいテクノロジーが登場し、女性に対する生理の差別を助長している。あるノルウェーの会社では、生理中の女性従業員は、トイレにひんぱんに行くのを認めてもらうため、赤いブレスレットをつけさせられる。別の会社では、トイレに行くため離席していることを示す札を作った。同じくノルウェーの保険会社DNBは、コールセンターのスタッフがトイレに行く時間を1日8分までに制限し、2秒以上長くなるとマネージャーのデスクでアラームが鳴る。[3] スペイン南部の暑い地域ムルシアにあるエル・シルエロ社の果物梱包工場では、女性従業員はトイレに行くときに赤い印を首に巻かなければならない。恥ずかしい思いをさせることでトイレに行かせないようにしているのだと言われている。同社では、トイレに行く時間が5分以上になるたびに、30分の賃金を差し引くので、多くの従業員が、罰金を避けるため12時間のシフト勤務中に水を飲まなくなった。そして、この話を公表した2人の女性は解雇された。[4]

雇用主はこのような規則を施行するために、従業員の所在をモニタリングできるカードキーシステムやリストバンドを使ったり、着席している時間を追跡するセンサーをデスクの下に取り付けたりする。いずれの事例も、雇用主は地方当局から叱責を受けた。トイレを使う時間を制限するのは、時間が長くなることもある女性に対する差別だからだ。こんなテクノロジーが広まったら、女性の体のプライバシーと職場での女性の立場が深刻に脅かされることになる。女性従業員がいつ生理になったかを雇用主が知ることができたらどうなるか? トイレに行く時間が短くなるため、生理期間が短く対処しやすい従業員を大事にするのではないか。ある期間、生理が来ない従業員を見つけたらどうするのだろう? いち早く妊娠を察知し、女性が産休を申し出る前に解雇するのではないか。

まるでディストピア小説のように思われるかもしれない。しかし、権力について私たちが知っていることと近年のテクノロジーの性能を考え合わせると、こうした話も可能性がなくはない。学者のショシャナ・ズボフは2014年に「監視資本主義」という造語を編み出した。企業が利益を上げるため経済的な必要に迫られ、人間の生活のより多くの領域からデータを集めることを意味する。[5] すでに膨大な量になる従業員のデータを詳しく調べている企業にとって、生産性のモニタリングのため従業員の生理に関するデータを集めるのは、論理的な次のステップなのかもしれない。

生理の貧困の緩和を呼びかける活動とタンポン税の撤廃については、徐々に目標を達成しつつあるので、そろそろ別のかたちの生理の差別に焦点を移していかなくてはならない。職場での監視技術の利用が、フェミニストが慎重に見守らなくてはならない領域として浮上している。

生理をめぐる政策

女性の体に起こることは不都合なものではなく、生理中であることが周囲にわかってしまったからといって弱みを見せたことにはならない。男性が「ノーマル」の基準になる社会であるために、（生理があることで）その基準から逸脱していることが欠陥だと思われているだけだ。

西洋社会では産休の権利をめぐる議論が続いているが、ヨーロッパとアメリカでは、生理と更年期のための休暇を規定する政策は、社会で認識された概念になっていない。しかし、アジアやアフリカでは、有休の生理休暇が何十年も前からあった。日本では１９４７年に制定され、「生理的現象による休暇」という意味の「生理休暇」と呼ばれていて、ほかに、台湾、インドネシア、韓国、ザンビアなどで導入されている。[6]

政策の内容は若干異なるが、基本は、女性は生理痛などの症状があるときに、仕事を休めるというものだ。通常の有給休暇を使うのではなく、医師の診断書を提出して病欠の扱いにするのでもない。制度の運用はさまざまで、インドネシアでは、生理痛がある女性は生理の1日目と2日目に有給で休暇が取得できる。ザンビアでは月に1日の休暇、[7] 韓国では有給の休暇にするか、休暇をとらなかった場合はその日数分の賃金が支払われ、台湾では1月に1日、半日分の賃金が支払われる。[8] ベトナムでは、女性の工場労働者は生理3日目までは、1日の休憩時間が30分長くなる。これらの国では、女性とその家族と経済に対する有償の仕事の価値を認めているので、女性は生理のために何日分かの賃金を減らされたり雇用を失ったりするリスクを免れることができるのだ。

　財務面を考慮したうえ雇用主にとってどんなことが実行可能とされるかは、文化的背景によって左右される。インドネシアでは、息子が割礼を受けるときに2日間の有給休暇が認められる。同国の労働力年齢人口は、1億9200万人に上る。なかにはインフォーマルセクターで働く人もいるが、フォーマル経済［法制度に基づく活動が行われる経済］では、休暇に関する政策が雇用主に適用される。理論上、権利として定められた割礼の休暇をすべての人が取得すると、有給休暇にあてられる日数は膨大になる。

　日本の生理休暇は第二次世界大戦後、労働市場に参加する女性が増えたときに導入された。当時、生理はいまより面倒で（薄型ナプキンや月経カップはなかった）、生理痛のコントロールも難しかった。ほかの国では、女性が生理中に働くと妊娠しにくくなるかもしれないという考えに基づき、生理休暇が導入された。つまり、女性の安心のためではなく、出生率を上げるための措置だった。

　現在まで時間を早送りしよう。最近インドとオーストラリアで、一部の民間企業と非営利団体が生理休暇を導入した。２０１７年には、イタリアの政策立案者が生理休暇に関する新しい法案の審議に入った。この法案で、イタリアは西洋社会で最初に生理休暇を導入する国になるはずだった。同国では、女性のうち働く人の割合が60パーセント少々（ヨーロッパで最低の部類）で、雇用主は男性を優遇していて、また4分の1の女性が妊娠中か出産後に違法に解雇されていた。このため、議会は、生理休暇を導入すると雇用主はますます女性を採用しなくなるのではないかと恐れ、廃案になった。[9] 地元メディアの報道によれば、女性は雇用主から、あらかじめ退職届けに署名しておくよう求められることがよくあるという。妊娠したら日付を入れ、その日に正式に退職ということになるのだ。イタリアでジェンダーによる差別がこれほど根強いなら、この国の経験をほかの国で生理休暇が施行可能かどうかを判断する基準にすべきではない。

「デュベの日」の提案

生理休暇で問題なのは、すべての女性が必要としているわけではないという点だ。生理休暇に批判的な人は、妊娠中の有給休暇とは比較にならないと言う。妊娠の場合は、どんな女性でも臨月が近づくと仕事をする力が（ある程度は）落ちるが、生理の場合は、誰もが仕事に支障が出るわけではない。私の見方では、有給の仕事を女性だけで行うケースでは、生理休暇は誰もが受け入れられる概念だと思う。生理休暇に対する抵抗は、女性と男性が比較され、その結果女性が不利になるのではないかという懸念から来ている。また、生理休暇の議論では、生理があるが女性ではないと認識する人が無視されている。トランスジェンダーやノンバイナリーで生理痛に苦しんでいる人たちだ。

女性に対する差別を助長する可能性について言うなら、どんな病欠であってもいい顔をしない雇用主はつねにいるし、いっぽうで病気も人間の一部だと認める人もいる。病欠をとる従業員（あるいは休日中はEメールをチェックしない従業員）を疑わしい目で見る雇用主ほど、生理休暇に批判的だ。そもそも雇用主による受け止め方に違いがあることを考えれば、必要な人に生理休暇を与えない、とはならないはずだ。生理が大きな障害になる女性もいるからだ。最も公平な解決法は、最近はやりの「デュベの日」ではないかと思われる。つまり診断書なしに取得できる有給休暇「デュベの日」の枠を拡大し、ジェンダーに関係なくすべての従業員に適用する［デュベは掛け布団の意］。そうすれば、生理中の人は自由に休めるし、体調が悪くて仕事を休みたい男性も使うことができる。

更年期休暇の必要性

同じような文脈で、更年期も問題となっていて、２０１９年にイギリスの労働党が更年期に配慮した政策を選挙公約に掲げて以来、更年期が女性の働く能力にどう影響するかについて議論されるようになった。労働党は、産休の延長も要求していた。しかしながら、こうした政策はマスコミで酷評されている。たとえば、『サンデー・タイムズ』のコラムニスト、カミラ・ロングは、女性は「たえず助けを求めているが助けてもらえない、痛ましく哀れでどうしようもないもの」だと思われるだろうと書き立てた。このような提案は「女性を子ども扱いし経済的なお荷物か犠牲者のようにしてしまう」と述べている。[10]

ここにはダブルスタンダードが見られる。妊娠に伴う合併症に苦しむ女性や産休中の女性を支援することが、女性を子ども扱いしているとか犠牲者にしているなどとは、誰も思わないだろう。世界的に、産休を延長し充実させようという動きがある。また、カナダでは２０１８年に育児休暇を延長し、スカンジナビア諸国も同様の措置をとった。子どもをもつ女性をいっそう支援する方向へと西洋文化が変わっているなら、なぜ、子どもがいなくて毎月の生理が止まったことのない女性も同じように助けようとしないのか？

更年期休暇の問題は、職場における年齢差別と性差別とのインターセクションだ。更年期の症状は、身体的でもあり心理的でもある。たとえば、ホットフラッシュ、睡眠障害、動悸、頭痛、体のコリ、いらつき、情緒不安定、そしてこれらすべてに対処しなければならないというストレスがある。[11]妊娠によってこうした症状を経験する20代の女性は同情と支援を得られるが、またたく間に30年が過ぎると、解雇を恐れ、症状を隠そうとする。

閉経期に入ると、月経の回数が少なくなり、やがて完全に止まる。閉経の平均年齢は51歳で、イギリスでは50歳以上で雇用されている女性が３５０万人いる。体調の変化はおおむね4年から5年続くが、12年も症状が続く女性が1割いる。[12]

すべての女性が生理痛を感じるわけではなく、すべての女性が子どもを産むとはかぎらないが、生理がある女性はみな、閉経を経験する。しかし、職場で女性のニーズに応えようとする議論の大半は、子育ての負担に関連するもので、平等法と人事管理方針では、妊娠と出産に伴う休暇に重点をおいている。すべての女性が経験し、何年にもわたって日々の生活に重大な影響を与える症状を伴う変化には、ほとんど関心が払われていないのだ。

更年期が女性の経済参加に及ぼす影響、つまり、仕事をするための能力や賃金水準、業務の生産性に関する影響については、あまり研究が行われてこなかった。こうした研究がないこと自体が、女性のニーズが配慮されていないことを浮き彫りにし、更年期を経験する労働力人口の半分に対して公的な支援がほとんどないことを意味している。

世界各地から集められた数少ないデータによると、更年期症状のため労働時間を短縮したり早期退職したりする女性がいる。なかには解雇される女性もいるという。そしてその大半が、否定的な反応を受けることを恐れ、更年期の問題を上司に告げていない。

50代以上の年齢層の女性は、仕事を続けるなかですでに収入が落ちてくる時期に入っている。さらに、60歳時点で、平均的な女性は退職後に備えた貯蓄が男性の4分の1しかない。なんとしても収入と貯蓄を増やさなければならないので、働く能力に影響するようなことは何であれ、支援を受けられるようにするべきだ。[13]

人種に対する配慮も必要だ。更年期と仕事に関するイギリス政府の報告によれば、ホットフラッシュを経験する女性は、アフリカ系アメリカ人で最も多く、次いでヒスパニック系、白人となっている。[14]アフリカ系アメリカ人とヒスパニック系の女性は、白人女性以上に賃金格差に直面しているので、更年期の体調の変化で経済参加にさらに深刻な影響が出るなら、いっそうの支援が必要になるだろう。

更年期症状は、職場の環境によって悪化することもある。具体的には、部屋が暑すぎる、または換気が悪い、水分補給をする休憩時間がない、休憩場所がない、人が多すぎる作業スペース、また動きが制限される制服や形式ばった会議などだ。汗じみやホットフラッシュを隠すために要する感情労働、生理が重いときの手当て、不眠といった問題は大きな負担になる。

先のイギリス政府の報告では「更年期の女性は、職場で周囲にいる人の理解を得られず冷たい扱いを受けているとたえず感じていて、これはジェンダー差別と年齢差別によるものだという。こうしたことを示す根拠もある」と述べている。[15] また、「女性が、同僚や上司からばかにされ、ハラスメントを受け、非難されていることを裏づける根拠もある。このような扱いを受ける理由は、更年期の症状が原因である場合もあるが、単に、40歳以上の女性に対する『ヒステリック』『情緒不安定』『更年期っぽい』といった先入観による場合もある」としている。[16]

女性は更年期について職場でオープンに話をしない。話すと、男性より弱々しく能力がないと思われるのではないかと不安を感じているからだ。そうした不安自体が、ミソジニーが心の内に根を張っていることを意味する。というのも、更年期による変化はまったく普通のことであり病気ではないからだ。私たちは、更年期を個人的な問題だとみなす姿勢を変えなければならない。妊娠と同じく、一部の人だけでなく多くの人に関係することなのだ。

イギリスの企業のなかには、更年期に配慮した対応をそれほど面倒だとは考えず、独自の方針を導入した例もある。小売業のマークスアンドスペンサー（従業員の大部分が女性）では、管理職の裁量で従業員のために合理的な対応をとることを認め、従業員による取り組みを一般の人向けに紹介するミニ・ウェブサイトを立ち上げている。ノース・リンカンシャーのカウンティ事務所［カウンティは県レベルに相当する行政区分］の幹部は、更年期は取り組む価値のある課題だと考え、オフィス内の服装規定をゆるやかにし、ＵＳＢ冷却ファンを支給している。[17]

更年期への対応の必要性

経済面での議論に加え、倫理的な議論もある。更年期症状に悩む従業員を差別することは、２０１０年平等法に反している。イギリスの通信会社ＢＴは２０１２年、更年期症状に苦しむ女性を不当に解雇したとして、雇用審判所に訴えられ敗訴した。女性は医師による診断書を男性の上司に渡したが、男性は部下の状況を理解しようとせず、自分の妻の経験に基づいて症状を認識していた。法廷は、男性上司が更年期の症状について、別の疾患による症状を抱える人と同じように対処しなかったと裁定した。[18]

要するに、女性は――全員ではないにせよ――子宮内膜症や多嚢胞性卵巣症候群（ＰＣＯＳ）といった女性特有の疾患や症状で苦労することがあるのだ。多くの国では、こうした問題に職場で対処するための具体的な施策がないが、導入すべきである。企業の人事方針は、生理がある人たちを含めた人間の体の現実を考慮に入れて、改定すべきだ。そして、こうした問題について、すべての管理職に対し、着任時か研修を受ける際に周知しなければならない。

更年期に対する職場の対応は、これからますます重要な課題になっていく。60代になっても働く女性が増えているからだ。イギリスでは、55歳から59歳の女性で働いている人の割合は、30年前には50パーセント未満だったが、現在では70パーセント近い。同様の傾向が、ほかのヨーロッパ諸国とオーストラリアでも見られる。[19]

寿命が長くなり、また政府が経済拡大のために女性の労働力参加を奨励しているので、働く女性はこれからも増えるいっぽうだろう。企業も能力が高い社員を最大限活用しようとしていて、女性は学業成績で男性を上回っているので、男性より教育程度が高く収入が多い女性がますます増えていくと考えられる。職場で取り組むジェンダー不平等の最後の段階が、生理と更年期を軽視し悪いイメージをもつのをやめることだ。この問題はミソジニーと年齢差別とに結びつけられていたため、これまで黙殺されてきた。しかし、複雑でデリケートな問題に関する差別を根絶することは、すべての女性の利益になる。そうした差別の一つが生理なのだ。

第9章 ✦ ジェンダーに基づく住宅危機

安全な住居と女性

住宅は、フェミニストの問題だ。ただし、フェミニストの問題として扱われることはめったにない。女性が不動産《プロパティ》をもてなかった時代からこんにちまで、長い道のりだった。かつては、女性自身が財産《プロパティ》だったのだ。住宅や不動産の所有に関するジェンダー不平等はいまも残っている。法律からは消えても、日常のなかにひそんでいるのだ。

女性にとって、家と呼べる安全で快適な場所を手頃な価格で確保することは、どんな尺度から見ても男性より厳しい。たとえば、賃金格差があるため、平均的な女性がイングランドで家を購入するのにかかる費用は年収の12倍になるが、男性の場合は8倍を少し上回る程度だ。[1] イングランド一帯のどこをさがしても、世間並みの家の家賃が、平均的な収入の女性の支払い可能な条件（収入の3分の1まで）を満たしている地域はない。これに対し、平均的な収入がある男性は、ロンドンとイングランド南東エリア以外では、標準的な家の家賃を払うことができる。[2]

イギリスに５０００人いると見積もられているラフ・スリーパーの大半は男性で、「公認」のホームレスの多くは女性である〔イギリスでは、一定の条件を満たすホームレスの人を「公認」としてシェルター等の公的支援を提供する。「公認」の枠外で路上生活をする人を「ラフ・スリーパー」と呼ぶ〕。こうした女性は決まった住居がない。母親とその子どもたちは遊牧民のように、一時的な住居を転々とする。女性のためのシェルターや、自治体が資金を出す宿泊施設、１部屋を４人で利用するホステルなどだ。友人の家にころがりこんでソファーで寝ることもあれば、寝る場所と引きかえに性を売ったり、行き場を失って虐待する人のもとで暮らしたりもするが、これは隠れたホームレスだ。公認ホームレスの67パーセントが女性で、その３分の２は扶養する子どもがいるシングルマザーである。[3] なぜ、この問題を誰も話題にしないのか。

そうしているあいだにも、女性に対する家庭内暴力が疫病のように拡大していた。新型コロナウイルス感染症によるロックダウンが始まってから６週間で、ロンドンだけで４０００人以上（１日１００人相当）が家庭内暴力で逮捕された。[4] これは前年の同じ時期に比較し９パーセントの増加である。「家庭内」の暴力は住居の問題だ。多くの場合、女性が虐待するパートナーの元を離れられないのは、ホームレスになるのを恐れているからだ。女性のためのシェルターの現状（詳しくは後述）を考えると、悲しいことだが合理的な不安だ。家賃を払えない人への支援として政府が提供する社会住宅や住宅給付金の利用者も、大半は女性である。

こうした現状にもかかわらず、住居との関連でジェンダーが議論されることはめったにない。ここ20年にわたりイギリスでは、ジェンダーに根ざした住宅危機が高まり、修復するにはこの問題に特化した根本的な政府の取り組みが必要になっている。

不動産価格の値上がり

イギリスでは、必要とされる住宅が１２０万戸も不足するなか、一部の地域で不動産価格が記録的に値上がりした。いっぽう、ここ数年で建設された住宅の数は、１９２０年代以降最低の水準まで落ち込んでいる。新しい住宅の多くは高額すぎて、平均的な給料の人は借りることも買うこともできない。住宅支援の慈善団体シェルターによれば、民間賃貸住宅に住み子どもを育てている勤労者の10人に８人が、同じ地域内で新しく建設された住宅を購入できないという。[5]

閣僚たちは何年にもわたり、住宅政策を優先課題リストの最後に追いやってきた。彼らが住宅に無関心であることを端的に表す事実がある――１９９９年以降、住宅担当大臣が19人もいた。19人だ。いずれも就任時には、目新しい戦略を掲げこれまでとは異なる視点で任務に臨み、また前任者の計画を反故にすることもあった。大臣の多くは在任期間が1年未満であり、新しい政策の結果を見届けるまで在任した人はほとんどなく、19人の大臣のなかに女性は４人しかいなかった。[6] 住宅担当大臣は、政治家たちがもっと晴れがましい高い地位に上がっていくための足がかりにするポストのようだ。数多くの住宅政策改革が表明されたが、実行されたことは一度もない。２０１７年、イギリスでは20年ぶりとなる住宅白書がとりまとめられ、「壊滅した住宅市場の再構築」という壮大なタイトルで発表されることになり、期待が高まった。[7] タイトルに見合うような内容ではなかった。

国会議員は住宅危機の対応には関心がないが、余暇に不動産投資をするのはお好きなようだ。最新のデータによれば、3人に1人の国会議員が賃貸用物件をもっている。住宅危機のなかで資産を増やした政治家には、退任した人も含めると、首相ではボリス・ジョンソン、テリーザ・メイ、デイヴィッド・キャメロン、財務大臣だったジョージ・オズボーン、住宅担当大臣だったブランドン・ルイスがいる。[8] 全体として見ると、一般の人々で賃貸用物件を所有しているのは、100人に2人だ。賃貸用物件をもっている国会議員の公式なリストはない。しかし政治家は、年に1万ポンド（約189万円）を超える賃料が入る不動産、または10万ポンド（約1890万円）を超える価値がある不動産を公表しなくてはならないので、先にあげた政治家たちは、この範疇のいずれかに入る不動産を所有しているということだ。

住宅危機が深刻化するなかで、賃貸用物件をもつ国会議員の数は25パーセント増えた。多数の賃貸用物件を所有または共同所有している国会議員のうち、上位6人は全員保守党で、うち女性は1人だけだ。ポール・ハウエル（セッジフィールド選挙区選出）は16軒の不動産を所有している。ニック・フレッチャー（ドン・ヴァレー）は11軒、フィオナ・ブルース（コングルトン）は10軒、ロバート・グッドウィル（スカーバラ）とジェレミー・ハント（サウス・ウェスト・サリー）がそれぞれ9軒を所有し、マルコ・ロンギ（ダドリー・ノース）はウォルソールに9軒の賃貸用住宅をもっている。

賃貸用物件に投資する人は、高額の月額賃料を受け取り、そのあいだに住宅価格が値上がりすることを期待している。とすると、すさまじい住宅不足により不動産価格も賃料も高騰しているので、家主でもある国会議員は、住宅危機が続くことで既得権益をさらに拡大できるわけだ。国会議員は有権者の声を代弁するために存在するのであり、手の届く価格の家が不足しているために生活が破綻した人がいることを認識しているはずだ。みずからの資産を蓄積する欲求より、有権者に対する忠誠を優先しているだろうか。そうは思えない。キャメロンが首相だった6年間で、家賃の平均額は23パーセント以上上昇した。[9] 住宅不足に対する取り組みはそんなものだったのだ。

独身女性が不動産をもつ難しさ

ジェンダーによる賃金格差が18パーセントあることは、女性、とくに独身女性が不動産を取得するうえで重大な障壁になっている。住宅ローン会社は、ローン申請者（または世帯）の収入から生活費を差し引き、残った金額に4・5をかけて貸付金額を決定する。したがって、女性がローンを組もうとすると、借りられる金額の差が賃金の差の何倍にもなるのだ。住宅金融業者のコレコによれば、住宅ローンを申し込む男性の平均収入は9万1292ポンド（約1700万円）で、女性の平均年収は5万9036ポンド（約1110万円）だという。[10] 平均的な年収の人がローンの申し込みをして、収入の4・5倍の金額の借り入れが認められたとすると、男性は女性より14万5000ポンド（約2700万円）多く借りられることになる［この差は、単純に収入を4・5倍して比較したもの］。

不動産が記録的に値上がりしているなか、家を買おうと考えている人は、住宅取得というはしごを上っていけるよう最大限の融資を受けなければならない。女性が給料やボーナスや手数料にかかわる差別を受けていると、たとえわずかな差であっても、住宅を購入できるか賃貸に住みつづけるかの違いになっていく。自分だけの力で不動産所有のはしごを登っていく女性はあまりいない。2015／2016年度に初めて住宅を購入した人のうち、単独で買った女性はほんの8パーセントだった。私はこの事実を知って愕然とした。初めて家を買う人の92パーセントに男性がかかわっているとは。初めての家をひとりで買った男性の割合は、女性の2倍以上の18パーセントだった。[11]

ここ10年のあいだに、初めて自分でマンションか一戸建て住宅を買った女性の数は減っていて、減少幅が男性以上に大きくなっている。2005年には、初めての住宅購入者に占める独身女性の割合は15パーセント（2015／2016年度より7ポイント高い）、独身男性の割合は20パーセント（2ポイント高い）だった。[12] 政府は直近の数値について、ジェンダーによる「顕著な」差が見られるとしているが、この状況を改善しようという姿勢は示していない。ここで、私たちが家を買うことで得られる自信や達成感、行為主体性という感覚についてちょっと考えてみよう。こうした感覚を得られる人の割合が、独身男性では独身女性の2倍になっているのだ。

イギリス人とアメリカ人にとって、不動産は資産のなかでも大きな価値をもつ。しかし、男性と女性が平等にもてるわけではない。ある研究によると、退職までに男性が不動産から得る資産額の合計は女性より30パーセント多いという。[13] 住宅ローンの利用者は、毎月の返済をしながら不動産の所有権を少しずつ積み上げていき、その間に不動産の価値が上がっていくことを期待する。資産が蓄積されれば、その資産を元手にさらに資産を手に入れることができる。こうして、ジェンダーによる資産格差がいつまでも続いていく。女性より多くの割合の男性が自分の力だけで住宅を購入し、給料を自分の家のローンの利子と元本の返済にあてることができる。給料から家賃を払って家主のローン返済を助けるのではない。

買うときは高く、売るときは安くされる

女性が不動産によって富を蓄積する力を阻害している要因がほかにもある。16年にわたりアメリカの住宅売買900万件を調べた研究で、女性は家を購入する際、平均して男性より2パーセント高い金額を払っていることが明らかになった。[14] 同じ傾向は、女性が不動産を売るときにも見られ、女性が受け取る金額は男性より2パーセント少なかった。一般に、女性は買うときには、提示された価格の値引きを交渉せず、売るときは家の価値を低く見積もられる。その結果、最も高い価格で家が取り引きされるのは、男性が女性に売る場合になる。最も安い価格になるのは、女性が男性に売るときだ。研究者は、これは必ずしも女性のほうが交渉が下手だという意味ではない、と慎重につけ加えている。差別によるところが大きいようだ。この研究結果をもとに、平均的なアメリカ人は生涯で11軒の家に住むと想定して試算すると、女性は不動産に関連して毎年1600ドルほど（約24万円）の損失を被ることになるとわかった。

また、アメリカのいくつかの研究で、女性に対して住宅ローンの利率が高く設定されていることが明らかになった。[15] 女性のほうが男性より確実にローンを返済していることが研究で示されているにもかかわらず、住宅金融業者は、女性のほうがハイリスクだとみなしているのだ。[16] 住宅購入価格が高いうえローンの金利が高いという二重の負担によって、女性の資産全体が打撃を受けることになる。近い将来、コン

ピューターでアルゴリズムを利用して不動産の価値を査定し、適切な販売価格と販売当初につける値段を自動的に計算するようになれば、家をもちたいと思う人にとっては役に立つだろう。

不動産の購入を考えている人は、ローンを組む前に手付金か頭金が必要になる。相場は販売価格の10パーセントから25パーセントだ。

女性は収入が少ないので、結果として貯蓄も少なくなる。持ち家がない女性の48パーセントは、頭金にあてるための貯金がないが、男性で頭金にする貯金がない人は35パーセントである。住宅購入のための貯金がある人のあいだでも、女性の貯蓄額は平均5621ポンド（約106万円）だが、男性の平均は1万1660ポンド（約220万円）だ。[17] イングランドの平均家賃は、男性の場合は、収入の中間値の28パーセント程度だが、女性では収入の中間値の43パーセントになるので、平均的な収入の女性は必要なだけのお金を貯める余裕がないためだろう。[18] その結果、女性は家をもつにあたり自分の限界をよくわかっていて、自分の希望を抑えてしまうようだ。自分だけの力で家を買えるだろうと思っている人の割合は、男性では39パーセントだが、女性では26パーセントだ。[19]

ところで、仲介業者（住宅ローンの専門業者）の助けを借りれば、適切なローンをさがしやすくなる。数多くある住宅ローン商品のなかからその人にあったものをさがし、いちばんよい商品を選ぶための助言をしてくれ、申請手続きのサポートもする。仲介業者の手数料はローン申込者が払う場合もあれば（100から200ポンド〈約1万8900円から約3万7700円〉）、ローン会社から支払われる場合もある。ただし、ローン会社が支払う場合は、仲介業者の助言にバイアスがかかる可能性もあることに留意しなくてはならない。

借入金額は通常、収入の4・5倍だが、それより高い掛け率の借入金が必要な女性は、専門の金融業者をさがすとよい。特定の状況に相当する場合、たとえば職業が教育、医療、法曹関係の人などに、条件が緩やかなローンを提供する小規模な金融業者もある。こうした金融業者は、その職種に関する情報をもとに、収入がローン期間中にどれぐらい上がるかを予測する。また、こうした職業は安定性が高いので好まれるのだ。

妊娠したら退去させられた例

20世紀になるまで、ヨーロッパの女性は賃貸契約書や不動産の売却契約書に法的な署名ができなかった。これは、男性があいだに入らなければ、アパートを選び家主と賃貸契約を結べなかったことを意味する。

多くの国で、1907年までに法律が改正されたが、イタリアの女性は1919年まで待たなければならなかった。ところが、法律の変化に慣習が追いついていかず、ヨーロッパの多くの国で、引きつづき不動産は男性のあいだで取り引きされていた。[20] 英語の「世帯主（head of the household）」は、不動産を管理する男性を指す言葉で、ほかの西欧諸国でも同じような言い方をする。ドイツ語では「Familienvorstand」、イタリア語では「capofamiglia」、スペイン語では「cabeza de familia」だ。フランスでは、賃借人は「よき父親として当該家屋に住む」義務があったが、この文言は2014年になってようやく削除された。[21]

イギリスの賃貸住宅市場の特徴の一つは、個人が不動産を所有し家主になるケースが多いことだ。ほかの国では、法人や組織が所有する賃貸物件が多い。このためイギリスでは、家主の気分次第で、女性は弱い立場におかれてしまう。1988年以降、家主には、賃貸契約期間が切れたあとはいつでも理由を告げずに賃借人を退去させる権限が付与されている。[22] これは「(住宅法) 21条」の「無過失」退去と呼ばれるもので、イギリス政府は、この条項がホームレスを生むおもな要因の一つであることを認めている。たとえば、屋根が雨漏りする、寝室が湿っぽい、窓が閉まらないなどの理由で賃借人が家の修繕を要求すると、家主を事実上破産に追い込むとして制裁を受ける可能性がある。家主が報復措置として退去条項を行使するのを禁止しようとする動きがこれまで何度もあったが、成功しなかった。市民相談所の調査によれば、苦情を申し出た賃借人が6か月以内に退去させられる可能性は、通常よりはるかに高いという。[23]

ファーガス・ウィルソンはイギリスで最も多くの不動産を所有する一人で、一時期、1000軒近くの住宅を所有していた。2018年、ウィルソンは、所有する物件に住んでいる独身女性が妊娠したら退去させると言い放った。また別のときには、小さな子どもがいる母親を1週間のあいだに4人退去させたと認めた。その際、賃貸物件の壊れたボイラーを4日以内に修理せよという「厳しすぎる」要求を自治体の担当事務所から受けたためだと訴え、退去の決定を正当化した。

妊娠を理由に退去させるのは違法だ。しかし、賃貸期間満了後はいつでも無過失退去が認められることから、妊娠した女性は、家主によってはいとも簡単にホームレスにされてしまう。子どもを産むことを考えている女性は、家主に長期の契約を求めるとよい。何の問題もなく暮らし借主として信用できるということを示せれば、家主にとってプラス材料になるはずだ。

２０１９年、無過失退去というまったくとんでもない規定に対し、ようやく政府が対策に乗り出した。政府は、家主が借主に新しい家をさがすよう通告するときは「現行の法律に基づく具体的な理由」を示さなくてはならないこととする、と約束した。[24] しかし、本書執筆時点でこの表明から1年以上たったが、変化のきざしはない。借主を退去させる合法的な理由を法令に列挙するだけでなく、さらに踏み込んだ規定が必要だ。借主は、苦情を申し立てたあと、その結果がどうであれ、報復として退去させられないよう、一定期間法律で保護されるべきだ。

ＤＳＳはお断り

無過失退去と並んでイギリスでいまだはびこる住居に関する差別は、賃貸物件のリストに「ＤＳＳはお断り」と記されていることだ。ＤＳＳとは、社会保障省（Department of Social Security）[25] のことで、政府の給付金を受け取っている人には貸せないという意味だ。しかし、賃貸物件の広告にこの文言を入れるのは差別的行為であり、平等法に違反している。女性と障害者は、収入が少なく国家の給付を受けている場合が多いので、「ＤＳＳお断り」によって深刻な影響を受ける。

住宅慈善団体のシェルターは、家主が「ＤＳＳお断り」と入れるのを禁止するキャンペーンを行ってきた。にもかかわらず、この文言はいまだに広告で広く使われていて、２０２０年1月に民間賃貸住宅の家主を対象に行った調査では、「DSSお断り」は「違法でない」、または「よくわからない」とした回答者が86パーセントに上った。[26]

家賃の値上げと住宅給付金

家賃の支払いは、女性にとってますます大きな問題になっている。政府が、低所得者の家賃と住宅にかかる費用を補助するための地域住宅手当を削減したからだ。以前は、地域住宅手当は、各地域の住宅全体の30パーセントまでに入る低家賃の住宅の賃料を払えるよう設定されていたが、規定が変更になり、2016年から2020年まで給付額が凍結された。その結果、イングランドでは、賃貸物件の90パーセントの家賃が地域住宅手当ではカバーできなくなっている。[27]

もっとひどい地域もある。サネット、スティーブニッジ、イプスウィッチ、ミルトン・キーンズ、ピーターバラでは、地域住宅手当で払える家賃の民間賃貸住宅は1パーセントにも満たない。ケンブリッジシャーのハンティンドンでは、入居者を募集している賃貸住宅のうち地域住宅手当で払える物件は0・44パーセントだ。[28]実際の家賃と地域住宅手当との平均差額は、年間で、一部屋の物件だと300ポンド（約5万7000円）、家族用住宅や共同で住む物件だと3120ポンド（約59万円）になる。[29]地域住宅手当でカバーされない分は、ほかで捻出して埋め合わせなくてはならない。現実には、女性は家賃と食費と光熱費をやりくりしながら回している。その結果、借金に頼ったり、大勢で一軒の狭い家に住んだり、子どもをしょっちゅう転校させたりしながら、ホームレスになるのをなんとか避けようとしているのだ。

シェルターや公認住宅管理協会、クライシスといった団体が、賃貸住宅全体の3分の1にあたる低家賃住宅の家賃を払える水準まで、地域住宅手当の金額を戻すよう政府に求めている。政策を変えるためのこの運動に第四波フェミニズムが全力でぶつかれば、貧困に苦しむ女性の生活にどれほどの変化が起きるか、想像してみるとよい。

経済的虐待

2020年初頭に各地でロックダウンが敷かれ、世界各国の当局は、薬物犯罪、強盗、殺人などの犯罪が急激に減ったと報告した。例外が女性に対する暴力だった。家庭内暴力の発生率は急増し、フェミサイド（ジェンダーを理由に女性を殺害すること）も増加した。

家庭における虐待は、しばしば「経済的虐待」と複雑に関連している。被害者はお金を手にして自由に使うことを制限される、あるいは逃げられないよう経済的に依存した状態に追い込まれる。加害者は被害者の食料や衣服、交通手段を厳しく管理したり、仕事や教育訓練を通じて経済状態を改善することを妨害したりする。これは「経済的虐待」として知られる。成人の5人に1人が、パートナー関係にある人から何らかのかたちで経済的虐待を受けた経験があり、あらゆる社会経済階層の女性が被害を受けている。世帯の資力が問題なのではなく、力の関係の不均衡が問題なのだ。[30] 虐待は年齢を超えてはびこる。慈善団体が支援する対象には、65歳から90歳の年齢層の女性が相当数いる。

経済的虐待には次のようなものがある。加害者が被害者のデビットカードを取り上げる、暗証番号を要求する、収入を全部渡すよう強要し、被害者は必要なものを買うお金をもらえるよう懇願しなければならなくなる、などだ。経済的虐待は家の壁をはるか越え、被害者の社会とのかかわりに影響を与える。

加害者は、被害者のクレジットカードを使ったり、被害者の名前で借金をしたりすることも多い。そのことに被害者が気づかない場合もある。そうなると、その先何年も、被害者が生活を立て直すことが難しくなってしまう。加害者から逃れても借金を抱えたままになる。あるいは信用調査で不利になり、クレジットスコア［金融機関が信用調査機関の情報に基づき個人の信用度を査定したスコア］が下がって、一定のクレジットスコアが必要な取り引きがすべてできなくなる可能性がある。携帯電話の契約、アパートの賃貸契約、就職活動（雇用主は採用する前にクレジットスコアの調査をする場合がある）、住宅ローンの契約、レンタカーの利用などだ。そして、洗濯機から休暇にかかる費用まで、あらゆる買い物にクレジットカードを使うことができなくなるかもしれない。

銀行などの金融機関は被害者の状況を理解せず、会社の厳格な規定に固執し、スタッフが稚拙なミスを犯すことも多かった。結果的に加害者に手を貸すことになってしまい、被害者はさらに困難な状況におかれた。被害者が何人ものスタッフに虐待について繰り返し説明させられたり、被害者の新しい住所を確認する手紙が、前の住所に住む加害者のもとに送られて、秘密にしてきたことが台無しになったりしたケースもあった。

イギリスの銀行と住宅金融組合［住宅ローンを提供する組合組織］は、経済的虐待を受けた顧客を支援するための行動規範に合意している。被害を受けた人が銀行に来たときは、これまでの境遇について一度だけ説明すればよい、というのが標準になるべきだ。銀行は、被害者を専門家の支援につなぐ手助けができる立場にいる。被害者が電話で、あるいは店舗に来て問い合わせをしてきたら、連絡をとれる、地域の支援団体に関する詳細な最新情報を用意しておくべきだ。イギリスのサバイビング・エコノミック・アビューズは経済的虐待を専門にしている慈善団体で、そのほかレフュージ（refuge.org.uk）、ウィメンズエイド（womensaid.org.uk）、アンジェロウ（angelou.org）、ヘスティア（hestia.org）といった団体が、家庭内暴力に苦しんでいる人たちに援助を提供している。

シェルターの増設、住宅支援を

家庭内暴力と経済的虐待によって、女性が直面する経済の不平等が助長されている。シェルターの増設を、この国の住宅危機に対する取り組みの主要な柱として検討すべきだ。シェルターは命を守るための施設だが、自治体のシェルター事業の支出が２０１０年以降７００万ポンド（約13億２２００万円）削減されたのを受け、６軒に１軒が閉鎖された。[31] ２０１８／２０１９年度は、シェルターに紹介した事案の70パーセントで、空室がないのを理由に受け入れを断られている。虐待するパートナーから逃れてきた女性は、国内に毎年１万２０００人ほどいるが、別の地域にしかシェルターを提供されなかったり、自分の部屋しか提供されないため子どもを連れていくかどうかの選択を迫られたりする人がいる。

シェルターに使う場所は、地元の大学やホテルと協力すれば比較的容易に見つかるかもしれない。多くの大学やホテルは、あいた部屋があり、積極的に提供してくれる。フランスではこうした対応がとられていて、被害者は政府の費用負担でホテルの部屋に滞在することができる。ただし、短期的な解決策としてはよいが、専門的な支援が必要な人に適した対応とは言えない。

住宅危機によって、緊急措置であるシェルターを出たあとで家族が住む場所がますます不足するようになった。信じられないことだが、現行の規則では、家庭内暴力を逃れた人たちは住宅支援の優先度が高いとみなされていない。優先度が高いと認められるには、「一般の人に比較して、ホームレスになったとき大幅に脆弱な状況に陥る」ことを地元当局に証明できなくてはならないのだ。[32]

女性が経済的にも社会的にも力をつけることで、経済的虐待の可能性を軽減できる、と示唆する根拠がある。[33] 女性が抱える経済的不平等に関してはあらゆる側面が相互にからみ合っているので、経済的虐待に対する取り組みは、住宅を確保するための緊急な対応と合わせて行うのがよいだろう。

イギリスの住宅危機はかなり議論されているものの、ジェンダーの視点はあまり取り上げられない。慢性的な住宅不足、払えないほど高い家賃、不動産価格の高騰はすべて、女性に対してより大きな打撃を与える。日々の生活に影響するだけではない。資産を蓄積し退職に備えて貯蓄することなど、女性の今後の可能性が制限される。住宅政策が、女性の現在と未来にどんな影響を与えるかという文脈のなかで捉えられるよう、議論の方向を変えていかなければならない。

第10章 ✦ ただ働きのケアワーカー

マザー・ペナルティ

「サンドイッチ世代」とは、高齢者と年少者——たいていは親と子ども——の両方の世話をしなくてはならない人たちを指す言葉だ。イギリスには、この世代が130万人いる。無償のケア労働に従事する人の大半が女性で、その数が急速に増えている。私たちの世代では高齢者の寿命が延びていて、しかも国家からの支援は限られているからだ。

女性の無償労働に関する議論の大半は、育児を中心としたものである。理論上は、子どもが成人すると、母親は仕事に注力し年金貯蓄を積み立てるための時間ができるはずだった。しかし現実は、ほとんどの女性が一生を通じてケアの責任を押し付けられている。子どもがいない女性でも、誰かの世話をすることが期待されているが、男性は通常、こうした期待を背負わない。

まず、親になることによって収入の見通しがどう変わるかを、女性と男性で比較してみよう。

母親になると、給与面では明らかに損をする。33歳より前に子どもを産んだ女性は、子どもがいない男性、子どもがいる男性、子どもがいない女性、33歳以降に子どもを産んだ女性のいずれと比較しても、平均収入が少ない。フルタイムで仕事をしている42歳の母親の平均収入は、子どもがいない女性の平均収入を11パーセント下回っている。[1]

父親になると、給料が増えることが多い。大西洋の両岸で行われた調査によれば、男性の給料は子どもが生まれたあと上がっていて、子どもが増えるとさらに上がる。子どもが1人いる男性は子どもがいない男性に比べ、給料が平均で9パーセント高く、2人いる男性は22パーセント高い。この結果は、イギリスでフルタイムで働く42歳の父親1万7000人を対象とした研究によるもので、職業や地域、階級を考慮したとしても、子どもが2人いる男性は収入が高くなっている。[2]

この賃金上昇のうち若干（15パーセント）は、労働時間が長いことに起因すると考えられる。労働市場に関する公式な統計によれば、フルタイムで働く子どもがいる男性は、子どもがいない男性より、週あたり平均30分労働時間が長い。しかし、それでは給料の差額の残り85パーセントについては説明できない。いくつかの研究は、「積極的差別」が働いているようだと強調している。つまり、子どもがいる男性は雇用主から好意的に見られるということだ。[3] ある研究によれば、子どもがいる男性が提出した履歴書は、同じ内容であっても、子どもがいない男性の履歴書より高く評価されていた。このことから、雇用主は父親をより信頼でき責任を果たす従業員だとみなしている、と示唆している。[4]

これに対し、母親に対しては偏見があることが研究から示されている。子どもがいる女性のほうが、能力が低く雇用するのにふさわしくないと捉えられ、子どもがいる女性の履歴書は、子どもがいない女性に比べ評価が低い。[5] このような認識は広く見られる。フェミニスト団体のフォーセット協会によれば、46パーセントの人が、女性は子どもを産むと仕事に対する責任感が低下すると考え、いっぽう29パーセントの人が、男性は父親になるといっそう仕事に注力する、と考えていることがわかった。[6] 女性に配慮した積極的差別措置を職場で実施しようとすると、かならず激しい抵抗が起こるが、男性のほうが差別的対応の恩恵を受けているとは皮肉なものだ。

さらに言うと、父親になることで得られる「ボーナス」は、収入ピラミッドのトップにいる男性のほうが大きい。アメリカでは、教育程度の高い白人とラテン系の男性のあいだで給料の上昇が最も大きく、アフリカ系アメリカ人は上昇幅が最も小さかった。[7] いっぽう、母親になることで最も重い「ペナルティ」を受けるのは収入が低い女性で、子ども1人につき給料が6パーセント下がる。[8] 社会経済的な階級が低い層ほど、若いときに子どもを産む傾向があるため、給料の上昇が抑えられるのだろう。対照的に、教育程度が高い女性と人口統計で社会経済的に高い階層に入る女性は、もっとあとになって、おそらくキャリアが確立されてから、子どもを生む傾向がある。自由に使える収入を多く手にしている女性は、そのお金を使って子どもの世話やそのほかの家事を助けてもらえる。つまり、有償労働に多くの時間をあてたり、在宅勤務など柔軟な働き方が認められる業種を選んだりできる。[9]

「マザー・ペナルティ」は、新しく起業するために資本金を集めようとする女性にも課される。ある調査によると、男性の起業家が調達できる資金は、31歳から35歳のとき最大になり、このピークが40代半ばまで続く。女性起業家が集められる資金は、30代後半になるまであまり上昇しない。妊娠が「ペナルティ」

になっていることの証拠だろう。そしてそのあとすぐ、41歳から45歳にかけて資金額が最大になる。45歳以降は、男性も女性も資金を調達するのが難しくなり、起業においては、年齢差別の影響をどちらのジェンダーも平等に受けることを示している。[10]

女性の給料は、子どもが成人に近づくとふたたび上昇するケースもあるが、能力に見合う収入が得られなかった年月のあいだに、すでに損失が生じている。その結果、ジェンダーによる年金格差が生まれていて、育児のため仕事にブランクがある女性は子どもがいない女性に比べ、年金貯蓄が1万5000ポンド（約283万円）少ないと推定されている。[11]

保育サービス

イギリスの保育サービスはじつにさまざまだ。OECD加盟37か国で最高額となる保育園の費用を払っている世帯もある。[12]家賃やローンの返済額より多くの費用を保育サービスにあてる家族もいる。

政府は、両親とも仕事をしていて一定の条件を満たす場合は、3歳児と4歳児を対象に週30時間の無料保育サービスを提供するとしている。しかし、保育園やそのほかの保育サービスの事業所の9割近くが、政府から支給される時間単位の金額ではコストをカバーできないという。[13]多くの保育園が閉鎖に追い込まれ、半分近くの地域で、権利を最大限使いたいすべての親を支援するだけのサービスを提供できていない。事業所の半数が、不足する費用をまかなうために、親から徴収する料金を値上げした。その結果、「無料保育サービス」は、実際には無料でなく、少額の助成金になってしまった。さらに、事業所10か所につき4か所が、閉鎖せざるをえないと訴えていて、そうなると、親にとって子どもを預ける場所を確保するのがますます難しくなる。

保育サービスの危機的状況により、女性は仕事をやめざるをえなくなる。政府によるデータでは、仕事をしていない母親の半分以上が、信頼できる保育サービスが手頃な料金であれば働いていると答えている。[14] また、障害児がいる母親にとっては、仕事をするのはとうてい無理だ。障害児をもつ母親の90パーセント近くが、適切な保育サービスがないので、思うように働けないと回答している。[15] 現在イギリスでは、3世帯につき1世帯の割合で、最も収入が多い世帯員が女性になっている。1996年は4世帯につき1世帯以下の割合だったが、その後、急速に変わっていった。[16] 政府が保育サービスを提供すれば、女性が主たる稼ぎ手になる世帯がどれほど増えるだろうか。

イギリスでは、子どもが9か月になると育児休暇中の手当が打ち切られるので、親は仕事に戻ろうとするが、子どもが2歳の誕生日を迎えるまで無料の保育サービスを受けられない。この空白の期間が、女性にとっては途方もなくストレスがかかる時間になる。多くの女性は収入を必要としていて仕事に復帰したいと思っているが、採算がとれないのだ。2歳未満の子どもが1人いて、保育園かチャイルドマインダー［専門資格を有し少人数の子どもを自宅などで預かる保育者］の短時間預かり（週25時間）を利用すると、ロンドンでは年間9100ポンド（約172万円）かかる。イングランド、ウェールズ、スコットランド全体の平均費用は、年間6600ポンド（約125万円）だ。[17] 母親の手取り収入の大半が保育サービスに消えてしまうことも多い。とくに2人の子どもがいる場合はその可能性が高くなる。または仕事をしないほうがいいくらいだ。

それに加え、標準的な保育時間は現代の働き方と合わない。保育サービスは、一部の人の勤務時間だけでなく、すべての親が仕事をしている時間は利用できるようにすべきだ。早朝の午前5時から利用できるとよい――保育園がこの時間に開園できない理由はない。そして、午後2時から10時までの遅い時間の保育も全国的に提供されるべきだろう。

現状では、保育にかかわる制度があまりにも機能していないので、根本から考え直す必要がある。最低でも、地方当局は、親が利用する権利があるとされている保育サービスを提供するための財源を用意しなければならない。第5章で述べたとおり、政府は子育てに対する投資を、道路や公共交通機関を整備するための支出と同じように検討すべきだ。育児は維持費も諸経費も必要なある種の基本的インフラストラクチャーだが、コストを上回る利益を社会と経済にもたらす。保育召集キャンペーンという組織は、女性が希望すれば仕事に戻れるよう、保育のための包括的なインフラの整備を政府に呼びかけている。そのほか、コラム家庭子ども財団、セーブ・ザ・チルドレンなどが保育サービス向上のための運動を行っている。

ジェンダーと家事

イギリスの公式なデータによると、女性が育児と家事に無償で費やす時間は男性の2倍以上になっていて、しかも、25歳以下や56歳以上などあらゆる年齢層で、この傾向は同じだ。[18] 家事の分担にもジェンダーによる違いが見られる。男性がする典型的な家事は、芝刈り、家の修繕、ゴミ出し、洗車など、屋外でたまにやるものだ。「女性の」仕事には、たえまなく続くという性質がある。食器は食事が終わるたびに洗わなくてはならない、子どもの顔や鼻を拭いてやらなくてはならない、モップをかけた床は数時間後には汚れる。すぐに元に戻ってしまいまた繰り返さなくてはならない仕事に、喜びなどあまり感じられない。イギリスのデータ機関である国家統計局によれば、平均的な男性が行う無償労働に賃金が払われたとすると、週に１６６・63ポンド（約３万１３００円）収入が増え、平均的な女性の場合は、週に２５９・63ポンド（約４万９０００円）の収入増加になるという。[19]

　また女性のほうが「心配するという仕事」を多く抱えている。つまり、悪いことが起こらないように見守るという感情労働だ。たとえば、たくさんのことを心にとめておかなくてはならない。学校の保護者面談、学芸会の劇の衣装作り、クリニックの予約、宿題の手伝い、学校からの連絡の返信などがあり、さらに、子どもが体育の授業に必要なものを用意しているか確かめたりもする。この労働は文字どおり目に見えない。母親がシャワーを浴びながら学校の給食を注文するかどうか思案しているとか［イギリスでは給食が予約制（または弁当持参）になっている学校が多い］、出勤中に歩きながら次のバレエのレッスン代をいつまでに払うのか気にしている、などといったことは誰にもわからない。

　女性は「権限委任の責任者」でもある。多くのエネルギーを費やして、パートナーが割り当てられた作業をするよう求め、やると約束したことを忘れないように注意する。パートナーが真剣にやらないときは、女性のほうは陸軍元帥のような役割を発揮し、相手が行動を起こすようハッパをかけなくてはならないので、消耗する。

「私は自分の生活のなかで、いつも一歩先のことを考える習慣が身についていた。私のまわりで必要なことを予測し、しっかりと気を配っていた。感情労働は、子どものころから叩き込まれていたスキルだった。いっぽう夫は、同じように教育されてはいなかった。思いやりのある人だったが、気配りのスキルがあったわけではない」と、ジェマ・ハートリーが著書『Fed Up: Navigating and Redefining Emotional Labour for Good（もううんざり――感情労働の方向づけと再定義）』（未邦訳）で書いている。[20] 家庭でのこうした力学に悩む女性にとって価値ある参考書だ。

研究によれば、家事を平等に分担するパートナーほど性交渉がひんぱんにあるという。[21] とはいえ、家事分担におけるジェンダーギャップは、多くのカップルのあいだでいまも続いている。なぜか？ ある説によれば、パートナーのうち多くの資源をもっているほう（一般に男性）がきまって家事負担が少ないという。これは「相対的資源説」と呼ばれ、夫婦のあいだで資源の差が大きいほど、男性が家事をしなくなるというものだ。この説が正しいとすると、女性が配偶者よりも収入が高く高度な技能を要求される仕事につけば、家庭で無償労働が少なくなるはずだ。

ところが、そうはいかない。ある研究で、女性のほうが男性より大幅に収入が多かったとしても、やはり男性のほうが家事負担が少ないということが判明している。[22] 男性は、自分のほうが収入が少ないため、男性としての資質が傷つけられたと感じ、家庭で「女性的な」役割を担って、自分の立場がいっそう悪くなるのを恐れているのだ、と研究者は考えている。

同性カップルの家事分担

ここまで見てきたデータはすべて、男性と女性のカップルのケースだった。同性婚に関する研究ではいずれも、カップルが家事をより平等に分担しているという結果が出ている。この場合はおそらく、相対的資源説があてはまるのだろう。レズビアンやゲイのパートナーのあいだでは、職業上の地位や収入にそれほど大きな違いがないなら、収入が低いほうのパートナーも、家庭の「余分な」仕事をすべて担おうという気持ちにはあまりならないのだ[23]。また、同性カップルはジェンダーの役割にそれほどこだわらないので、それぞれにあった家事を選んでいるのだとする説もある。

同性カップルがどのように家事を回しているかはともかくとして、家事分担はうまくいっているケースが多いようだ。異性間カップルに比べると、家事の分担が公平だと感じているカップルが多い。研究では、それぞれのパートナーが自分のやりたい家事を選んでいるからというだけでなく、家事の分担に関してコミュニケーションが十分とれているから満足度が高いのだろうと示唆されている。

パートタイム労働者に対する差別

「パートタイム・ペナルティ」とは、統計学者が使う用語で、パートタイムの仕事は昇給や昇進の見込みがはるかに低いという事実を指している[24]。パートタイムで働く人の時間あたりの賃金は、同等の仕事にフルタイムで従事する人より最大で25パーセント低い。これはフェミニストにとって問題だ。イギリスでパートタイムで働く800万人の大半が女性なのだから。子どもが生まれた3年後、フルタイムで仕事に復帰している母親の割合はわずか27パーセントだが、父親は90パーセントがフルタイムで働いている。イギリスでパートタイム・ペナルティが最も深刻な分野は、芸術、文化部門である。経験豊富な女性でも、パートタイムで仕事をしている人は、同じような仕事をフルタイムでしている経験豊富な男性に比べ、平均800ポンド（約151万円）年収が少ない。

女性がパートタイムの仕事を探そうとしても、パートタイム勤務やワーク・シェアリングでできる仕事の種類が限られているため、なかなか見つからない。一般に、収入が高い仕事ではフルタイム労働が求められるので、パートタイムの仕事は高い技能を要求されない職種になりがちだ。結果として、パートタイムで働く人の多くは、能力を十分活用できなくなる。そのため、女性が経済的平等を実現するうえでも、また仕事をしているあいだに退職後の生活を維持するための資金を十分貯めるだけの力をもつという点でも、深刻な影響を受ける。より幅広い職種でパートタイムが認められるよう、職場の文化を変えていかなくてはならない。職場でプレゼンティーイズムと闘えば、きっとよい方向に動く。

デンマークでは、パートタイムの仕事に対する差別は明らかに違法であり、雇用主は、週に10時間働く人の時間あたり賃金を、同じ仕事を週35時間行う人より低くしてはならない。同様の規則がイギリスでも必要だ。雇用主にパートタイム勤務者とフルタイム勤務者の時間あたり平均賃金を開示するよう求めるべきだろう。給料の公平性を確保するには、透明性が不可欠だ。

世界各国の育児休暇

スウェーデンは、育児休暇について進歩的な政策がある国の一つだ。まず、男性が3か月の育児休暇を取得できる制度を導入した。カップルのあいだで育児休暇を分割してとるのではなく、男性が取得しなかった場合はその分の育児休暇の権利を失う。この制度が導入されてから、文化に変化が起きた。現在、付与された父親育児休暇をすべて取得する父親が多くなっている。誰もが育児休暇をとるので、育児休暇をとっても給料やキャリア形成に悪影響が出ることはない。

スウェーデンでは、病気の子どもの世話のため、さらに追加で年間120日の有給休暇も取得できる。これで、世界じゅうの女性が直面する難題が解消される。病気の子どもや親の世話が急に必要になるたびに仕事や収入を犠牲にするのかという悩みだ。もう一つの利点として、世話をする責任を（ひいては経済的負担も）分かち合うことで、離婚率の低下につながり、また離婚後に父親が子どもの養育により深くかかわるようになる、と社会学者は考えている。[25]

スウェーデンの事例にならうことは、イギリスにとって有益だろう。2015年にイギリスは共同育児休暇を導入し、夫婦は50週間の休暇と37週間分の手当を両方の親が分割して取得できることとしたが、取得率はわずか2パーセントに留まると考えられている。[26] そのうえ、スノーボール効果が起きる。育児休暇をとる男性がいなければ、ほかの男性も、休暇をとって目立つようなことはしたくないと思ってしまう。

法律では育児休暇中に支給される手当が低く設定されていて、そのことが、男性が育児休暇の取得をためらう要因になっている。どんな夫婦でも、どちらが長時間働きどちらが育児に多くの時間をかけるかを決める際には、経済的観点が大きな意味をもつ。収入が多いほう（通常は男性）が仕事に戻り、収入が少ないほうが育児休暇手当を受け取るのが理にかなっている。そうなると、女性がパートナーに依存する状態が固定され、女性の働く能力が制限され、さらにはジェンダーによる賃金格差や社会進出度の違いにもつながっていく。[27]

国の育児休暇政策に変化があれば、社会の意識が変わる可能性もある。

スペインでは２００７年に、父親のための有給育児休暇制度を導入した。当初は２週間だったが、２０１８年には５週間に延長された。制度導入前には男性で育児のために休暇をとる人はほぼ皆無だったが、導入後は50パーセント以上の男性が育児休暇をとるようになった。ところが、この変化による効果についで研究していた経済学者が、奇妙な現象に気づいた。スペインでは父親が育児休暇をとると、そのあとカップルは子どもをあまりほしがらなくなるのだ。父親が育児休暇を取得した場合、その後の６年間でさらに子どもをもったカップルの割合は、育児休暇の権利を放棄したカップルに比べ15パーセント低かった。また、父親の育児休暇の導入後、21歳から40歳のスペイン人男性を対象に調査を行ったところ、希望する子どもの数が少なくなったことがわかった。経済学者たちは、男性が子どもと多くの時間を過ごすあいだに、子育ての苦労と代償に気づき、「子どもの数でなく質」に関心を向けるようになったと考えている。[28]

育児休暇制度を改善することで得られる恩恵があるにもかかわらず、一部の国では変化に対する頑強な抵抗がある。スイスはほかのヨーロッパの国に比べ、女性のニーズに対応するのが遅れている。１９８５年まで、スイスの女性は仕事をするのにも銀行口座を開くのにも夫の許可を得なければならなかった。２０２０年9月まで、スイスの父親は育児休暇を1日しか認められていなかった。政府は、2週間の育児休暇を認めるには経費が2億３０００万スイスフラン（約３８７億円）かかり、負担が大きすぎると主張していた。現在、育児休暇は10日間に延長されている。[29] これは妥当だと思われるかもしれない。だが、ちょっと考えてみてほしい。

スイスでは法律により、男性は3週間の兵役義務があり、さらに毎年19日程度の再訓練を受けなくてはならないのだ。スイスは２００年間戦争をしていない。兵役訓練は国家安全保障より男性の絆を高めるためではないかという批判があるが、それでも、２０１３年に兵役訓練の廃止が国民投票で否決された。したがって、問題は、男性が職場を離れなくてはならない時間ではなく、どのように時間を有効に使うかということだ。そして、育児は兵役に比べればとるに足らない問題なのである。

介護によるキャリアの中断

平均寿命が延び、税金による介護サービスが限られている状態は、親族の世話をするために有給の仕事から離れざるをえない女性が増えていくことを意味する――ケアの責任を男性がもっと負担しないかぎりは。

高齢者の介護は、女性が労働力に再統合されていくうえで大きな意味をもつ。家族の世話で仕事を中断したあとで復帰すると、昇進やキャリアアップの機会が少なくなり、多くの女性は以前の水準以下の仕事に追いやられる（これは第12章で述べる「ポーラの法則」を引き起こす）。

労働力から離れていた人は未開発の資源であり、この人たちの技能や経験が戻ってくることを歓迎すべきだ。

仕事に復帰した人は現状がわかっていないとか、昔のスキルは使えなくなっているとかいった手厳しい受け止め方もあるが、復帰した人の価値を認め仕事のスキルのアップデートに力を入れる企業もある。

キャップジェミニ、IBM、アマゾンウェブサービスといったIT企業や通信会社のO2では、復帰者のための「リターンシップ」特別プログラムが実施されている。有給のインターンシップのほか、キャリアを再構築したい人のために特別に組まれた3か月から6か月の研修を提供している。こうした取り組みにより、仕事を中断したときにありがちな非難を受けずにすむ。そのほか、ウィメン・リターナーズ・プロフェッショナル・ネットワークでも、自信をもって仕事に復帰できるよう支援を行っている。

離婚による財産分与

一流の弁護士事務所を通じて数百万ポンド単位の離婚解決金を勝ちとった話がたびたびマスコミを賑わせるため、女性は離婚で得をするという、広く信じられている説がますますもっともらしく聞こえる。

超富裕層が離婚に伴う財産分与をめぐり法廷で争うと、新聞はこまごまと書き立て、どちらが何をとったかで大騒ぎする。高級住宅地のサリーにある家、スイスシャレー風の別荘、ナニー［家庭で母親にかわって子どもの世話やしつけをする女性］、学費、そして何十万ポンドにも上る子どもの養育費。

多くの人は、超富裕層のプライベートな生活を覗き見るのを楽しみ、人生ゲームで勝つ人をうらやむ。ただし、こうした報道にはほぼきまって、含みのある評価がつきまとう。メディアのコラムニストは、妻の要求が妥当かどうかについて意見を述べ——まるで自分が知る立場にあるかのようだ——それから、妻への財産分与が不当に多いとほのめかすのだ。

ロンドンでは、高額の財産がからんだ離婚が法廷で争われることがあまりに多いため、世間の人は、離婚する女性は夫から最後の一ペンスまで搾り取ろうとしていると思ってしまう。離婚の解決金をめぐる表現は露骨だ。妻はあれもこれも手にして結婚から「去っていた」などと言われる。最後に姿を見せたのは地平線に向かっているときで、それきり二度と振り返らなかった、とでも言うのだろうか。21世紀版のテルマかルイーズのような奔放なイメージをつくりあげ［映画『テルマ&ルイーズ』で、横暴な夫に嫌気がさしていたテルマは、ある日友人のルイーズと出かけた店で、居合わせた男にレイプされそうになり、ルイーズが男を射殺して、二人は逃走する］、ごくあたりまえの真実を隠ぺいする。離婚した女性の大半は車を運転して子どもがいる家に帰り、それまでと同じように母親として生きていくのだ。ただし、ひとりで。おそらく違う家で暮らし、そして前のパートナーが銀行口座に振り込みするのを毎月待つという新しい習慣ができる。

現実は、女性は離婚による経済的ペナルティに苦しんでいるということだ。そのいっぽうで、男性は自分だけでうまくやっている。このことは、イギリス、カナダ、ヨーロッパの研究で明らかにされている。[30]

女性は、離婚すると所得が平均22パーセント落ち込み、5年たっても離婚前の水準に戻らない。これに対し男性の場合は、離婚のあと「ただちにかつ継続的に」所得が増える。平均で25パーセント増えるが、これは、パートナーや子どもを扶養するための支出が減ったからだと考えられる［調査では世帯人数で調整した可処分所得を計算している］。離婚した女性の貧困率は、離婚した男性の3倍にあたる27パーセントであり、離婚した女性の3分の1近くが貧困状態にある。

ロンドンは「離婚の都」として知られている。世界じゅうの富裕層が婚姻を法的に終結させるためにイングランドにやってくる。ほかの国と違い、離婚訴訟を起こすための要件として、イングランドで結婚生活を送っていることやイギリス国民であることを求められないからだ。配偶者のどちらかがイギリスに住んでいれば十分だ。訴訟を起こす場所を自分で選べる人は、イングランドとウェールズには、経済的に脆弱な配偶者——普通は女性——にとって最も寛大な離婚の規定があると知っている。つまり、判事は、財産を半分ずつ分けるという前提から審理を始める。また、最終的な解決金の決定に際しては、判事が自身の裁量で個別の事情を勘案し、イングランドの法律のもとで婚前契約が有効かどうかの判断も含めて決定する。そういうわけで、ロンドンは、不満を抱えた妻たちを世界各地から引き寄せているのだ。このため、ときに夫婦のあいだで、どちらが初めに訴訟を起こすか、またどの裁判所の管轄で訴訟を起こすかで競争が起きることがある。どちらも自分の利益のために有利な法制度を選びたいのだ。

皮肉なことに、離婚こそは、婚姻におけるフェミニスト的側面が見られる場だ。イングランドの制度では、一家の稼ぎ手も家庭を守る人も同様に重要な貢献をしていて、財産分与はフィフティ・フィフティにすべきだという原則を守ってきた。支えてくれる女性がいなければ、男性はお金を稼ぐ時間がなかったはずだからだ。

当然ながら、夫はこの原則を覆そうと、家族の財産を築くために「特別な貢献」をしてきたと主張する。たとえば、２０１４年、億万長者のヘッジファンドマネージャー、サー・クリス・ホーンは「金融の天才」だったので、10億ポンド（約１８８５億円）の財産のうち元妻に残すのは、妻が求めていた半分でなく3分の1だけですんだ。[31]

財産分与の「特別な貢献」については何度も異議が唱えられてきたが、訴えが成功した例はあまりない。ただし、近年あった訴訟では、今後は「特別な貢献」という文言にそれほど効力がなくなることが示唆された。

ある男性は、２００８年に結婚する前から裕福で、すでに共同で会社を設立していた。ＣＥＯとして仕事をして大きな成功をおさめ、のちに会社を売却して得た利益の一部を投資して、２０１５年に夫婦が離婚するときには、夫婦の資産が5億３０００万ポンド（約９９９億円）になっていた（裁判所は夫婦の氏名等は公表していない）。離婚訴訟で、夫のほうは「明らかに、彼女（妻）には会社によって生み出された資産を共有する権利はまったくない」と主張した。妻は婚姻期間中に有償の仕事についたことはなかったので、本人が主張する50パーセントでなく、せいぜい「必要な分」として算定した解決金を受け取る程度だ、と述べた。

しかし、夫が主張しなかったことがある。妻は２人のあいだにできた障害のある子どもをフルタイムで世話していたために、外で働いていなかったのだ。子どもには、命の危険を伴う珍しい疾患があり、妻は離婚後も引きつづき子どもの世話を担っていた。夫は妻について「(子どもの)幸せのためひたすら献身的に尽くす、すばらしい母親」だと述べていた。[32]とすると、妻には家庭の外で働かなかった十分な理由があり、これは同時に、夫がこれほど多くの時間を仕事にさくことができた理由でもある。彼のやさしい妻は、自分がお金を稼ぐ機会を犠牲にして子どもの世話をしていたのだ。

ところが、法廷は夫婦の財産に関して夫の主張のほうが妥当だとし、元妻が受け取る財産を29パーセントとした。妻は控訴院に訴訟を持ち込んだ。2019年に原判決が覆され、元妻に財産の半分が与えられることになった。判決では以下のように述べている。「家族全体の幸福と安心に対する主婦の家庭内での貢献を低く評価しないよう、とくに注意を払うべきだと私は考える。この事案では、妻の多大な貢献があったから、(略)夫はきわめて自由に事業活動を追求することができ、現在ある巨額の財産を築くことができた」。[33]この一件が法律上重要な判例となって、将来的には、離婚に際していっぽうの当事者がより多くの財産分与を得ることは難しくなっていくだろう。

よくある大きな誤解は、離婚した女性は生涯にわたり元夫の経費で養ってもらえるというものだ。歴史的には、非常に裕福な男性と長期にわたり婚姻関係にあった場合は、離婚後に一生養ってもらえたこともあった。しかし最近では、元配偶者からの支払いに期限を設けるケースが増えている。

2015年、画期的な判決があった。競走馬専門の獣外科医と離婚したトレーシー・ライトは、富豪の元夫からの支援を無期限には受けられないという判決を受け控訴したが、控訴院は原判決を支持した。トレーシーは２００８年に離婚したあと、ローンの返済が完了した住宅と数頭の馬が所属する厩舎を含む財産の一部として、毎年７万５０００ポンド（約１４１３万円）を受け取っていた。

元夫のライト氏は、自分は近く引退する見込みであり、いっぽう妻は仕事を見つけようとしていないので、支払いを減額したいとして、２０１４年に家庭裁判所に訴えを起こした。判事はライト氏に有利な判断を下し、妻に明確な言葉で「仕事をさがすように」と言い渡した。元夫からの支払いは徐々に減額され、５年後に完全に打ち切られることとなった。ライト氏の妻は、この決定を覆そうと控訴院に訴えたが、控訴院でも原判決が支持されたのだった。この判例は、配偶者に対する生活費援助に関して、これから先、重要な意味をもつことだろう。また、女性が一生、あるいは子どもが成人に達するまでは、別れた夫の収入で生計を立てていく、という考えを判事が受け入れないことを示唆している。こういう立場におかれた女性は、元夫が引退するかいちばん下の子どもが７歳になったときに、夫が生活費援助を打ち切るかもしれないと、心づもりしておかなくてはならない。[34]

法的支援の格差

不幸なことに、多くの女性は離婚する際に、収入が多く弁護士を雇える夫に比べ、法的支援が限られているため、不利になる。離婚した妻は、本来受け取る権利がある金額だけの財産をもらえなくなってしまうことが多い。たとえば、２０００年以降、イギリスで離婚したカップルは年金貯蓄を分割できることになった。通常は、収入の低いほうの配偶者がもういっぽうの年金貯蓄の一部を受け取る。このような法令は女性を保護するために制定された。年金貯蓄は婚姻期間中に生み出された貴重な資産——多くの人にとって家族が住む家に次ぐ大きな資産——であり、双方の当事者が高齢になったときに自身を支える手段が必要になる、ということを認めたものだ。

だから、この法令の主旨は正しい。しかし、政府は2012年に、無料で法律相談を提供し代理人を立てるための費用を負担する、法律扶助と呼ばれる施策にかかる支出を大幅に削減した。ごく限られたケースを除き、離婚や子どもとの面会交流、福祉給付金、雇用住宅法等、家庭裁判所で扱う多くの事案で法律扶助が廃止となった。それ以降、訴訟にかかわる人たちは、自分で弁護士費用を払うか、自分自身が法廷に立つかしなくてはならなくなった。

その結果、元夫との公平な年金分割を求めて争う女性の数が大幅に減少した。離婚した人のうち、何らかの形で解決金に年金を含めた人の割合は、2019年に13パーセントにすぎなかった。そのためもあってか、離婚した女性の退職時の年金貯蓄の平均額（2万6100ポンド〈約492万円〉）は、離婚した男性の年金貯蓄平均額（10万3500ポンド〈約1951万円〉）の3分の1にも満たない。[35]

政府が離婚に際して法律扶助を利用できるよう予算を確保しないため、女性を守るためだった法令の規定を大半の女性が利用できなくなっている。人々が権利を行使できないなら、その権利は事実上存在しないも同然だ。これは大問題だ。すでに知られているとおり、イギリスでは結婚したカップルの3組に1組が離婚するのだから。世界的に見ると、1960年以降、離婚率が260パーセントも上昇しているため、離婚にあたって女性が公平な扱いを受けられるようにすることは、すべての国にとって不可欠だ。

弁護士費用が払えない

離婚は、たいへんな経済的打撃になる。女性にとっては年金生活が根本から変わるので、経済設計を考え直さなくてはならない。50代、60代になってから立て直そうとしても、残念ながら、その後の生活で基本的な水準を満たすだけのお金を貯めるのは非常に厳しくなる。

特権を享受する少数の者しか司法にアクセスできない社会は、公正な社会だとはとても言えない。しかし、これが現在のイギリスの状況なのだ。保守党政権が2012年に法律扶助改革法〈LASPO〈Legal Aid, Sentencing and Punishment of Offenders Act〉として知られる〉を導入して以来、法的支援に関する支出は年間6億ポンド（約1131億円）以上も削減されている。この国で、司法へのアクセスと公平な裁判がこれほど制限されたことはかつてなかったと、事務弁護士を代表する組織である法律協会は述べている。[36]

一定の状況で法律扶助を受けることは可能だが、その規定は複雑だ。大きな障壁は資産調査で、収入の上限が低く設定されていて、ごく少数の人以外は自分で弁護士費用を払えるものと想定されている。たとえば、収入が少なくても住宅ローンを組んでいると、法的支援を受ける資格がないとみなされる可能性がある。

専門的な法的サービスの料金に関する政府独自のガイドラインでは、ロンドンの事務弁護士修習生の費用は1時間あたり最大138ポンド（約2万6000円）、経験8年以上の事務弁護士だと1時間408ポンド（約7万7000円）となっている。[37]

資産があることが司法を利用する要件になってしまったため、女性は司法の利用にかかる費用を払うのがいっそう難しいとする根拠が多数ある。イギリスとアメリカでは、特殊な金融サービス業が登場していて、離婚にかかる訴訟費用を払う手だてがない女性をおもな対象として訴訟費用のローンを提供している。金利は16～18パーセントととんでもなく高率だが、それでも法律扶助の予算が削減されて以降、こうしたローンの需要が急増している。

事務弁護士の費用が払えない人の多くは、みずから法廷に立つ。2017年に家庭裁判所で双方の当事者が代理人を立てた事案は、わずか20パーセントで、さらに、双方が事務弁護士も法廷弁護士も立てないケースは35パーセントだった。[38] 裁判所では、訴訟の当事者が戸惑いながら事務弁護士や法廷弁護士の仕事を自分でやろうとして、審理が遅れ混乱し過度に費用が高くつくのがごく普通のことになっている。想像してみるといい。みずから法廷に立って、元配偶者とその法廷弁護士に対峙するのがどれほど恐ろしいか、そして訴訟が自分に不利なかたちで終わったらどれほど悔しい思いをするかを。

離婚に直面しているとき、または法的支援が必要なときは、まず、アドバイスナウや市民相談所のようなボランティア団体を通じて無料相談をさがすとよい。調停に関する情報も提供してくれる。調停とは、対立する双方の紛争解決に向け、独立した第三者があいだに入って手助けするもので、事務弁護士に依頼するより費用が安い場合が多い。当然ながら、法廷に持ち込む前に解決に至るほうが望ましいし、家庭裁判所で扱う事案では、裁判を始める前に調停を受けるよう求められるケースもある。

マネー・アドバイス・サービスも、離婚のあらゆる側面に関する広範な条項を網羅した情報を備えているので有用だ。サポート・スルー・コートは、代理人なしで法廷訴訟に臨まなくてはならない人を助ける慈善団体だ。法的アドバイスは行わないが、各種書式の記入を含む法的訴訟のほぼすべての段階で支援を提供し、法廷で言うべきことを教えてくれ、裁判所までの付き添いもしてくれる。

もし経済的余裕があるなら、1度か2度、事務弁護士に相談すると役に立つ。電話かEメールで法的アドバイスを提供するサービスもあり、弁護士事務所で直接会って相談するより安くつく。弁護士費用として想定している金額があるなら、事務弁護士に提示すれば、決められた金額内で仕事をしてもらえるだろうし、または予算内でどの程度の支援ができるかを助言してくれるだろう。どれぐらいの金額を請求されるかを前もって明らかにしておくことだ。事務弁護士は必要な書式を記入するのにかかった時間を請求してくるので、自分で記入すれば費用をかなり節約できることを、覚えておくとよい。事務弁護士に相談するときはかならず、訴訟を起こすのはやめたほうがよいのか、このまま続けていく価値があるのかについて、明確に聞くこと。訴訟に持ち込んでも有利に運ばないと言われたら、中止して次の手を考える。訴訟を起こすとなった場合は、全体の流れを聞いておく。訴訟の初めから終わりまで一人の事務弁護士に継続して依頼する必要はなく、たとえばもっと終盤に入ってからなど、必要に応じて依頼することもできる。法的事項について面談や電話で相談する際には、あらかじめ「宿題」として、取り上げたいポイントをリストにしておくとよい。時間を有効に使えるだろう。

自分で法廷に立つことになった場合は、法的手続きのしくみ、訴訟の準備のしかた、法廷で何をするかなどについて説明した手引きを法廷弁護士会で準備している。本章の注に関連文書のリンクを貼っておく。[39]

同居カップルの権利

離婚法では、ジェンダーの平等を財産分与に関する規定の中核においている。しかし、女性のパートナーや同居中のパートナーの権利や保護については、ブラックホールになっている。

離婚や別離に際しての共同財産の分割に関する法律は、婚姻関係にある人、またはシビルパートナーシップに基づく関係を結んでいる人にだけ適用される。同居カップルは、相互に扶養する法的義務を負わない。だから、どちらかいっぽうが関係を終わらせれば、もういっぽうは困窮するかもしれないのだ。そのため、多くの人たちが影響を被ってきた。パートナーと暮らし、何もかも共有し、場合によっては子どもを育てるため生計の手段まで手放した人たちは、パートナー関係が終われば、自分の名義や共同名義にしていなかったものについては、何の権利もないことに気づく。

不幸なことに、イギリスの法律は現代の生活にまったく対応していない。1996年には150万人だった同居カップルの数は、2017年には330万人と倍増している。にもかかわらず、結婚しているカップルと同じような法的保護を与えられていないのだ。スコットランドでは2006年に法律が改定され、何の財産ももらえずに同居パートナーと別れた場合は、裁判所に訴えを起こすことが認められた。こうした措置は、本書でこれまで述べてきたようなさまざまな理由で困窮している女性を保護するものだ。同居しているが結婚はしていないカップルは、当面のあいだ、以下の点に留意するとよい。

1 住んでいる家、もしくはローンを払っている家の権利証書に名前がなければ、権利を主張できない。同じことが、どちらかいっぽうが所有し双方が利用する車についてもあてはまる。

2 賃貸住宅に住んでいて婚姻関係にないパートナーは、退去を求められたら住みつづけることができない。しかし、婚姻関係にある場合は、関係が破綻しても、婚姻中に住んでいた家に引きつづき住む権利が双方ともにある。

3 未婚の母親で仕事より家族と家事を優先してきた人は、養育費もパートナーの年金貯蓄も請求する権利がない。結婚していたカップルは、養育費と年金貯蓄のどちらも請求する権利がある。

また、同居カップルは、遺言書を取りつけておくことが不可欠だ。パートナーのどちらかが思いがけず死亡したら、もういっぽうは干上がってしまう。残されたパートナーは、法律上、相手の銀行口座にアクセスすることができない。結婚していたなら、未亡人は銀行口座から妥当な金額を引き出すことが認められる。

婚姻関係にないカップルのいっぽうが遺言書を残さずに死亡した場合、財産は自動的にパートナーに行くのではない。相続法に基づき近親者のものになる。

婚前契約

婚前契約の歴史は、古代エジプトにさかのぼる。古代エジプト人は、財産権に関して驚くほどフェミニスト的な立場をとっていた。花嫁は結婚に先立ち、花婿に8フィート（約240センチ）にも及ぶ契約書に署名を求めることができた。契約書により、婚姻が破綻した場合は、結婚に際して持参した財産を取り戻し、さらに扶養手当を受け取ることを保証されていた。2500年近く前に結ばれたある婚前契約では、妻に対し生涯にわたって毎年、銀1・2単位と36袋の穀物を与えることを保証していた。このような法的拘束力のある文書が、書記官と複数の証人の立ち会いのもと、夫婦のあいだで取り交わされた。当事者のどちらかが契約を破棄したい場合は、夫婦で法廷に出頭しなければならなかった。さらに重要なことだが、女性から離婚の申し立てをすることができた。

それから数千年が過ぎ、婚前契約が議論を呼んでいる。婚前契約は、一部の人にとっては、たいへん有用だ。事業を経営していて離婚後に売却や分割のリスクを冒したくない人、前の結婚による子どもがいて子どもの将来のために財産を守りたい人、結婚前に自分自身の財産がかなりある人、そして、将来相当額の遺産を相続することが見込める人たちだ。また、外国の人と結婚していて、イギリス国外の法令から財産を守りたい人も該当する。婚前契約の目的は、法律に基づく申し立てがあったときに備え、十分根拠のある契約を作っておくことだ。婚姻が終結した場合には、約束していた事項を執行するために契約書が必要になる。双方の当事者がそれぞれの財産を完全にかつ偽りなく開示したうえで、契約書が作成されていれば、裁判所が婚前契約を尊重する傾向がある。婚前契約に関しては、どちらの当事者も、それぞれ別々に法的アドバイスを受けておくべきだ。あとになって契約を改訂できる条項を設けておくのもよい考えだろう。

婚前契約も婚姻後契約（婚姻の成立後に結ばれる）も、イギリスでは法的拘束力がない。ただし、裁判官は裁量により、婚前契約を適用するかどうかを、ケースバイケースで決定できる。イングランドとウェールズの裁判所ではここ数年、婚前契約と婚姻後契約の条項が考慮されることが多くなった。そのため、将来的にもっと尊重されるようになる見込みが高い。

子どもの養育費

前のパートナーとのあいだの子どもの養育費は、女性が家計の見通しを立てるうえできわめて重要だ。夫婦が離婚すると、（通常は）母親への養育費の支払いについて2人のあいだで取り決めをかわす。しかし、合意に至らなかった場合は、養育費サービス［養育費の支払い・受取りの仲介をする政府系機関。養育費の合意に至らなかった人のほかDV等により相手と直接連絡を取りたくない人らが利用する］に相談すれば、いくら支払い、いくら受け取るのが妥当かを計算してくれる。

利用にあたっては、最初に20ポンド（約3770円）の申込料を払い、そのあとは、いっぽうの親からもうぃっぽうの親へお金の受け渡しをするたびに手数料がかかる。手数料は現在、支払い側は金額の20パーセント、受け取り側は4パーセントである。受け取るほうの親の4分の1以上が、この手数料を払うのは厳しいとしている。[40] オンライン送金がどこでもでき、しかも送金手数料が安いこと——多くの場合、送金額の3パーセント未満——を考慮すれば、双方合わせて手数料を24パーセントもとる理由がわからない。養育費サービスは改革が必要だ。20ポンドの申込料もだ。小さな額に思えるかもしれないが、申込料が導入されてから、養育費サービスの申込数が大幅に減った。最も困窮している人たちには、申込料を捻出するだけの金銭的余裕がないのだと考えられる。

　子どもの誕生や離婚など、人生で起きる多くの出来事に際して世話をする人にかかる経済的負担を、もっと平等にするべきだ。女性のほうが子どもや親族の世話をするのが「得意」だという理由はない。ケア労働を誰が担うことになっても、ケアをする人にとって有償の仕事からの「中断」が、一生つきまとう経済的損害になってはならない。

第11章 ✦ リプロダクティブ・ライツ

女性の自己決定権

1960年代に避妊用ピルが出回るようになったころ、女性は経済力を手に入れるための道を歩みはじめていた。それから数十年がたち、教育では男性をしのぐようになり、賃金を得られる仕事につく人が一気に増え、キャリアを積んで最高の地位と最高の収入を手にする女性も現れた。何世紀にもわたり、女性は経済的不平等を被りつづけてきたが、妊娠と出産に関する決定を自分でできるようになってから、何もかも変わったのだ。

ピルの登場によって、最初の子どもを産む年齢を遅らせることができるようになった。これはすなわち、大学の学位を取得し、外で仕事をしてより多くの収入を得られる女性が増えることを意味する。[1] とはいうものの、プロ・ライフかプロ・チョイスかという議論［プロ・ライフは子どもの命を優先し、プロ・チョイスは中絶も含め産むことに関する女性の選択を優先する］が、女性の経済的現実に基づいて行われることは、あまりにも少ない。女性が体のことを自分で決められるようになると、雇用の機会が増える。苦労して育てなければならない子どもを産むよう女性に強制することは、明らかに女性が貧困に陥る要因になる。にもかかわらず、最も基本的な人間の権利、つまり、いつ、どのように、誰と子どもをもつかを選択する権利を侵害しようという組織的な動きが見られ、アメリカで非難されている。このような動きが広まれば、女性の経済的権利や経済的自由までもが危うくなっていく。

民間健康保険が必須で、大半の人が職場を通じて保険に加入する国では、避妊に保険を適用しないよう雇用主が保険業者と取り決めを行うのは違法ではない。[2] 雇用主が宗教や道徳観から、女性従業員がピルを飲んだり避妊リングを装着したりするのは間違っていると主張すれば、女性従業員は保険料を支払っていても、さらに自分のポケットから避妊のための費用を払わなければならないのだ。

この方針は２０１４年に導入され、「ホビー・ロビー」判決と呼ばれた［小売業者のホビー・ロビー等が起こした訴訟の判決で、小規模な企業や株式非公開の企業は宗教上の理由によって避妊に保険を適用する義務を免除されることが可能になった］。トランプ政権は、この方針をいっそう推しすすめようとした。さらに多くの雇用主が避妊を保険の適用外とすることを認める法令を制定しようとしたのだ。ホルモン避妊薬の利点は、いつどのように服用するかを女性が自分でコントロールできることだ。トランプ政権の政策は、女性の避妊へのアクセスについて、力のある男性に発言力をもたせようとするものだった。

避妊に保険が適用されない

本書執筆時点で、避妊に保険を適用するバースコントロール・カバレッジと呼ばれる政策の変更は、連邦裁判所の裁定により止められている［２０２０年に、避妊への保険適用が免除される業者を拡大する規定が最高裁で支持されたが、バイデン政権下で覆された］。裁定では、７万

500人の女性が影響を受けるとされた。とはいえ、こうした法令が議論されたという事実自体が、女性の経済的自由がリプロダクティブ・ヘルスの自由と結びつけられていること、そして、経済的自由もリプロダクティブ・ヘルスの自由も簡単に奪われてしまう可能性があることを物語っている。

避妊に対する制限が道徳の問題に仕立て上げられるいっぽう、政策立案者たちは避妊を求める女性に経済的な罰を与えようとしている。女性はすでにさまざまな経済的要因による制約を受けている。賃金格差、限られた育児休暇、負担が大きい子どもの世話。そして今度は、妊娠の間隔をあけて、あるいは妊娠を避けて子どもを産むことの負担を乗り切ろうとする女性が、さらなる困難に直面する。

2010年以前は、アメリカの女性の多くは健康保険に加入していてもピルの費用を払わなければならなかった。2010年にオバマ大統領の医療保険制度改革法（通称・オバマケア）のもとで、初めて女性の避妊が医学上のニーズと分類されたのだった。にもかかわらず、共和党のある評論家は『ウォール・ストリート・ジャーナル』紙で、避妊はアメリカの納税者にとって不必要な支出だとして、次のように主張した。「何兆ドル規模にも上る負債を抱え、さらに支援を必要としている人がいるという歳出の危機にあり、その立場と目的に存在の懸念がもたれている国で、そして親たちは、子どもが学校で恥ずかしい思いをしないよう質のよいスニーカーを買ってやるのにも苦労しているというときに（略）、こんな状態の国であるにもかかわらず、こんにちの大きな課題が、我々が適正な関心を向けるべき課題が、ほかの人に（略）避妊薬の費用を払わせることだとは……[3]」。

これは、先進国も貧しい国も含めた20数か国の見方とはずいぶん異なる。アルジェリア、アンゴラ、アルゼンチン、ボリビア、中国、インド、イラン、キルギス、フィリピン、そしてイギリスでは、避妊薬の無償提供や助成金は、納税者に対する不当な負担だとは考えられていない。[4] 避妊薬に助成金がまったくない、またはごくわずかしかない国には、ブラジル、アイルランド、日本、ノルウェー、スペインなどがある。

アメリカでは、避妊のための費用が一生のあいだにかなりの額に積み上がっていく。避妊用ピルの費用は月々50ドル（約7400円）にもなることがあり、年間にするとだいたい240ドルから600ドル（約3万5000円から8万8000円）だ。加えて、クリニックでの初診と定期的な受診に毎回35ドルから250ドル（約5200円から3万7000円）かかる。[5] ピルを10年間飲み、年に2回、定期的に医師の診察を受けるとすると、1万1000ドル（約163万円）になる。そして、多くの女性は、30年にわたって女性用の避妊手段を使用するのだ。

先進国のなかで唯一、アメリカは、雇用主が従業員に有給の産休を与えることを義務づけていない。[6] したがって、雇用主は女性従業員が無料で避妊ピルを受け取るのを禁止したうえ、子どもが生まれそうになり仕事から離れるときは、給料を支払わず自分で生活をまかなうよう求めているということになる。しかし、女性の収入は家族が生きていくうえで不可欠だ。アメリカでは、働く女性の55パーセントが家族の収入の少なくとも半分を稼いでいる。

中絶の権利を阻害する動き

2011年1月以降アメリカ全土で、中絶を制限するためのさまざまな措置が、合わせて400件以上も導入された。[7] 例をあげると、中絶の相談から手術までに最大3日間の待機期間をおくことを義務づける、女性が中絶しないよう医療関係者が妊娠に関連する情報を伝えないことを認める、などだ。中絶を制限するために、新型コロナウイルス感染症を口実に使った州もある。中絶は必要な手術であり、手術に適した時期が限られているにもかかわらず、テキサス州の州司法長官は、必須でないと宣言し、コロナ禍による危機のあいだは医師が中絶手術を行うことを禁止した。同じような動きが、アラバマ、アイオワ、オハイオ、オクラホマの各州でも見られた。中絶に次々と制限が加えられることで、近年、アメリカの中絶手術の大半を担っている個人クリニック全体に圧力がかかっている。そして、パンデミックのさなかにクリニックを閉鎖すれば、個人クリニックはずっと採算がとれないまま存続できなくなり、ひいては中絶という選択肢が永久になくなる恐れがある。

研究によれば、中絶を求めるいちばんの理由は、子どもが生まれると経済的に不安定になり、また仕事や教育、ケアの責任に支障が出ることだという。また、中絶できることが、女性が仕事や教育の希望を実現する助けになることもあるという。[9] 中絶に対する制限が多い州に住んでいる女性は、「仕事の行き詰まり」をよりひんぱんに経験し、転職したり給料の高い役職を得たりするのに苦労する。[10] バージニア州は、中絶に先立ち経腟超音波検査をかならず受けさせるようにする法案を成立させようとした。体の中にいる胎児を見れば、女性が考え直すかもしれないと期待してのことだ。女性が経腟超音波の画像を見なくてはならない医学的理由はないので、これを義務づけることは強制挿入にあたり、ほかの状況であればレイプと言われるだろう。[11]

どんな状況でも中絶を禁止するアラバマ州

女性のリプロダクティブ・ライツに対する攻撃は2019年に激しさを増し、8州で、妊娠最初期（まだ妊娠に気づかない女性が多い）を過ぎてからの中絶を事実上禁止する法案が成立した。[12] これらの州は、アーカンサス、ジョージア、ケンタッキー、ルイジアナ、ミシシッピ、ミズーリ、オハイオ、ユタである。[13] 9番目の州であるアラバマは、さらに極端な方針をとっていて、レイプや近親相姦を含むほぼすべての状況で中絶を禁止した。中絶手術を行った医師は、最高で9年の禁固刑を受ける。中絶を制限すれば、女性の貧富の差がいっそう広がるだろう。お金に余裕がある人は、ほかの州に行って手術を受けることができるからだ。連邦最高裁判所判事だった故ルース・ベイダー・ギンズバーグは、生前、この問題に関して社会がもっと行動を起こすよう求めていた。「真実を言うなら、このような制約を加える法律によって実際に制約を受けるのは、貧しい女性ばかりだ。飛行機代もバス代も払えず、移動のために仕事を休む余裕もないからだ[14]」。

その間にもトランプ政権は、低所得の女性が避妊とリプロダクティブ・ケアを受けるための助成金を出す、タイトルＸと呼ばれるプログラムに新たな制限を加えた。このプログラムにかかわる医療従事者は、妊娠に関連する選択肢について、中絶も含めすべて伝えることができる。しかし新しい規則では、患者が求めたとしても、中絶を行うクリニックに紹介できなくなった。[15] これはすなわち、中絶を違法として排除するものだ。「中絶という選択肢はあるけれど、どこでできるかは言えない」。中絶に関する法律と中絶へのアクセスが州によって大きく違う国では、不合理でわかりにくい規則によって、脆弱な女性が苦しむことになる。

これまであげた事例はすべて、アメリカでここ10年、女性が自律的に体を管理することに対する見方が急速に変わってきたことを示している。1973年のロー対ウェイド判決［女性が妊娠中絶を受ける権利を認めた判決］以来認められてきた中絶の権利が失われるのではないかという懸念には、十分な根拠があるのだ。

国際的に見たリプロダクティブ・ライツ

中絶に反対するアメリカの目論見は、アメリカの国際的地位から見て、世界的な影響を引き起こす可能性がある。

トランプ大統領は、2017年に就任した数日後、開発途上国の女性を支援する国際医療組織への資金援助を停止した。そして、いわゆるメキシコシティ政策（グローバル・ギャグ・ルールとしても知られる）［1984年にメキシコシティで開催された国際人口会議で当時のレーガン政権が導入した。「ギャグ」は「口封じ」の意］を復活させた。これは、中絶に関連する相談や医療施設への紹介、法改正への意見表明などを行う組織への対外援助をアメリカは行わない、とするものだ。この政策により、88億ドル（約1兆3100億円）の支出が割り当てられるはずだった分野への資金が制限されることになり、世界じゅうの医療組織に大きな影響を与えた。[16]

その間、国連人口基金（UNFPA）が避妊手段を提供する世界最大の機関となって、46か国、1250万人の女性の意図しない妊娠を減らし、妊産婦死亡率を引き下げることに協力していた。UNFPAは、児童婚をなくしリプロダクティブ・ライツを擁護する呼びかけも行った。[17] 2017年、トランプ政権はUNFPAへの拠出金を停止した。表向きは、UNFPAが中国の「強制中絶」に手を貸しているためということだったが、UNFPAではこれを否定している。[18]

ここでも、苦しむのは貧しい女性だ。利用者負担のない妊産婦ケアや避妊法、HIVのための服薬が欠かせない女性たちだ。女性の体に起こることを女性が自分で管理する力を制限することで、トランプ政権は世界じゅうの女性の何十年にもわたる経済的進歩をぶち壊しにした。アメリカは、世界各地で女性の経済力を制限する反女性戦略を進めているのだ。

グローバル・ギャグ・ルールの復活で、対外援助に依存するアフリカの26か国では、近代的な避妊法の使用が少なくなり、中絶が減るどころか40パーセントも増加した。[19] こうした女性たちは、とにかく避妊をするだけの経済的余裕がなく、しかも、多くの子どもを育てる余裕もない。中絶が妊婦死亡率の大きな要因になっていること、とくに闇中絶が行われる可能性が高いことを考え合わせると、グローバル・ギャグ・ルールは死亡の増加を招いたと見込まれる。[20] 別の研究によれば、この政策によって産前のケアにも悪影響が及び、生まれた子どもの健康状態が悪化したという。[21]

避妊の「責任の女性化」

女性は、妊娠を避けるという目的のため、避妊注射や避妊インプラント、避妊リング、子宮頸管キャップを用い、定期的に医師の診察を受け、毎日決まった時間にピルを飲まなくてはならない。避妊法を選ぶ自由があるのは、女性にとって喜ばしいことではあるが、重荷でもある。つまり、私たち女性が避妊の責任を負うことを期待されているということだ。社会科学者はこれを「責任の女性化」と呼ぶ。女性が担わなくてはならない余分な労働の一形態だ。この負担は、男性が精管切除術（パイプカット）は通常の義務を超えたものだと捉えているために、いっそう増大する。アメリカのあるクリニックでは、精管切除術を受けた男性には、「まれに見る勇気」と「称賛に値する行為」に対して賞状を渡している。[22] ２０１７年の『ガーディアン』の見出しには、「男性よ、立ち上がれ。ヒーローになるにはちょっと切るだけ」とあったが、まるで、避妊の負担を共同で担うのは英雄的行為だとでも言わんばかりだ。[23]

ホルモン避妊薬を女性が利用できるようになって60年たつが、男性向けの同様の避妊手段の開発についてはあまり進展がない。その結果、女性用の避妊手段が12種類あるいっぽうで、男性用はいまだに2種類しかない。コンドームと精管切除術だ。製薬会社は、副作用があるなら服用しないと男性が言う製品に投資するのは気がすすまないようだ。[24]

精管切除術はさしてヒーローぶるものでもなく、15分で終わり、精管を元の状態に戻すことも可能だ［かならず元に戻るとはかぎらない］。女性の避妊手術より確実に効果があるので、すでに子どもがいて長期的な関係を築いているカップルにとっては理想的な解決手段だと思われる。それなのに、精管切除術はまったく人気がない。

イギリスでは２００６年から２０１６年のあいだに、精管切除術の実施件数が64パーセントも落ち込んだ。[25] アメリカでは精管切除術は最も使われない部類の避妊手段であり、パートナーに精管切除術をしてもらう女性は６パーセントにも満たない。精管切除は外来でできる手術で、合併症も少なく、術後は数日で仕事に戻れる。費用は女性の避妊手術に比べると６分の１なので（アメリカでは医療保険にもよるが最大１０００ドル[26]〈約15万円〉、イギリスでは約４００ポンド[27]〈約７万７０００円〉）、長期的に見れば費用対効果が高い。他方、女性の避妊手術は、高額でより侵襲的な手術であるにもかかわらず、アメリカで最も人気がある避妊法になっていて、18パーセントの女性が利用している。[28] どんな方法を使うのがよいか、カップルで話し合ってみよう。

医療専門家は、精管切除術をめぐっては誤った思い込みが多いと語る。いわく、痛みがある、勃起を妨げる、男性らしさが損なわれると。こうしたばかげた話によって、家族計画に関する女性の負担が増えるのだ。時間の点でもお金の点でも、そして感情労働という点でも。

妊産婦死亡率の人種格差

妊産婦死亡率に関する統計を見ると、女性の経済的不平等と健康と人種とが交差していることがわかる。妊産婦死亡とは、妊娠中の死亡、および出産に伴う合併症による出産後42日以内の死亡を指す。妊産婦の死亡は「貧しい」国の問題だと思われるかもしれないが、イギリスの妊産婦死亡率はスウェーデンの2倍に上っている。[29] 近年、妊産婦死亡率が上昇していて、同時に乳児死亡率も10年ぶりに上昇しているが、これは緊縮財政により引き起こされた憂慮すべき状況だと、研究者たちは考えている。[30]

イギリスでは、人種による妊産婦死亡率の格差も衝撃的だ。黒人女性は、妊娠中または産後6週間以内に死亡する割合が、白人女性の5倍になっている。[31] また、アジア系女性の妊産婦死亡率は白人女性の2倍になっている。WHOによれば、アメリカでは、黒人女性が妊娠に伴う合併症で死亡する可能性はウズベキスタンの女性と同じで、ネイティブアメリカンの女性の死亡率も白人女性よりはるかに高い。[32] 黒人やエスニック・マイノリティの女性の命に同じ価値をおく社会であれば、こうしたリスクと闘うため必要なケアにもっと多くの資金を振り向けるだろう。

新型コロナウイルス感染症によるパンデミックは、妊娠した女性が直面するリスクをいっそう深刻にした。パンデミックによって、不安から来るストレスが高まった。定期検診は受けられたのだろうか。妊婦教室がキャンセルになると、女性は出産に対する準備ができなくなってしまう。妊婦はウイルスに感染するとどうしたらよいのか、生まれてくる子どもにどんな影響があるのか、当初はほとんど情報がなかった。

多くの国で医療費がぎりぎりの状態になったため、女性が必要とするリプロダクティブ・ヘルスと妊産婦ケアのための支出がほかの分野に振り向けられるのではないかという懸念が、現実味を帯びていた。国連は、女性が必要とするケアが制限されたり優先度を下げられたりすると、妊産婦死亡率が上昇し、若年妊娠と性感染症が増加するだろうと予測している。パンデミックによって、地域医療サービスが深刻に圧迫されている期間に産前産後のケアを継続するためには、一定額の十分な予算をかならず確保しておかなくてはならないことが浮き彫りにされた。

そうこうしているあいだに、アメリカは「先進国で出産がいちばん危険な場所」と呼ばれるようになった。『USAトゥデー』紙による調査を受けてのことであり、同紙によれば、世界じゅうで出産がかつてよりはるかに安全になっているのに、アメリカでは妊産婦死亡率が急激に上昇しているという。[33] アメリカの出産10万件あたりの妊産婦の死亡件数は、2000年には9・8だったが、2015年には26・4に上がった。[34] この数字は、出産後に障害が残ったため有償の仕事につくことが制限されるようになった女性は含まない。対照的に、スウェーデンでは妊産婦死亡率は出産10万件あたり4・4、カナダでは7・3である。[35]

妊産婦死亡は陣痛や分娩に際して起きる可能性が高いと考える人が多い。しかし、妊産婦死亡の3分の1は産後1週間以内に起きていて、出産後1年以内の母親の死亡原因で最も多いのは自殺だ。[36] 出産後の死亡は、分娩前後の医療ケアが十分でないためだ。女性が民間健康保険に加入していても、妊娠・出産に伴う医療サービスは保険でカバーされないことが多い。このためアメリカでは、分娩の半分以上が政府による医療保険事業であるメディケイドでカバーされている。メディケイドは利用者にやさしくない。産後6週間をすぎると妊娠関連の医療ケアに対する支払いが打ち切られるが、6週間を過ぎてから問題が見つかることもある、と言う医師もいる。[37] 結論を言えば、アメリカにおける妊産婦死亡の60パーセント以上は予防可能だ。[38]

アメリカでは、ほかの先進国に比べ医療費がはるかに高額なので、女性の3分の1以上が、必要な医療を受けなかったことがあるという。[39] 出産までに産前検診を受けなかった女性は、死亡する可能性が4倍高くなる。[40] これは、原因でもあり結果にもなっている問題だ。女性の貧困率は高く、収入が少ないために適切な医療ケアを利用できなければ、妊娠により死亡する可能性が高まる。そして、母親が死亡すると、家族は貧困のサイクルに陥るかもしれない。

リプロダクティブ・ライツと適切な母性保護のための医療ケアが、すべての女性に提供されるべきだ。そして、このことを女性だけの課題だと捉えてはいけない。子どもと母親の健康、子どもをもつ選択をしなかった人たちの健康、そして社会全体の幸福に対する責任は、私たち誰もが負うべきものだ。

第12章 ✦ 賃金格差

女性の賃金は男性より低い

ジェンダーによる賃金格差の実態を明らかにしようとする組織的キャンペーンが行われるようになってから、女性とお金に関する政治的関心が高まっている。さまざまな取り組みが功を奏し、イギリスでは2017年以降、従業員250人以上の企業は、男性と女性の平均賃金の詳細を公表しなくてはならなくなった。結果は驚くべきものだった。たとえば、『ヴォーグ』『ヴァニティ・フェア』『タトラー』などの雑誌を発行しているコンデナストのイギリス部門は、男性の3倍の女性スタッフを雇用していて、あらゆる職位で女性のほうが多い。にもかかわらず、いまだに女性スタッフの給料は、平均すると男性の3分の2程度だ。そして、これはコンデナストに限った話ではない。

男性と同じ仕事をしていても女性に支払われる給料が少ないことを明確に示す例は、ほかにもある。50歳のテレビプレゼンター、ルイーズ・ミンチンは、BBCの番組「BBCブレックファスト」で、共同ホストを務める42歳のダン・ウォーカーとソファーに座っていたところ、ダンが、テレビ会社の高額所得者リストに自分の名前が載っていたことについてジョークを言った。ミンチンは、生放送中に不満そうな顔をウォーカーに向けた。ミンチンはリストに載っていなかったのだ。ウォーカーと一緒に仕事をし、ミンチンのほうが経験を積んでいるにもかかわらず。私たちは、ほかの人がどれぐらい稼いでいるかを知らないことが多い。賃金の実態があまり透明にされていないからだ。

世界に目を向けると、下水道や廃棄物処理、建設、水道といった仕事で、男性より稼ぐ女性が多い国もある。スロベニアでは、伝統的に男性のものとされてきたこのような分野で働く女性は、平均収入が男性より11パーセント多い。ルーマニアの建設業では20パーセントの賃金格差があり、女性のほうが収入が多い。ハンガリーでは、その差が11・5パーセントである。[1] これは、社会主義のレガシーの一つだ。西側の女性が家で洗濯機を回していたとき、社会主義体制では、工業化に向け、女性の労働を必要としていた。女性たちは、男性が多くを占める産業で技術を身につけ雇用を見つけるよう奨励され、[2] 次第に女性の新しい姿が見られるようになった。女性のトラクター運転手、肉体労働者、エンジニアなどだ。

訓練と雇用だけではない。ロシアは、イギリスとアメリカより早く、女性に経済的権利を認めていた。1753年以降、女性は夫とは別に自分でお金を稼ぎ自分のものにすることができた。社会主義下では、女性の解放を、より「進歩した」社会をつくりだすための広範な計画の一部だと考える政権もあった。東側陣営の社会政策には、無料の保育や手厚い産休も含まれていた。共産党は、共同の洗濯場や食堂に投資して家事労働の社会化を試み、女性の家事負担をなくそうとした。これは、社会主義イデオロギーへの賛歌でもなければ、いまの時代の醜悪で非人間的な政策を否定するものでもない。ただ、女性が社会主義から恩恵を受けていた事実もあるということだ。[3]

社会主義の崩壊とともに、有給の産休も保育サービスもなくなり、女性の経済的自立に向かっていた進展がいくぶん逆戻りした。それでも、こんにち世界のどの地域と比べても、東欧諸国では上級管理職に多くの女性がいる。[4] 上級幹部に少なくとも1人の女性がいる企業が約85パーセントを占めているのだ。

ジェンダーによる賃金格差は、文化的に構築されたものだ。どの国でも、男性と比べて女性がどれぐらい稼ぐかは、女性の労働に対する価値と女性の時間の使い方とに関する観念で決まる。チリでは、ジェンダーの役割に対する伝統的な固定観念が根強く残っている。同国では2009年になってようやく、法律に男女同一賃金の原則を取り入れた。この背景を考えると、専門職においてジェンダーによる賃金格差が50パーセント近くもあり、OECD諸国で最悪であるのは、驚くにあたらない。チリでは、大学に行った女性で教育水準に見合う適切な給料がもらえる職についている人は79パーセントであるが、男性では91パーセントだ。[5]

本書ではここまで、女性の給料の実態について詳しく論じてこなかったが、それは、女性を取り巻く経済的不平等は賃金格差にとどまるものではなく、ずっと深いところに根ざすものだからだ。賃金格差に関する誤った通説はいくらでもあるので、本章では、そのなかのおもな通説を切り崩していきたい。

通説その1――女性の賃金を低くするのは違法だから賃金差別は存在しない

世界の統計学者は、各国のジェンダーによる賃金格差を分析すると「説明できない」要因がある、とかならず口にする。イギリスの国家統計局は、賃金格差の3分の2は「説明できない」と述べ、男性のほうが多く受け取っている賃金の一部（36パーセント）については、男女による職種の違いやジェンダーによって異なる職業上の特性――平均年齢や勤続年数や企業規模――から正当化できるとしている。[6] あらゆる職業で依然として男性の賃金のほうが高いが、国家統計局は、その理由が差別によるものであると明言することを避けてきた。「差別が働いている可能性がある」とにごしている。イギリスの企業の少なくとも25パーセントで、女性のスタッフに支払われる給料が、男性より20パーセント以上も低くなっている。

世界じゅうで状況は同じだ。ニュージーランド政府は、同国のジェンダーによる賃金格差の8割は説明できないとし、現在の給料の差は「女性の採用と昇給を妨げる意識的・無意識的なバイアスなど、はかるのが難しい要因」によって生じていると述べている。[7] スイスの連邦統計局は、賃金格差の42パーセントは説明できないとしており、[8] 世界銀行は欧州連合（EU）諸国について、「賃金格差のかなりの部分が依然として説明できない」と述べている。[9] イギリスの賃金格差は、フルタイムの労働者で9パーセント、すべての労働者で18パーセントであり、銀行などいくつかの主要な産業では、40パーセントにも広がっている。

このような賃金格差の「説明できない」部分については、だいたいにおいて無視されたままだ。それどころか、女性の賃金が低いのは、女性は仕事を続けるなかで産休があるからだとか、女性が行う仕事の種類によるものだとか理由をつけてすませてきた。これでは肝心な点を見失う。

女性は給料が低い職種につくことが多く、（とくに出産後に）給料がなかなか上がらないが、それは不平等が反映されているためだ。女性は母親だから、そして35年のキャリアの途中で1年半の産休をとったりするから、収入が低くキャリアアップができないのは当然で、賃金格差はやむを得ない、とするのはおかしい。生涯にわたる職業生活のなかで1、2年仕事を離れるのは、たいしたことではない。男性も、キャリアのなかで空白期間ができる場合がある。ガーデニング休暇［退職した社員に一定の給料を保証したうえでとらせる長期休暇。同業他社に情報や技術を流出させないためのもの］、転職、旅行や個人的な事情により仕事を離れるケースだ。ところが、女性の場合は、産休から復帰すると身分証明書にブラック印がつく。女性が親になると、男性にはない経済的ペナルティを受けるのだ。

通説その2――男性労働者のほうがすぐれている

1960年代後半によく知られていた言葉がある。「誰でも能力がなくなる限界までは出世できる」というものだ。ピーターの法則と呼ばれるもので、作家のローレンス・J・ピーターによる造語だ。彼によれば、労働者（当時は男性）は、仕事で能力を発揮すれば昇進を続けるが、十分な能力を示すことができない段階まで来ると、それ以上昇進できなくなるという。つまり、労働者はその人がもつ能力の一段上の役割にとどまるという意味だ。この法則により、職場で起こる停滞した状況が説明できると、ピーターは考えていた。

こんにち、かつて有名になったこの言葉を用いて、学者のトム・シュラーが、女性にもこれに相当する法則があると提起している。女性はいつも能力以下の仕事をしている、とするものだ。シュラーはポーラの法則と呼ぶ。「女性の能力は男性と同じようには認められず報われない。女性の仕事はあらゆる段階で男性ほど評価されず、女性のキャリアの軌跡は低く平らな線を描く」[10]。

男性の労働のほうが価値があると考えられているのだ。人材紹介会社の〈Hired.com〉によれば、人材募集があるとその60パーセントで、同じ会社の同じ職種であっても、男性のほうに高い給料を提示していて、また企業が人材を募集するときは、40パーセントの時間が男性応募者のみを対象とした面接にあてられるという。女性が給料の低い仕事を選ぶ――賃金格差を否定する人が女性を非難して言う言葉――のではなく、女性が働く場合には給料が低くなる仕事がある、ということを示す根拠が数多くあるのだ[11]。

もう一つの隠れた差別は、女性が多数を占める職種と伝統的に男性の仕事とされてきた職種とのあいだでの賃金の違いだ。オーストラリアでの調査で、保育職は、資格レベルが同じである金属取付工のほぼ半分の給料であることが明らかになった[12]。金属を叩く男性は、子どもの人生を形づくっていく女性の2倍の価値があるということだ。

女性が能力以下の仕事をしていることは、個人にとっても企業や経済にとっても、潜在能力を無駄にしていることになる。世界じゅうでここ30年、大学を含むあらゆる段階の教育機関で女子のほうが男子より成績がよいことを考えれば、驚くべきことでもある。女子のほうが教育の各段階で中退が少ない。女性は学ぼうとする意欲が高いので、参加する機会があればよい結果を出せるはずだ。

通説その3――賃金格差は教育で解決できる

ＳＴＥＭ（science, technology, engineering, mathematics）と呼ばれる科目を専攻し、給料が高いと言われる職種につけば、高収入が保証されるかもしれない。ただし、同等の資格をもつ男性と同じだけの収入ではない。ＳＴＥＭ関連の仕事のなかでも収入が高い20の職種で、勤労者に占める女性の割合は20パーセントであり、男性が１ドル稼ぐあいだに、女性は89セントしか稼げないのだ。[13]

アメリカでは、ＳＴＥＭのうち建築と化学工学の分野では、女性が雇用に占める割合はそれぞれ８パーセント、15パーセントと少ないものの、女性のほうが男性より収入が多い。しかし、それ以外の分野では、まだ賃金格差が残っている。なかでもオペレーションズ・リサーチ、保険数理、環境科学では格差が大きく、男性の収入１ドルに対し女性の収入は81〜82セントである。[14]

国際労働機関（ＩＬＯ）によれば、ヨーロッパでは２０１０年、収入額が勤労者全体の上位10パーセントに入る女性の収入は、上位10パーセントの男性に比べ、月額平均で７００ユーロ（約11万円）近く少なかった。[15]ＩＬＯは、２０１８／２０１９年の世界賃金報告で、多くの国で、女性は男性より教育程度が高いにもかかわらず、同じ職種についていても給料が低いと強調した。[16]

別のデータでは、大学新卒者の場合、女性の初任給は男性より低いことが示されている。また米国大学女性協会は、卒業後わずか１年後に、大学での専攻や選択した職業などの要因を考慮してもなお、説明できない７パーセントの賃金格差があることを見いだした。[17]エリート教育を受けても賃金格差はなくならない。30歳になると、アイビーリーグの大学を卒業した女性の年収は、同期の男性に比べ年間で8万5000ドル（約1264万円）少なくなる。[18] ほかの調査でも、動かしがたい差別の証拠が明らかになっている。たとえば、採用のプロセスで応募者の性別がわからない場合のほうが、女性が多く採用される。[19]

通説その4——女性は育児のせいで仕事に集中できない

育児はいつも、女性が仕事で遅れをとる理由にされてきた。『LEAN IN——女性、仕事、リーダーへの意欲』の著者シェリル・サンドバーグは、女性のなかには子どもを産む前に、ときにはパートナーを見つける前から仕事を控えるようになる人がいると主張する。しかし、女性は仕事に真剣に取り組まないとするこの考え方は、職場の研修や成人教育の参加者は女性のほうが男性より圧倒的に多いという事実を考慮すると、説得力がない。イギリスでは、成人教育の受講者の76パーセントが女性で、過去20年にわたり、女性が成人教育の多数派を占めている。[20] ヨーロッパのほかの国でも同様の傾向が見られる。女性は成人してからも学びつづけているのだ。キャリアを通じて職業上のスキルを高める意欲を示し、男性より高い能力をもち、その差を広げている。

これは、「働く女性は、家族のことにかまけて全力で仕事に取り組まない」という固定観念とは相いれない。

通説その5――女性はすぐれたリーダーになれない

ジェンダーによる賃金格差の議論は、「ガラスの崖」にふれずに完結することはできない。「ガラスの崖」とは、組織が危機に瀕したり不安定な状況に陥ったりすると、女性が権限のある地位に任命される現象を指す。[21] そうなると女性は厳しい環境におかれ、任務を遂行するのがいっそう困難になる。イギリスでは、EU離脱をめぐって混乱し政府が窮地に立たされている時期に、テリーザ・メイが女性として2人目の首相になった。企業の事例を見ると、アメリカの小売業者JCペニーがジル・ソルタウを初の女性CEOに任命したのは、損失を計上し数十か所の店舗を閉鎖したあとだった。女性のCEOは会社から解任される可能性が男性より45パーセント高いが、沈みかけた船を引っ張る任務を押しつけられ、沈没すると責任をとらされるからではないだろうか。[22]

「ガラスの崖」という言葉は、エクセター大学の研究者たちが、2003年の『タイムズ』紙の記事を調べて編み出した造語だ。記事では、FTSE100の企業のうち、役員会に女性を入れず「政治的に正しい選択を受け入れなかった」企業のほうが株価の動向がよかったことが示されていた。これに対し、女性を役員に任命した企業は株価の動きが悪く、経営幹部に女性を含めると「イギリス企業に大惨事が起きる」[23] とされた。研究では、こうした主張の背景を調べ、これらの企業の株価は女性が任命される前からすでに下落していたと結論づけた。

能力に対する偏見と賃金格差

白人の男性は、女性やエスニック・マイノリティの応募者と比べると、まったく同じ経歴であってもより能力が高いと判断され、高い初任給を提示される。ある研究で、アメリカのトップクラスの大学の生物学、化学、物理学の教員に、実験室管理者の仕事に応募してきた学生を評価してもらった。まったく同じ履歴書に男性と女性の名前を無作為に割りあてたが、それでも「男性」の応募者のほうが能力があると評価され、採用され高い初任給を提示されるケースが多かった。この結果はことのほか興味深い。科学者は、客観的になり無意識のバイアスをもたないよう、厳格な訓練を受けているからだ。さらに、応募書類を審査する教員が男性か女性かによる違いがなかったことから、女性も、男性のほうが有能だという概念を内在化させていることが示唆された。[24]

ジェンダーに基づく能力に関する固定観念は、仕事を始める前から形成される。大学生を対象にした研究で、学生は男性教員が選ぶ教材のほうが女性教員が選ぶ教材よりすぐれていると考えていることが判明した。また学生たちは、男性教員と女性教員が実際には同じ時間を復習にあてていたとしても、女性教員のほうが長い時間をかけていると感じていた。[25]

ジェンダーバイアスはなかなか捉えがたいが、研究によって、男性のほうが仕事ができると認識されることが明らかになっている。男性と女性の同僚が同じ資格をもち同じように行動したとしても、男性のほうが、「すばらしい」「例外的な」業績をあげていると判断され、高い評価を受けることが多い。[26] 管理職は、能力と対人的な思いやりに関する水準を女性に対して高く設定し、[27] 女性の技能を実際より低く捉えて業績評価を下げ、[28] 査定担当者は、ミスを犯していないかと女性の仕事をより厳しく判定する。一般の人たちは、女性スタッフより男性スタッフのほうが好ましく能力があり価値があると判断する。[29]

能力に対するバイアスは重要な意味をもつ。賃金格差の背後にある偏見の説明にもなっているからだ。能力に対して、さらにはどの程度の給料に「値するか」ということに対して、男性も女性も性差別的思い込みを抱えているなら、いったい男女同一賃金を達成することができるのだろうか？

それでも、職場でこの偏見に取り組む方法はある。オバマ大統領が選出されたとき、側近チームの3分の2が男性だったため、チームの女性スタッフは女性の声が届かなくなるのではないかと懸念し、「拡大」と呼ばれる手法を取り入れた。女性スタッフがすぐれた提案をするたびに、ほかの女性がその提案を繰り返して口にしたうえで、発案者の功績を明確にするのだ。[30] これは職場で多くの女性が経験すること――割り込まれ無視されあっさりと否定される――に立ち向かう一つの方法になる。

交渉能力も賃金格差に関連してよく言及される。交渉能力は非常に役に立つライフスキルであり、仕事でも対人関係でもあらゆる場面で活用できる。しかし、賃金格差を男性がもっている交渉能力によるものだとすることは、ある種の本質主義になる。男性のほうが高い給料を保証されるのは、男性のほうが本質的にどこかすぐれているからだ、と言っているようなものだ。

男性たちは、そのようなすぐれた交渉スキルをどこで身につけるのだろう？　交渉術の研修会があったときに、女性は誰も出席できなかったのではないか？　男性はみな、キャリアを通じて高い給料を得るために、外交術と策略を駆使して職場での評判を損ねることなく巧みに交渉をしてきた、などと考えるのはとんでもない間違いだ。多くの企業は、女性が昇給を求めるときはきまって、応じられるだけの資金を用意しないのだ。もちろん、経営上の理由により男性も女性も要求を拒絶されることはあるが。

女性が経済的平等を達成したいなら交渉能力を磨けばいいと主張する人たちに、私は言いたい。女性に曲芸のようなことをさせるなと。男性はそんなことを求められない。それでも昇給していく。男性と同じようにすればいいと女性に言うのはやめてほしい。男性のようにすることだけが、職場で「正しい」やり方ではない。

女性が才覚を働かせて昇給を要求すれば給料の不平等はすべて改善できる、という考え方は、政治的・社会的構造のなかにある力の不均衡や経済的不平等の歴史的基盤、そして差別を無視している。女性が給与面で不当な扱いを受けていると気づいたとしても、異常なことではない。それ以外の点では完全に機能している労働市場の急な異変でもない。女性が能力以下の仕事に甘んじていて労働に見合う報酬を得ていないという、より大きな社会的現象の一部なのだ。これは、どれほど巧みに昇給の要求ができる人であっても、個人の行動だけで解決できる課題ではない。

インポスター症候群

西洋文化には、女性は自信がないという思い込みがある。女性が仕事で活躍できない理由として、自信が、というより自信のなさがしばしば言及される。自分には能力がないと思っていたと公の場で語ることが、例外的な女性の通過儀礼のようになった。ノーベル賞を受賞した人権運動家のマヤ・アンジェロウは、インポスター（詐欺師）症候群（自分は能力がなく、ほんとうはこの仕事をすべきでないと思い込み、詐欺のようだと思われないかと恐れること）だったと認め、次のように語った。「私は11冊の著作を発表してきたが、毎回『ああ、今度こそ自分の正体がばれる』と思ってきた」。ファーストレディだったミシェル・オバマも、インポスター症候群は「けっして消え去らない」感覚だと述べている。[31]

インポスター症候群は、心理学者のポーリン・クランスとスザンヌ・アイムスが1978年に編み出した造語で、当初はおもに女性がかかるものだと考えられていた。「学業でも仕事でも傑出した実績があるにもかかわらず、インポスター症候群にかかった女性はたえず、自分はそれほど優秀ではないし、自分のことを優秀だと思っている人たちをだましてきたと思い込んでいる」という。[32]

インポスター症候群が女性に特有の現象だという固定観念は根強い。[33] ビジネス雑誌『フォーブス』の記事に、インポスター症候群に「陥りやすい女性がこれまで以上に増えている」という記述があった。[34] 教育専門誌『タイムズ・エデュケーショナル・サプリメント』は、「女性教員がインポスター症候群で悩んでいる」という見出しを大々的に掲げたが、女性が前に進めないのは自信がないからだとする記事の典型だった。[35]

インポスター症候群が議論されるのは多くの場合、女性の自己改善とポジティブ・シンキングの文脈においてだ。自信が魔法の粉のように扱われる――毎日ちょっとふりかければ、女の子はどこまでも行ける。しかし、仕事で不安や力不足を感じることを病気だとしてしまわないよう、気をつけなくてはならない。プレッシャーを受け、厳しい目にさらされ評価されるときは、自然な反応かもしれないのだ。

女性がインポスター症候群によって科学分野のキャリアから離れてしまうことがあるのかどうかを詳しく調べた研究がある。たとえば天文学について言えば、若手研究者と専門家のメンバーからなるアメリカの団体では女性が過半数を占めていて、若いときにこの分野にかかわる女性は多い。[36] しかし、天文学や天体物理学を学んだあと、研究の段階が進むにつれ次第に多くの女性がこの分野から離れていき、大学の教員に女性の天体物理学者は19パーセントしかいない。[37] 研究では、インポスター症候群のような感情にとらわれてこの分野の研究をやめることを考える女性はたしかにいるが、いっぽうで、女性が減っていく要因には、学界の本質と関連したもっと大きな問題があることが明らかになった。[38] 女性は、パートナーの事情によって地域を移動することが多いのだ。研究では、いわゆる「二体問題」［相互作用を及ぼす二つの点の動きに関する問題を指す古典力学用語］に伴う課題をあげる女性が多かった。つまり、ひんぱんに地域や国を移動しなければならないため（学術的なキャリアで成功をおさめるにはつきものだ）、カップルが同じ大学か互いに行き来ができる距離で、自分に合ったポストを見つけるのは難しくなる。

女性は自信がないために身動きとれなくなっている、ということを示す例としてよく引用される統計がある。「男性は資格要件の60パーセントを満たしていればその仕事に応募するが、女性は100パーセント満たしている場合しか応募しない」というものだ。コンピューター会社のヒューレット・パッカードが実施した内部調査によるもので、広く伝わっていて、サンドバーグの『LEAN IN——女性、仕事、リーダーへの意欲』でも引用されている。これは、ゾンビのような統計だ。ヒューレット・パッカードはこの調査を公開していないのだから。女性は求められる基準の90パーセントを満たしていても応募しないということを、はたして私たちは受け入れられるだろうか？

そうは言っても、女性がほんとうに応募の段階でためらっていて、そのため高いポストで賃金格差が大きくなるということが事実かどうか、調べてみる価値はある。

タラ・ソフィア・モアは『ハーバード・ビジネス・レビュー』誌に寄稿するため調査を行い、1000人の男女に、仕事で求められる要件のすべてを満たしていない場合、その仕事に応募しないのはなぜかを尋ねた。結果は興味深いものだった。回答者の多くが、要件を満たしていないなら採用されないだろうから、応募して時間を無駄にするようなことはしない、と答えた。これはジェンダーとは関係なかった。応募しない理由として、自信がない、もしくはその仕事はできないと思った、をあげた者は最も少なかった。[39]

採用担当者は、募集する職種についてもっと明確に説明すべきだ。応募者に望まれる資質の一覧があるなら、それらの資質がすべて必須なのか、基準に一部達していなくても、あるいはまったく異なるバックグラウンドの人でも考慮するのかを明らかにする。また、いくつかの段階を飛び越え資質が十分でないと思われる役職を手に入れた同僚がいるのを見たことがある男性なら、自分も一か八かで応募してみようという勇気がわくだろう。男性は潜在力を期待されて昇進することがよくあるが、女性が昇進するときには、すでに達成した業績が評価されるのだ。

賃金格差の是正を

ジェンダーによる賃金格差について（またも）述べなくてはならないとは、気が滅入る。賃金格差はなかなかなくならない問題だ。しかし、雇用主や政策決定者が本気で取り組むなら、女性をとりまく経済的不平等のなかで何より容易に是正できる側面だと私は思う。歴史を振り返れば、格差を是正しようとする勢いがあまりにも欠けていた。イギリスで同一労働同一賃金という概念が初めて議論されたのは１８３０年代だったが、政党が取り上げるようになったのは、１９６０年になってからだった。労働組合は何十年も労働者の権利を擁護してきたが、同一賃金を求める女性を支援することにはあまり積極的でなかった。男性の賃金が打撃を受けるかもしれないと懸念したからだ。

１９７０年に同一賃金法が成立したが、１９７６年まで施行されなかった。[40] 実施が遅れたことは、雇用主側に調整のための時間が必要だったためとして正当化された。しかし、女性が何十年も闘ってきた公正を実行に移すためにさらに6年も待たせたのだ。不平等が優先課題でないからだということ以外、正当化できる理由がない。法律の導入以来何年も、雇用主は過ちを認めるのではなく、不平等な賃金の申し立てと闘うほうを一貫して選んできた。

同一賃金法が導入され50年がたったが、私たちは何を学んだのか？　現行の法律は不十分ということだ。雇用主が規定を都合よく解釈することもでき、違反しても罰則がないため、賃金格差がなくならない。女性一人ひとりが自分で賃金格差をなくすように努力せよというなら、とんでもない話だ。では、私たちに何ができるのだろう？　以下に解決策をあげるが、いずれも難しいものではない。現行の仕事と賃金の枠組みでは、差別と不平等が生まれる余地があまりに大きいのは明らかだ。企業と政府が何もしなければ何も解決されない。世界経済フォーラムが言うとおり、男女の経済的平等が実現するのを２５７年も喜んで待つというのなら別だが。[41]

解決策その１――とにかく平等な賃金を支払う

雇用する側は、どんな組織であっても、ジェンダーに基づく賃金差別が存在する可能性があることを認めなくてはならない。差別を見つけだすための手段を講じ、ただちに賃金を上げて問題を修正すべきだ。賃金委員会のメンバーはジェンダーが平等になるようにする必要がある。研究によれば、委員会のジェンダーの多様性によって違いが生まれるが、そのためにはクリティカルマス［大多数ではなくとも存在が無視できなくなる分岐点］である30パーセントが女性でなくてはならないとされている。[42]

サンフランシスコに本拠をおくソフトウェア会社のセールスフォースでは、従業員の６パーセント（ほとんどが女性だが男性もいた）が本来より低い給料になっていて、説明できる唯一の理由がジェンダーであると判明した。そこで、賃金格差を是正するため、２０１５年に３００万ドル（約4億4600万円）を支出した。そのあとでもなお、事業の拡大に伴って毎年新たな格差が生まれたため、２０１７年にさらに３００万ドルを支出した。セールスフォースは賃金監査から3年間で、人種、ジェンダー、エスニシティに基づく賃金格差に対応するため900万ドル（約13億4000万円）近くを使った。CEOだったマーク・ベニオフは、社内の賃金の分析結果を見る前は、自分が経営する会社はジェンダーに平等であると「完全に信じていた」とし、「賃金格差がこれほど広がっているとは思ってもみなかった」と語った。[43]

自分の給料が公正でなかったとわかった場合、経済的損失はその年だけにおさまらない。何年も、ときには何十年にもわたって損失が続く。家が買えるのか、子どもを育てていけるのか、といったことにも影響が出る。会社側は、それまでの賃金差別を是正するため、年金貯蓄の会社負担分を引き上げるべきだ。そうすれば、老後貧困のリスクを軽減できるだろう。

解決策その2——前職の賃金の開示を求めない

求人に応募すると、それまでの給料を尋ねられることがよくある。雇用する側にとっては、この金額がそのまま、提示する給料の基準になる。応募者の以前の給料が経験や貢献度にふさわしいものだったかどうかは関係ない。つまり、ジェンダーや人種や階級によって給料が低く設定されていた人にとっては、その差別が新しい職場に持ち込まれるかもしれない、ということだ。

アメリカのいくつかの州では、雇用主が以前の給料を尋ねることが禁止されているが、この慣行がほかの国でも標準になるべきだ。[44]給料は、前の経営者が払っていた給料ではなく、新しく雇用された人がどんな仕事をし、会社にどんな貢献をするかによって決めるべきだ。

解決策その3——給料を秘密にしない

カリフォルニア、コロラド、ワシントンなどアメリカの一部の州では、雇用主は給料の最低額や役職ごとの給料区分について、求められれば公開する義務がある。[45] イギリスでも同様の規定があれば、労働市場で強く求められている情報の透明性が、ある程度は確保されるだろう。現状では女性も男性も、同僚のほうが高い給料をもらっているかどうか知りたかったら、雇用審判所に持ち込んで事実関係を明らかにするしかない。男性も本来もらえるはずの給料を受け取っていない場合はあるが、ほかの人がいくら給料を受け取っているかがわからなければ、やはり手の打ちようがない。

水の流れは変わりつつある。ビジネス、法律、政治、芸術の分野で力をもつ女性100人からなるグループが、従業員が同僚の給料を雇用主に尋ねる権利を認める新しい同一賃金法を求めている。透明性が高まって損をするのは、悪質な雇用主だけだ。新しい同一賃金法が施行されれば、雇用主から真実を引き出そうとする女性が非難されることもなくなるだろう。

解決策その4——賃金差別に対する罰則

企業に正しい行動をとるよう求めながら、違反したときの罰則がない法律を作っても、意味がない。カナダのオンタリオ州では、ジェンダーに関する賃金規定を遵守しなかった企業は経済的制裁を受ける。スウェーデンの法律では、格差に対する措置をとるよう命じている。2018年、アイスランドは世界で初めて、同じ業務に従事する女性と男性に対し同じ賃金を払っていることを、根拠を出して示すよう義務づけた。25人以上のフルタイムの従業員がいる企業や組織は、給料に関する方針がジェンダーではなく教育や技能や業績に基づいているという認証を政府から受けなくてはならない。規定を順守しない企業は、高額の罰則を科され、1日単位で加算される。賃金や差別的な服装規定などの雇用問題に関する法律には罰則と強制が必要だ。

解決策その5――人事部門の責任の拡大

解決策の多くは、人事部門にある。多くの企業でさまざまな肩書が混在し、いっぽうで同様の役割に対する給料の区分と給料の下限・上限が定められていない。組織のなかで特殊な役割を担う職位の場合は、求められる知識と責任、さらに企業のなかでの価値について人事部門が慎重に査定したうえで、給料を決定する。人事部門は、昇進に偏りがないかをチェックし、昇給は単に会社が払える額を基準にするのではなく、同様の役割を担う人の給料と見合っているかを考慮して決定する。

BNPパリバ銀行ロンドン支店のある女性社員は、ある朝出社して、自分のデスクの上に魔女の帽子があるのを見つけた。前の夜、「明らかに酔っていた」男性の同僚が「冗談で」おいたものだった。子どもじみたふるまいとして笑いとばすこともできるだろう。しかし、その女性に対する敵対的な空気が給料に反映されていたのだった。女性は同等の仕事をする男性に比べ、入社時の給料が25パーセント少なく、業績の評価が同じだったにもかかわらずボーナスは半分だったことが、のちに判明した。入社して3年経過した時点で、給料の受け取り額が男性の同僚より85パーセント少なかった。[46]

イギリスでは、雇用主が従業員と査定のための面談を毎年もつことが義務づけられていないが、面談を標準的な慣行にするべきだ。そうした規定により、従業員の職位に関する具体的な業務と責任を検討する機会をもつことができ、従業員には、望むなら給料について質問しやすい適切な場が提供される。

解決策その6――積極的に女性の声を取り入れる

スタッフが能力以下の仕事をしたり、向上しようと努力しながらフラストレーションを抱えたりするのは、どんな経営者にとっても益にならない。ジェンダーの不均衡に対する対応は、組織のトップが主導して着手しなくてはならない。ただし多くの場合、実際に改革のための取り組みを担うのは中間管理職であるので、彼らが部下をしっかり支援できるよう、各部門のリーダーが定期的、適切に監督する必要がある。

経営幹部の女性はすぐれたロールモデルになるかもしれないが、ほかの女性が辿っていたかもしれない道を叩きつぶしてここまで来た可能性もある。メンター制度は、同じキャリアについて考え方を共有する機会になるので、メンターになるほうにとっても指導を受けるほうにとっても有益だ。ジェンダーによる賃金格差に配慮するメンターは、変化のきっかけを起こすのにふさわしい立場にいる。こうしたメンターは、あとになって気づいたことをいかすことができ、昇給の経験やその難しさについてもオープンに話せるし、昇進するためのアドバイスもできる。ただ、メンター制度には限界がある。多くの場合は日々の業務の枠外で行う追加的な活動であり、2人のあいだでの関係にとどまる。

セールスフォースのベニオフが社内にジェンダー問題があると気づいたきっかけになったデータは、上級職に女性が14パーセントしかいないというものだった。そこで、チーム内で女性が積極的に役割を果たせるよう、どんな会議でも出席者の少なくとも30パーセントを女性にするという方針を導入した。[47]

職場で女性の声を聞き、ここまであげたような解決策を実行しながら、ジェンダーによる賃金格差を縮小する長い道のりを歩んでいくのだ。

第13章 美の基準と社会の期待

ミソジニーがはびこる政界

アルゼンチンの女の子は、天体物理学は女性に向いているキャリアだと思って大きくなる。この国の天文学分野には、ずっと前からジェンダー多様性の伝統があった。1988年には、天文学における専門職の25パーセントが女性だった。ちなみに、日本では同じころ、この分野で女性が占める割合はわずか2パーセントだった。[1] こんにち、日本では8パーセント、[2] そしてアルゼンチンでは40パーセントだ。ほかの多くの国では、1桁か10パーセント台の前半なので、[3] アルゼンチンでは珍しいほど高い割合になっていると言える。

アイスランドでは、大統領も首相も女性だと信じて大きくなった世代の女性がいる。1980年、ヴィグディス・フィンボガドッティルは、世界で初めて民主選挙で選ばれた女性大統領になった。その後3回再選し、合計16年政権を率いたが、これはいまでも、国のトップの指導者の女性として最も長い在任期間である。これに続いて、2009年から2013年にかけ、ヨハンナ・シグルザルドッティルが首相を務めた。世界初のレズビアンの首相でもあった。

フィンボガドッティルが大統領に選出されたのを機に、アイスランドの国会で女性議員の数が急激に伸びた。１９８３年、女性の国会議員は、それまでの15人から60人に増えた。これでドミノ効果が起こり、２０２０年時点で、アイスランドは11年連続して世界で最もジェンダー平等が進んだ国にランクされている。それに対して、イギリスは同年21位（２０１５年の18位から後退）、アメリカは53位である。[4]

アイスランドでは、権力のある地位に女性がいるのは女性と家族にとって望ましい、という考え方がかなり確立されている。また、この考えが正しいとする研究もある。アメリカのある研究では、社会政策に対する政治家の姿勢はジェンダーによる影響を受けていて、たとえば選挙で選ばれた女性は福祉問題により深くかかわるとされている。[5] 別の研究では、女性の政治家のほうがはるかに活動的であることが明らかになった。男性の政治家よりひんぱんに活動に参加して、多くの法案を提出し成立させ、対立する政治家とも積極的に仕事をする。[6] アイスランドはナイスランドになった。立法府に男性と同じ数だけの女性がいれば誰もが恩恵を受けることを、市民が理解しているからだ。

２００７年から２００８年にかけての世界金融危機で、アイスランドは世界でも最悪の部類に入る影響を被り、破産に伴う負債額がＧＤＰの８５０パーセントに上った。危機に陥る前、わずか数年ではあったが、アイスランドは金融業で世界の中心になっていた。ニューカッスル市くらいの人口の国としては驚異的な成功だ。金融業界を支配していたのは、大半が男性だった。女性もアイスランドの金融機関で働いていたが、イギリスやアメリカと同じく、リスクの高い決断を行う幹部の地位には女性があまりいなかった。ジャーナリストとして調査を行い作家活動もしているマイケル・ルイスは、金融危機について次のように述べている。「アイスランドでは、そしてウォール街でも、この危機で目立って特徴的だったのは、女性の関与がほとんど見られなかったことだ。（略）私が知るかぎり、アイスランドでは好景気のあいだ、ある大手銀行の上層部に女性が一人しかいなかった。クリスティン・ペトゥルスドッティルで、彼女は２００５年に、カウプシング銀行のロンドン支店のＣＥＯ代理にまで上りつめていた」[7]。

主導者たちのジェンダーは、アイスランド人のあいだであまり知られていなかった。しかし、金融危機は過度に男性的な行動によるものだとする見方が広がっていた。「男性がつくったものだ。いつも同じ人たちだ」とビジネスウーマンのハットゥラ・トマスドッティルは語り、急激な危機に陥る前の投資家たちの愚行は「男根の競い合い」に似ているとした。

アイスランドの人たちの見方の背後にある意味は、女性は男性と同じように、そしておそらく、男性よりも思慮深く金融界を回していけるということだ。同国では危機のさなかに、破綻した銀行2行の幹部と、金融規制機関の中核的地位に女性が任命された。

このような姿勢をほかの国と比較してみる。ブラジルのジャイル・ボルソナロ大統領はかつて、連邦議会の女性下院議員マリア・ド・ロザリオについて「レイプする価値もない、ひどいブス」と公の場で言い放った[8]。アメリカではドナルド・トランプが、性的暴行を自慢しているところを録音テープに残され、25人以上の女性からレイプと性的不正行為で訴えられたにもかかわらず、大統領に当選した[9]。２０１６年の大統領選挙運動で、民主党の対立候補ヒラリー・クリントンのスキャンダル疑惑に関する否定的な報道は、トランプの女性に対する行為の報道の4倍に上っていた。[10]

女性を公然と侮辱する国家指導者の例をさがすなら、外国に目を向ける必要はない。イギリスのボリス・ジョンソン首相は、『スペクテイター』誌の編集者だった10年のあいだに執筆した記事で、女性の同僚から忠告を受けたら、最良の対応は「彼女の下半身をなでて追っ払うこと」とアドバイスしている。[11] 別の記事では、イギリス男性は「女を支配できないかその気がないかだ」と言って批判した。[12] こんな男たちが何百万人もの大衆に支持され、選挙で選ばれていたのだ。

男性たちの臆面もないミソジニーが、こうした態度やふるまいをあたりまえのものにしていく。アメリカでは、性差別的な考え方が広まっている地域に生まれた白人女性は、ほかの地域で生まれた女性に比べ、成人してからの就業時間が短く収入が少ないことが、研究で明らかになっている。[13] 女性の給料に及ぼすマイナスの効果は、成人してから性差別がそれほど強くない地域に移り住んでも続く。これは、女性が子ども時代に経験する性差別の度合いによって、女性の行動や生涯にわたる収入が決まっていくことを意味する。いつまでも続いていくのだ。

「強烈な性差別」が後に与える影響

アメリカの別の研究では、男性も女性も「強烈な性差別」にさらされると、ジェンダーによる経済的不平等を受け入れてしまうことが多くなり、被害者を責め、ジェンダーによる収入格差は女性の選択か過ちの結果によるものだと思い込むようになるということが、確認されている。[14] その影響は、政治について保守的な考え方をもつ人のあいだでより強かった。

女の子でも男の子でも5歳になるまではジェンダーが障害になるとは考えていないことが、研究で示されている。ところが、6歳になった女の子は、自分に縛りをかけるような思い込みを抱くようになる。「ほんとうに、すごく頭がいい人たち」にふさわしい活動を避け、すごく頭がいい人たちとして男の子の仲間をあげるようになる。[15] 女の子はこの年で、「知的な才能に恵まれているのは男性だという考え方を助長する」文化的固定観念を刷り込まれていく、と考える研究者もいる。[16] そして、ジェンダーに基づいた知性の認識が、女の子の関心に直接的な影響を及ぼすのだ。

この研究結果から教育者や子どもの世話をする人への教訓を導くなら、女の子が「成長に向けたマインドセット」をもつよう促すべき、ということだ。つまり、もって生まれた能力より実践と努力を信じる考え方だ。努力すれば数学や体操やサッカーに秀でた仲間を超えられる、と声を大にして言えば、成長に向けたマインドセットを醸成できるだろう。

おそらく、子どもたちは親から考え方を受け継ぐのだ。データ・サイエンティストのセス・スティーヴンズ゠ダヴィドウィッツはグーグルの検索情報を詳細に検討し、アメリカでは、親がインターネットで「私の息子は才能があるか?」と検索する回数が、「私の娘は才能があるか?」の2・5倍に上っていたことを見いだした。知性に関するキーワードは、どんなものであっても、娘より息子についての検索で使われることが多かった。[17]

いっぽう、親が娘について「太りすぎか？」とグーグルで調べる回数は、息子について検索する回数より70パーセント多く、娘が「容姿がいい」か「不器量」かを調べる親も、息子について調べる親より多かった。スティーヴンズ＝ダヴィドウィッツは、この関心のもち方の偏りは、現実に基づいたものでもないと指摘する。英才教育クラスでは、女児のほうが男児より11パーセント多く、肥満児は女児のほうが少ない。このような背景があると、11歳から21歳の女子の87パーセントが、社会では能力よりも見た目によって評価されると考えるのも無理はない。[18]

性差別主義は、性別ゆえに女性か男性のどちらかが劣っているという思考が表出したものであり、意識されていない場合もある。つまり、性差別をしていると認識していなくても性差別になっていることもあるのだ。グーグル検索の研究で言及されている親がみな、ジェンダーにかかわらず子どもが立派に成長するよう願っているのは疑う余地もない。ただ、「文化」のせいだと非難する前に、私たちはみなその文化の参加者だということを覚えておかなくてはならない。母親も父親も、娘の才能や知性についてグーグルで調べるようになったら、世界はどれほど変わるだろう？

美への投資

西洋文化は、女性とはどういう存在かについて、相矛盾するストーリーを展開している。いっぽうでは、かつてなかったほど、指導的な地位につく女性が見られるようになった。ニュージーランドの首相ジャシンダ・アーダーンは地滑り的勝利で再選し［2023年1月に辞任］、ドイツ首相だったアンゲラ・メルケルは15年にわたり国を率いた。イギリスのロンドン警視庁のトップはデイム・クレシダ・ディック警視総監だ。エンジニアリングから配管工事、プログラミング、ウェイトリフティングに至るまで、以前は男性ばかりだった場へ女性が進出するよう奨励する取り組みが、数えきれないほどなされてきた。

　他方、こうした自由のなかにあっても、女性は何より容姿を大切にするべきだという社会の期待は薄れることがない。それどころか、美に対する圧力が高まっている。ソーシャルメディアとオンラインポルノの影響によるものであり、どちらも肉体を子細に吟味するという文化を助長してきた。ファッション業界では多様性が広がり、さまざまなエスニシティや体型がより豊かに表現されるようになったものの、依然として女性の美しさは、価値を表す基準として考えられている。

　女性に求められる理想は過度に女性的《ハイパー・フェミニン》になり（キム・カーダシアンの信じられないプロポーションを思い浮かべるとよい）、男性の理想は過度に男性的《ハイパー・マスキュリン》になっている。少年は、ポルノやミュージックビデオやコンピューターゲームによって、筋肉やタトゥー、性的能力や攻撃性を強調した男性性の理想像にさらされていく。過度な女性性について掘り下げたすぐれた作品に、ペギー・オレンスタインの『プリンセス願望には危険がいっぱい』（東洋経済新報社、2012年）がある。同書で著者は、女の子は幼少のころから容姿を第一とし「正しい姿」を追求する消費者になるよう教え込まれる、と論じる。[19]

　容姿を気にするのは、思春期の正常な発達の一部だ。しかし、美に関する文化によって、女性が容姿を整える際にはジェンダー特有の高い水準が求められるのが普通のことになっている。だから女性は、交渉の余地もなく美の規範とされているもののために、ますます時間をとられる。最近はやったヘアエクステンションやつけ爪やまつ毛パーマは、夜の外出や休日のときに見映えをよくするための特別な方法だが、「普通」だと思われるように毎日使う少女が増えている。１２００人以上のイギリスの少女を対象にした大規模な調査で、7歳から11歳の小学校の女子生徒の半数が、学校に化粧をしていくことが明らかになった。[20] 11歳から16歳の少女の半分近くが、ビキニラインを剃刀かワックスで処理し、3分の1の少女のあいだで、肌を日焼けしたように見せるフェイクタンが必須アイテムになっている。少女の半分が、パッドを入れたブラジャーを着けて学校へ行き、3分の1がよりセクシーに見えるよう制服を仕立て直す。

自意識とは、若い女性が学校が終わったあと「正しい」容姿を維持するために毎晩何時間も費やすという意味になっている。そうした若い女性たちがいずれ、見た目をよくしなければならないプレッシャーをたえず感じているという、イギリス人女性の50パーセントの一人になるのだ。美容外科手術の費用を払うために借金をする人もいる。3分の1近くの女性が、合計すると年間で丸一週間に相当する時間を、家を出る前の支度に費やしている。[21]

学校にいても、自意識は、授業に参加してよい成績をあげる妨げになる。五大陸で合計4万９０００人の少女と女性を対象にしていた、広範にわたる各種調査の結果を再検討したところ、10代の女子の少なくとも20パーセントが、容姿に注目されたくないから授業のディスカッションに参加しないことがわかった。[22] 中国、フィンランド、アメリカでは、実際の体重にかかわらず、自分は太りすぎだと考えている女子は、学業成績で劣っていた。これは、少数とはいえかなりの割合（15パーセント）の10代の女子が、見た感じがよくないと思った日は学校に行かないことと関連しているのではないだろうか。

高校生と大学生にあたる年齢の女性が衣服や化粧、ネイルや髪にかける費用は平均して月に約45ポンド（約8500円）で、年間にすると540ポンド（約10万円）になる。親にとって、また学費ローンの利用者にとって相当の出費だ。20パーセントというかなりの割合の人が、毎月50ポンド（約9400円）以上を美容に支出し、6パーセントの人は月100ポンド（約1万8900円）以上を使っている。

誕生から18歳になるまでに子どもにかかる費用が、女の子は男の子より平均して3万ポンド（約567万円）多いというのもうなずける。女の子の養育にかかる費用の合計は平均10万8888ポンド（約2060万円）で、男の子は7万9176ポンド（約1496万円）だ。女の子は、衣服や洗面化粧品、メイクアップ用品などにお金がかかるので大きな差になるのだ。[23]

ソーシャルメディアの理想像

美のプレッシャーの究極の結末は、少女たちの未来に向けた希望と社会参加の道を狭めてしまうことだ。先にあげた4万9000人の女性が対象になった研究によれば、身体的な印象を気にして出勤しなくなったり就職の面接をとりやめたりする女性が、少数ではあるが無視できない割合でいるという。別の研究では、若い女性の3分の2が、容姿を批判されるだろうからテレビに出たくないと回答している。[24] これは心配だ。リーダーになるとか、ある分野ですぐれた業績を残すとかいったことは、人目につきやすくなることを意味するからだ。

その対極になるが、一部の若い女性はこれまでにも増して、ソーシャルメディアに登場する理想像に表現されるようなキャリアにあこがれる。インフルエンサーやインスタグラムのモデルに代表される理想像、さらには女性の顔や体、家庭、人間関係やライフスタイルを描いた作品に登場する理想像だ。イギリスの15歳から19歳の少女1万人にさまざまな職業のリストから理想の仕事を選ぶよう尋ねた研究では、多くの人が、体が強調される職業を選んだという。魅力あふれるモデルは、63パーセントの少女が選んだ理想の職業であり、また、4分の1がラップダンサーを最上位にあげた。[25] このデータから、一般に考えられている以上に、美のプレッシャーが女性のキャリア選択に影響を及ぼしていることがわかるだろう。

規範に従わないときのペナルティ

ハイヒールを履き、口紅、マスカラ、頬紅、ファンデーション、アイシャドウをつけること――毎日そして一日じゅう。21世紀のイギリスで女性が守るべき差別的なドレスコードの例だ。

この身だしなみ規定はイギリスの人材紹介会社ポーティコのもので、2016年に受付係のニコラ・ソープがローヒールの靴を履いて9時間のシフトに入り、注目を集めた。[26] この業務では訪問者を案内して会議室まで往復することがあったが、ソープは5センチから10センチ程度のヒールの靴を履くよう言われていて、その日は賃金の支払いなしで帰宅させられた。

ソープは、今後は会社が女性にハイヒール着用を要求しないよう、法律の改正を求める嘆願をオンラインで始め、まもなく15万2000人の署名を集めた。これを受け議会で調査したところ、差別的な規定はまだ広く浸透していた。制服着用の規定は性的対象にされていると感じさせるものだとする女性の訴えが寄せられ、また、重い荷物を運ぶ、階段を上り下りして食事を届ける、長い距離を歩くといったことが必要な業務で、ハイヒールを強制されるという声もあった。[27] 調査では、「ハイヒール着用により体が不安定になるのは、コミュニケーションにおける当人の存在感と権威を損ねる」と結論づけた。パワーファッションの話はこれでおしまい、というわけか。

議会の報告書は、いっぽうのジェンダーに負担を課す服装規定は2010年の平等法ですでに禁じられているので、ソープに求められた服装規定は現行法に違反していると述べている。[28] しかし、差別的慣行が広く行われている証拠が数えきれないほどあるにもかかわらず、政府は法律を強化するのには及び腰で、差別されていると思った人は雇用主を雇用審判所に訴えることができる、と繰り返すだけだった。先にもふれたが、政府は雇用審判所に関しても法律扶助を削減している。つまり、多くの女性は雇用主を訴えるだけの経済的余裕がない。だから法律に効力がないのだ。

体のサイズと給料

カナダ、ヨーロッパ、アメリカにおける多くのデータから、女性の体重と平均賃金をグラフに表すと、やせた女性のほうが賃金が高い傾向にあることがわかっている。グラフでは、女性の体重がやせ型から標準になると賃金が急激に下がり、太り気味から肥満へと移行するにつれ賃金がさらに下がることが示されている。[29]

これに関連して言えば、体が大きい女性のほうが面接で不採用になることが多く、勤務成績が厳しく評価され、生産性と意欲が低いと考えられている。太った女性は、難しい仕事や顧客対応がある業務に向いていないと思われていて、しばしば賃金が低く単純な役割の業務をあてがわれ、上司や同僚からあまりよい評価を受けず、間違いを犯したときに厳しく罰せられる。[30]

アメリカの研究で、男性は女性以上に、太った人に対して不快感や嫌悪感を示すことがわかっている。しかし、女性とは対照的に、男性の平均賃金は体重の増加とともに上がっていく。例外はやせすぎの男性で、ペナルティ賃金になる。ヨーロッパでもアメリカでも、太った男性は最も高いプレミアム賃金を享受する。肥満のレベルまで達するとプレミアムは失われ、男性もペナルティ賃金になる。ただし、この傾向はアメリカの肥満男性にはあてはまらないとする研究者もいる。アメリカでは肥満率が高いので、太り気味の体型が普通になっているからだと示唆している。[31]

アメリカのミシガン州は、体重や身長による差別を禁じている数少ない地域だ。ヨーロッパでは、こうした法律が一般市民から求められることはあまりない。それでも依然として、女性にとっては、体重や容姿を評価されることが仕事上の障害になっている。

ジェンダーニュートラルな子ども時代

「ジェンダーニュートラル」に子どもを育てるという概念が、ここ10年、関心を引きつけている。社会の厳しいジェンダー規範による子どもへの影響を抑えようと、子どもの活動やおもちゃや衣服、寝室の装飾を慎重に選ぶ親もいる。その目的は、子どもが、ジェンダーに基づいてどのような行動をとり嗜好をもつ「べき」かという文化的な影響を受けることなく、自分自身でしっかりと関心や嗜好を発達させていくことだ。

海外に目を向けると、アイスランドでは、教育機関でよく見られる伝統的なジェンダー規範を抑制する方法が編み出されている。就学前の子どものうち8パーセント程度が「ヤットリ・モデル（Hjalli model）」による幼稚園に通い、男児も女児もジェンダーに縛られず活発に行動している。[32] 制服やおもちゃはジェンダーにより区別されている。男の子は、爪にマニキュアを塗るよう勧められ、お互いに手のマッサージをして人形で遊ぶ。女の子には人形が渡されない。かわりに、自信と大胆さが身につく活動をするよう導かれる。金切声をあげずに雪のなかを裸足で走ったり、木に登ったりする。

ヤットリ・モデルの学校は、1989年にフェミニストのマルグレット・パラ・オラフスドッティルが創立した。オラフスドッティルは、女の子も男の子も生まれもった力があり、その力が文化的な条件づけによってさらに強化されていくと論じる。女の子が「ピンクのもや」に入り込むと、もっている力が弱さに変わってしまう。繊細さと思いやりが、自己憐憫と被害者意識になる。「ブルーのもや」に巻き込まれた男の子は、力と強さが攻撃性に変わる。だから、ヤットリ・モデルの教育施設では、一日の大半を男児と女児が別々に過ごす。

イギリスでは、女の子の世界を広げることを狙ったすばらしい玩具が手に入る。〈AMightyGirl.com〉というウェブサイトには、「いろいろな」（お姫さまや料理人でない）仕事の女性を描いた本、建築や科学に関連した玩具、「勇気ある女性」のカードゲームや有名な女性のアート作品のぬり絵などのちょっとした品々が、数多く取りそろえられている。

私が好きなのは、マッドパピー・ブランドの「リトル・フェミニスト」というジグソーパズルで、9人のすばらしい女性の顔ができあがる。そのなかには、飛行士のアメリア・イアハート、宇宙飛行士のサリー・ライド、テニス選手のビリー・ジーン・キング、教育活動家のマララ・ユスフザイ、作家のマヤ・アンジェロウらがいる。

ガイ・フォックスによる子ども向けの本『How the World Really Works（世界のしくみはどうなっているのか）』（未邦訳）のシリーズも、よい教材だ。それぞれの作品で、アセットマネジメント、投資バンキング、貯蓄、法律など、ビジネスや金融のさまざまな分野について説明している。子ども向けの作品だが、大人も読めば改めて気づくことがあるだろう。子どもは興味をもつかもしれないが読まないだろうと考えるなら、読んで聞かせるのも価値がある。考えられるさまざまなキャリアについて、子どもと話ができるだろう。

ジェンダーに影響された育ち方によって、女性が男性より貧しくなる可能性があるのはなぜだろう？

社会的な影響によって、女の子が自分の能力はジェンダーに関連していると思い込むようになったら、あるいは、女の子の関心が何を追求「するべきか」「しないべきか」という考えによって形づくられるとしたら、その時点ですでに学校で遅れをとっている。そしてその先の教育でも仕事でもだ。データがはっきりと示している。ジェンダー規範に縛られている女の子のほうが、自分の夢に制限をかけやすく、美のプレッシャーに屈しやすく、最終的に収入が少なくなる。これからの世代の女性たちを勇気づけ、自分に値することを何でもやり遂げられるように励ましてあげよう。

第14章 ✦ セルフケアとしてのお金

金融レジリエンス

レジリエンス（回復力）とは、人生で遭遇するあらゆることを乗り切るための能力で、健康に関してしきりに使われる流行語になっている。レジリエンスは学習によって身につける特性だ。この特性は人生で満足感と成功を得るために欠かせないと考える心理学者が、熱心に提唱するようになっている。

金融レジリエンスという概念もある。苦境に陥ったときに立て直せるだけのお金をもっておくよう対策を講じておくことだ。金融レジリエンスを高めることは、ある種のセルフケアである。今日いくばくかのお金を蓄えておくことは、現在の自分を気にかけることでもあり、同時に将来の自分を気にかけることでもあるのだ。次の1年で金融資産を強化してレジリエンスが高まれば、次の5年はその先何十年もの将来に備え、金融資産をさらに強固にしていくことに注力すればよい。目的は、そのお金で自分が望んでいたことを実行し愛する人を支えることだ。いつの日か、75歳になったあなたは、いまのあなたが金融資産について考えていたことに感謝するだろう。

自分の資産を気にかけるということは、最高のセルフケアだ。これから基本的なことについて述べよう。

基盤としてのお金

誰もが、3か月から6か月の支出にあてられるだけの額のお金を貯金しておく必要がある。支出には、家賃か住宅ローン、生活に欠かせない各種料金の支払い、食費、外出や適度な余暇活動にかかる費用を含む。新しい職を容易に見つけられる専門職の人なら、最低限の3か月分でもよい。子どもがいる場合や転職が難しい業種で働いている場合は、少なくとも支出の6か月分の貯金を目標にする。

実際的な言い方をすれば、この方法は、失業や別離、家族の死、深刻な病気などの（ありそうにないと思われたとしても）想定される困難な時期に備える緩衝材になる。私は心理学的な表現を好む。つまり、成長していくための確固たる基盤を構築するという意味だ。貯金があればそれだけで自信が生まれる。よくあることだが、夢を実現する障害になるのはお金だ。というより、お金がないことだ。だから、いくらかお金を貯めておくことは夢の実現に役立つし、心配事で頭がいっぱい、ということもなくなる。

このお金は、利子がつく「使いやすい」口座に貯金しておく必要がある。「使いやすい」とは、必要なときにお金を引き出せるという意味だ。使いにくいのは、通知期間が求められ、引き出しの申請をしてから一定期間待たされる口座だ。所定の期間（3か月から5年）が経過するまで引き出せない「定期」預金口座もある。こうした口座のほうが金利は高いが、急にお金が必要なときは役に立たない。定期預金は、すでに相当な額の貯金があり、だいたい数年先くらいまで３０００ポンド（約57万円）、５０００ポンド（約94万円）といった額のお金が必要になることはないとわかっている場合には適している。

少しよい利率にするには、どうしたらよいだろう？　残念ながらここ10年のあいだ、銀行口座の利率は非常に低く、最も利率の高い口座で１パーセント程度だった。現在、イギリスの銀行では、数千ポンドの残高があれば格段に高い利率になる当座預金〔日本の当座預金とは若干機能が異なる点もある〕を勧める傾向がある。通常、この口座の利用者は、毎月一定の金額（多くの場合、平均月額賃金である１０００ポンド〈約19万円〉）を払い込み、その口座で必要な支払いの決済を直接行うよう求められる。したがって、利率が高い当座預金口座で注意する点は、給与受取りのためのメイン口座としたうえで、その口座に貯蓄をしていくということだ。それでは貯蓄ができないという人は、この種の口座はやめたほうがよい。それよりも、貯蓄口座を別に作って毎月その口座にお金を移していくとよい。

ゼロから１万へ

基盤としての資金である3か月から6か月の支出額というお金は、不測の事態に備えて手をつけないこととする。貯蓄は人生を楽しむためのお金をもつことでもあるので、基盤になる資金の目標を達成したら、より大きな目標へと移行しよう。私は、「ゼロから1万へ」と呼んでいる。もっと細かく、ゼロから１０００、２０００とだんだん増やしていってもよい。次のステップは、どのようにすればそこに到達できるかだ。

生活管理のための時間をつくる

1週間は168時間ある。毎晩7時間の睡眠をとれば、残りは119時間だ。さらに、週5日、1日9・5時間の仕事と通勤の時間を差し引けば、71・5時間残る。料理や家事、子どもの送り迎え、そのほか人と会ったり用事をすませたりするのに毎週20時間を使う。これで残りは51・5時間だ。1週間に与えられる時間は誰もが同じだ。それだけは人生でほんとうに平等なものだ。

本気でお金に取り組むなら、月に数時間をお金に関することにあてる。気軽に取り組むなら月に1度、日曜の夜に1時間でもいいだろう。何もしなくてもいい。お金のことを考えながら時間を過ごすだけでも役に立つ。今月は何にお金を使ったか？　給料日までやっていけるだけのお金があるか？　近いうちに計画を立てて買わなければならないものがあるか？　水道代は払ったか？　買って後悔したものはあるか？　まもなく更新の時期が来る契約はあるか？　こうしたことについて考えるだけでもお金に関する状況が整理でき、正しい意識をもてるようになる。

もっと時間があれば、仕事のあと30分の時間をとり、オンラインバンキングや口座の確認をする。あるいは家の火災保険料やインターネット代が安くならないか、価格比較サイトを調べてみる。何かアクションをとる必要はまったくない。

自分の純資産を調べる

現代生活で長く続いていく特徴の一つが、大半の人は貯金と同時に借金を抱えているということだ。従来の常識では、貯める前にかならず借金を返済しておくようにと言われていた。しかし、この考え方は最近の事情に合わなくなってきた。現代では生活費が高くなり、支出をやりくりするため毎月クレジットカードを使う人が多く、クレジットカードの口座貸越しサービスを利用する人もいるからだ。加えて、車のローンや多額の住宅ローン、30代に入っても返済が続く学費ローンを抱えているのが普通だ。

自分の純資産について検討すると、お金に対する考え方を養うのに役立つ。純資産とは、(自分自身が)所有するすべての資産の金額を合算して負債(借入金)を引いたものだ。これで、全体像がずっとつかみやすくなる。純資産を計算すれば、これまでより豊かになったと感じるだろう(年金貯蓄に入れた分を含めるため)。いっぽうで、思ったより資産が少ないとも感じるだろう(負債を差し引くと貯蓄額が少なくなるため)。

資産の状況を把握するには、各口座の残高、職場の年金貯蓄、さらに住宅と車のだいたいの市場価格、売れば価値がある物の値段を足し上げる。そこから、決済が終わっていないクレジットカード利用額、借入金、学費ローンや住宅ローンの残高を差し引く。年に1回確認し、傾向を把握する。純資産は増えているか、同じくらいか、それとも減っているか?

収入の配分

収入のうちどれぐらいを生活費にあてるのが現実的か？　一般的な予算の立て方は、50・30・20の法則と呼ばれる。住居、公共料金、食費など生活に欠かせない支出を収入の50パーセントまでにおさめるようにする。そして、必須でないものに使う分を収入の20パーセントにするか、それとも30パーセントにするかを検討する。どれぐらいの金額になるかは、生活の状況によって変わるが、いずれにしても、残った30パーセントか20パーセントが、経済的な目標の達成に使える金額になる。この金額を、自分の優先順位にしたがって貯蓄と借入金の返済とにあてるのだ。貯蓄は給料日のすぐあとに別の口座に行くようにしておく。何週間かたってから、どれぐらい貯蓄に回せるか考えるのではない。

この割合の設定については、現実的になることが大切だ。支出の予算を低く見積もったり、貯蓄口座に入れる金額を多めに設定したりする人がよくいる。そうすると、当座借越しになったりクレジットカードに頼ったりして、多くの場合利息を払うことになる。

適切なアクションをとる

自分のお金をどう使うのか、経済状態がどうなっているのか、自分はどうしたいのかについて考える習慣が身についたら、今月でも来月でも、何か一つしかるべきアクションを起こしてみよう。

オンラインバンキングの明細をネットで調べ、それほど必要ではないもので未払金や定期購入があれば、解約などの処理をする。公共料金にはとくに注意を払うこと。予期していた以上に高額のものがあれば、Eメールか口座の記録を調べ、いつ契約していつ契約満了になるかを確認する。公共料金切り替えのウェブサイトを活用して、もっと安い契約プランがないか調べる。新規顧客は現行の利用者より有利な条件の契約を勧められることが多いので、長く契約していても見返りはあまりない。電気やガス、インターネットの業者を変えるのは、通常オンラインで申込書を記入するだけですむ。メーターの数字を求められるかもしれないが、あとは業者間で調整してくれる。

クレジットカードを利用している場合は、平均的な月の利払い額を調べ、12倍する。そうすると、元金そのものに加えいくら支払っているかがわかる。クレジットスコアが低い場合を除き、クレジットカードの利用で利息を払わなければならない理由はない。現在、貯蓄口座の利率が記録的に低いのと同様、クレジットカードの金利も記録的に低い。クレジットカード会社では、残高を別のカードに移転すると最大2年間は利息がつかないようにする措置を設けていて、さらに物品の購入についても無利息の期間がある。残高の移転とは、あるクレジットカード会社でもっている借入額の残高を少額の手数料を払って別のカード会社に移すことだ。クレジットカードの借入残高を利息がつかないクレジットカードに移して、返済はすべて利息でなく元本に回すようにするとよい。

自分のことを優先的に考える

女性はいつも、自分が必要なもののためのお金をリストの最後におく。カップルの多くは子どものための費用を女性の給料から払い、夫婦の将来より子どもの将来のために貯蓄をする。子どもの名義の口座にはお金を入れるのに、自分たちのための貯蓄はしないカップルが多いのは驚くばかりだ。女性は産休をとるかパートタイムで働くかするようになると、年金貯蓄の支払いをやめることが多い。家族がなんとかやっていくためには、短期的なニーズを優先させなければならないことは理解できる。それでも、余ったお金から20ポンドでも年金貯蓄に入れれば蓄積されていく。退職後のための貯蓄という大事業のため、カップルで収入の多いほうが貯蓄の責任を引き受け、パートナーを助けるべきだ。

共同口座のパスワードを知っておく

カップルで共同口座をもっている場合は、必要なときのアクセス方法を双方が知っていなくてはならない。これは、別れたときのためというよりも緊急の場合に備えてのことだ。なので、この件についてパートナーと話すときは、そのような伝え方をする。愛する人が突然亡くなると、オンライン口座にアクセスするのにたいへんな苦労をする。どこに貯金があるか、口座の詳細がどうなっているかをカップルで共有していれば、ずっと容易になる。書類は、自宅の金庫かハードディスクの安全な保存場所か、暗号化された電子ファイルに格納しておく。

社会の圧力について考える

１９６８年、『ニューヨーク・タイムズ』紙は、ランニングという新しくて変わった気晴らしについて取り上げた記事を掲載した。大量に酒を飲み煙草を吸うのが普通で、スポーツ選手しかランニングをしない時代のことであり、人が見ているところで運動に励む人はみな不審な目を向けられた。アメリカのある上院議員は外でランニング中に警官に呼び止められ、このスポーツの危険性について述べた雑誌記事では、ジョギングは「生理学的に見て常軌を逸している」という医師の言葉を引用していた。人目を引かないよう、夜にランニングをする人が多かった。しかし、人々がこの気晴らしでどれほど気分がよくなるかに気づくと、次第に人気を得ていった。

お金のこととなると、１９６０年代のジョギング愛好者のような気持ちになりがちだ。私たちは相矛盾する力に直面する。いっぽうでは、生活費が高額に上り収入を食いつぶす。仕事に着ていくしゃれた服やすてきな家など「モノをもつ」という圧力が働いていて、この圧力はいつまでもかかりつづける。私たちの世代では、休暇や食事や外出といった経験をインスタグラムなどのソーシャルメディアでほかの人と共有するという、新しい行動習慣も生まれている。そのいっぽうで、社会でよい暮らしをして愛する人が多くの機会をもてるようにするためには、経済的安定が必要であるということもわかっている。お金の使い方に関するこうした圧力について、（もし感じているなら）よく考えてみよう。自分の楽しみや生活の質のための支出は、あるいは支出の一部は、自分がこれだけのことを成し遂げた、これだけの経済的余裕がある、ということを見せびらかしたい欲求に影響されたものではないだろうか？

支出を減らすことについて知りたい人は、節約家の人たちに人気のオンラインコミュニティで共有されているアイデアを見るとよい。節約したい動機はさまざまだ。初めてのマイホームを買いたいとか、家族の食費を減らしたいとかいった人たちがいる。また、山のようにモノを所有することに苛立ったり無駄が多い消費文化に憤慨したりする人もいれば、ただ単にもっとお金がほしいだけの人たちもいる。支出をなくすという難題を掲げ、無駄をなくそうと奮闘する。割引価格や無料の食品でグルメを楽しみ、見かけより安いパーティーや結婚式を開き、日々の節約のヒントをシェアする。次のサイトを試してほしい。〈reddit.com/r/UKPersonalFinance〉〈moneysavingexpert.com〉〈https://www.themoneyshed.co.uk/index.php（Money Shed)〉

第15章 ✦ 投資について語ろう

投資は男性のものではない

ジェンダーによる投資の差は、女性が財産を増やすのに苦労する大きな要因だ。多くの男性は、女性より高い給料を受け取っている。貯まったお金を投資すれば、貯蓄口座よりもはるかに高い利率で運用益が得られるので、給料の差額が何倍にもなっていく。

たしかに、投資をはじめるのはハードルが高い。相当な額の貯金がある女性であってもだ。まず、実務的な障壁がある。実際問題として、どうすれば貯蓄口座に貯めたお金を株式に替えられるのかわからない。感情的な障壁もある。多くの女性は、お金を失うのではないかと恐れる。知的な障壁もある。なじみのない専門用語や不可解な業界用語、投資業界の男性主義やエリート主義に困惑する。文化的に見て、投資はマッチョなスポーツだ。投資という言葉には、貪欲、ギャンブル、相手を出し抜く、といった含みがある。しかし、ジムのウェイトトレーニングと同じで、投資が本質的に男性のものだとする理由はない。

私は10年以上、株式市場について記事を書いてきた。たしかに、多くの人は投資の世界にふれたことがないだろうが、それでも投資の原則を理解するのは容易だと、私は考える。

非常に簡単に言ってしまえば、投資とは、将来価値が上がるものを見つけることだ。不動産か上質のワインかもしれない。または、特定の会社の株式を買って投資しようと思えるような将来的動向を見いだすことだ。そこには、革新的な商品をもっている企業（25年前のアマゾン）や新たな市場を開拓する企業（スピリッツ用のプレミアムミキサーを開発したフィーバーツリー）、わりとよくある事業だが競合他社より業績がいい企業（ギフト用チョコレート製品のホテルショコラ）などがある。投資は興味をかき立てられるものでもある。現在長期的な投資の成功が見込まれている領域は、無人自動車、クリーンエネルギー、バイオテクノロジー、そして中国だ。投資は社会にとっても好ましい。企業は資金集めのために投資家を必要としているので、人々と地球のためになる成果を生み出す企業に貯蓄を振り向けることは、倫理を行動に移す一つの方法だ。

ここでひと言補足しておきたい。私はフィナンシャル・アドバイザーではないし、本書で述べることは投資アドバイスではない。ここでは、お金が動くしくみについて、いくつか情報と助言を提供する。貯蓄や住宅ローン、相続や負債について助言を求める人は多いが、助言することが法的に認められているのは、独立フィナンシャル・アドバイザーと呼ばれる人だけだ。この人たちが、あなたの状況を適切に検討し、とるべき最善の道を決定する手助けをする。費用はかかるが、次の点を心にとめておくとよい。

第一に、フィナンシャル・アドバイザーにかかる費用は長期的に見れば回収できる。第二に、フィナンシャル・アドバイザーが無料だった時代は、必ずしも助言が客観的だとはかぎらなかった。アドバイザーは商品を提供する企業から報酬を受け取っていたからだ。

お金に関する決定をするときのストレスは、基本的なことを知っていれば、大幅に軽減できる。基本的な事項は、思い込まされていたほどは難しくない。なお、本章で取り上げる企業は、興味深いストーリーがあるから選んだということに留意されたい。よい投資先だと言っているわけではない。

投資とは何か？

投資とは、払った金額より高い値段で売ることを目的として、価値が高くなりそうなものにお金を払うことをいう。多くの人は、住宅を購入するときに、意識していないかもしれないが、じつは投資を行っている。つまり、のちに価格が上がることを期待しているのだ。「市場」「投資市場」「株式市場」というときは、企業の株式を交換する電子取引の世界を指している（石油やガスや金など「一次産品」と呼ばれるものの「市場」、「債権」と呼ばれる貸付金の市場［「債券市場」］、そのほか投資家が売買を好む暗号通貨などもある）。

株式とは企業への少額の出資金だ。たとえば、フェイスブックのような大企業が投資家に向けて30億株を発行することがある。[1] そういうときに、将来価値が上がると考える企業の株式を購入するのだ。その企業の売り上げと利益が増えれば、少額だった株式の価値が上がる。多くの人が買いたがるからだ。株式市場の基本は、株価が安いときに買って高いときに売れば利益が得られるということだ。

フェイスブックの事例では、一株の値段が２６７ドル（約２００ポンド相当〈約3万８０００円〉）のときがあった。[2] そのとき、あなたの手元に1000ポンド（約19万円）あったとする。フェイスブックがこれから10年でもっと利益をあげ拡大し業績が上がるだろうと考えたなら、5株購入し、売買のたびに少額の手数料を払う。手数料は1回の取り引きにつき10ポンド（約1890円）が相場だ。これに対し、グーグルの親会社であるアルファベットは、1株が1823ドル（約27万円）だ。だから、アルファベットの株式を直接購入しようとすると、はるかに多くのお金が必要になる。少額の資金で株式を買いたい人には、いくつか方法がある。具体的方法については、この先の投資ファンドの項目（「女性には投資ファンドがいい」）を読んでほしい。

株式の売買は取り引き（トレーディング）とも言われ、専用のウェブサイトから売買できる（詳細は後述）。株式市場では、考えられるかぎりのあらゆる産業分野の株式が取り引きされる。サッカーチームのマンチェスター・ユナイテッドFCの株式は、ニューヨーク株式市場に1株19ドル（約2800円）で上場されている。チーズとビーンズが入ったペストリーで有名なベーカリー、グレッグス（ロンドン株式市場で1株1795ポンド〈約34万円〉）もあれば、世論調査会社のYouGov（1株800ポンド〈約15万円〉）もある。

株式投資で利益が得られることを示すよい例が、インターネットの巨大企業アマゾンだ。アマゾンの株式は、1997年にアメリカの株式市場で取り引きが始まった。1株18ドル（約2700円）だった。現在は1株1901ドル（約28万円）の価値がある。アマゾンが駆け出しのオンライン小売業者だったときに株式を購入する先見の明があった人たちにとっては、夢のような投資になった。

ただし、アマゾンの現在の株価と20年前の株価だけに注目していると、株価の推移が見えなくなってしまう。同社の株価は２０１１年に26パーセント下落したので、アマゾン株をもっていた人は投資額の４分の１以上を失った計算になる。やがて株価はふたたび値上がりしたが、２０１５年に20パーセント下がった。この時点で、１株あたり５３４ドル（約８万円）だった。そのときにアマゾンの株を買って現在までもちつづけている人は、かなりの額を儲けただろう。とはいうものの、過去の実績がそのまま続いていくという意味ではない。

株主は、お金のためだけに株式を所有するのではない。企業の株式を所有すれば、年次株主総会に出席し、経営者が行う重要な決定に投票する権利を得られる。株主総会で、株主は役員会に対し、役員の報酬や会社の業績、製品、また環境への影響から人権まであらゆることに関する方針について問いただすことができる。「株主アクティビズム」は、株式をもつ人たちが企業の提案を拒否することを指す用語だ。ここ10年、株主から不満の声があがることが多くなってきた。たとえば、２０１９年、有名なホテルチェーンのプレミアインを運営するホワイトブレッド社が、大衆向けコーヒーショップのコスタコーヒーをコカ・コーラ社に39億ポンド（約７４００億円）で売却した。ホワイトブレッドは、ホテル業にもっと注力すべきだと考えた株主からの圧力を受け、コスタコーヒーを売却したのだった。

このようなアクティビズムは、大口株主に先導されて起こる。その多くが、事業の方向性を変えることをもくろんで、企業の株式を相当量買い付ける「プロ」の投資家だ。

株式を市場で公開していない会社は非上場会社と呼ばれ、その会社の株式は購入できない。会社がある程度の規模に成長すると、経営陣は株式を市場に上場して「公開」するかどうかを検討する。このプロセスは株式新規発行、またはＩＰＯ（initial public offering）と呼ばれ、経営者は株式を売り出すことによって多額の資金を調達でき、集めた資金を事業に投資する。株主は、期日が来ると配当をもらえる。写真共有アプリを運営するスナップチャットは、２０１７年に株式を新規発行し、34億ドル（約５０５７億円）の資金を集めた。同社の創設者エヴァン・シュピーゲルは、26歳にして信じられないような金持ちになった。[3]

　株式上場に伴う難点は、株主が企業の状況を把握できるよう、上場会社は事業の動向に関する詳細な情報を公表しなくてはならないことだ。経営陣は厳しい目で吟味され、不満をもつ投資家に批判されるが、受け入れなくてはならない。成功をおさめた企業でも株式を上場していないケースは多い。ディスカウント小売業のウィルコ、家電製品メーカーのダイソンなどだ。

　用語について、少しだけ説明しておこう。イギリスとオーストラリアでは、株式について「シェア」「シェアプライス（株価）」などということが多く、アメリカでは「ストック」ということが多い。いずれも同じ意味だ。「ストックとシェアに投資する」と言って、話をややこしくする人もいる。私はイギリス人なので、「シェア」を使う。

何が投資をおもしろくするか

　投資とは先を読む行為だ。企業と業界の将来を予測する。同時に、これまで何がうまくいき何がうまくいかなかったかを理解するため、過去についてもしっかりと把握する。

本書執筆時点で、投資家は、植物由来のハンバーガーやソーセージを製造するビヨンド・ミートに熱い視線を送っている。厳格な菜食主義とクリーン・イーティング［できるだけ加工品を避け自然に近い食品を摂取する食生活］の人気は、なかなか衰えそうにない。ビヨンド・ミート株が初めて公開されたときに株式を買った人に先見の明があったことは、30年後、動物を屠殺し肉を食べることは明らかにおかしいとなったときに、立証されるのかもしれない。それとも、ビヨンド・ミートは、もっと先進的な企業に追い越されるのだろうか。たとえば、ペトリ皿で動物性蛋白質を精製するような会社が出てくるかもしれない。いずれにしても、株式投資をすれば将来を予想するという楽しみができるのだ。予想があたればお金が儲かるという思いがけないおまけもついてくる。

企業の株式は、事業の動向に関する情報を受けて価格が上がったり下がったりする。放送局のＩＴＶは、数々の賞に輝いた時代もののドラマ『ダウントン・アビー』がヒットしたあと、２０１１年に株価が高騰しはじめた。ＩＴＶの好調は続き、別のシリーズ『アイム・ア・セレブリティ』が人気を博し、株価がさらに上昇した。ところが、『アイム・ア・セレブリティ』の司会者の一人、アント・マクパートリンが交通事故に巻き込まれ、のちに薬物依存症を抱えていたと認めたあと、株価は下落した。マクパートリンは同番組で重要な役割を果たしていると見られていたため、彼がいなくなるとＩＴＶは視聴率が低迷するだろうと、投資家が懸念したのだった。

ここまで企業の株価について述べてきたのは、株式市場を把握するには、株価を見るのがシンプルな方法だからだ。ある企業の株価を過去6か月、3年、5年と調べていくと、ほかの人が投資先としてその企業の価値をどのように考えているかを垣間見ることができる。株価が急落しているか、または着実に上昇しているか、そしてどれぐらいの幅で動いているかを、自分自身で調べてみる。下落しているときは、企業に関連した何らかの要因があるのか？　それとも株式市場が全般に不調なのか？

ただし、株価だけに着目していても、それが適切な投資先なのかどうか、全体像はわからない。例をあげよう。世界で最も株価が高い企業はバークシャー・ハサウェイという。アメリカのネブラスカ州に本社を置く世界的巨大企業で、電池のデュラセル、クレジットカードのアメリカン・エクスプレス、コンピューターのアップル、コカ・コーラなどさまざまな企業の主要な株主になっている。創業者のウォーレン・バッフェットは、「世界で最も成功した投資家」とよく言われる。そんな呼び名を聞けば、天才の恩恵にあずかろうとして、バークシャー・ハサウェイ株を買いたくなるかもしれない。しかし、バークシャー・ハサウェイの株式は、1株が30万ドル（約4460万円）だ。多くの人は、この強大な企業の株をたった1株でも買うために、自分の家か母親の家を売らなくてはならないだろう。

では、株価がその何分の一かであるアルファベット（グーグル）かアップルのほうが、成功の見込みが高い魅力的な投資先なのだろうか？　そんなことはまったくない。

バフェットは、1株の購入価格が高く維持されるように株価を設定しているのだ。自分の会社の株を購入した人が、短期間で利益を得るため数か月後に売却したりすることは望まないからだ。株式市場には、数は比較的少ないながら、カジノのように1日じゅう市場で遊ぶプロの投資家たちの強力な集団が存在し、悪名をとどろかせている。そして、そうした投資のためのコンピューターのアルゴリズムが次々に構築されている。そのような行為に対し、産業界からは反動が起きている。その会社に何年も何十年も、または生涯をかけて投資するのが、少しずつ資産を形成していく最良の方法だと信じている人たちが、反発しているのだ。

バフェットは、30万ドルを喜んで差し出し長期間そのままにしておく、真剣な（そして超富裕層の）投資家だけを求めている。とはいえ、10万ドル（約1500万円）単位の資金がない人でも、「投資ファンド」を通じて投資することができる。投資ファンドについては、後述する。

ここまで説明してきたことが、株価だけに注目していてはいけない理由だ。つまり、株価は、自社の株価をあまり安くしたくない企業経営者が操作しているかもしれないのだ。CEOの報酬と評判は、株価の動向と連動していることが多い。このため、株価をつり上げるための高度な技（「自社株買い付け」など）が使われる。

ここまで、投資がどういうものかがわかった。それでは、私たちが投資をためらう要因となっている、よくある通説について考えてみよう。

通説その1――投資はギャンブル

これは大きな誤解だ。投資とギャンブルには明確な違いがある。つまりこういうことだ。概して、賭けの結果は二分法だ。勝つか負けるかだ。ある競走馬に賭けて、その馬が負ければお金を失う。馬が勝てば大儲けだ。

投資の結果は多くの場合、二分法でない。たとえば、1000ドル（約15万円）を出して、アマゾンの株、もしくは世界的製薬企業グラクソ・スミスクラインの株を買ったとする。どちらの会社もこれから5年のあいだに倒産する見込みは低く、投資した金をすべて失う可能性は低い。もちろん、全額失うこともあるかもしれないが、それは、この先何年かで起こる可能性がある結果のうちの一つだ。次の2年で株価が下がるかもしれないが、その次の5年で大幅に値上がりし、また下がるかもしれない。どの時点で株を売ってもよい。儲かるかもしれないし、いくらか損失が出るかもしれない。ここが、宝くじを買ったり賭け事や競馬をしたりするのとは明らかに異なる点だ。

通説その2——投資するには金持ちでなければならない

この通説のせいで、多くの人が貯蓄を増やすことができずにいる。かつては、一家の株式ポートフォリオに気を配る株式仲買人や投資マネージャーを活用するのは、大半が裕福な人だった。これがインターネットのおかげで変わった。オンライン投資マネージャーのおかげで、月に50ポンド（約9500円）のお金があれば、ウェブサイトを通じて世界の大企業の株を購入できる。少額のお金が高額になることもある。たとえば、毎月100ポンド（約1万9000円）をイギリスで最上位の大企業からなるFTSE100の企業に投資すると、うまくいけば年に5パーセント増える。30年後には約8万8000ポンド（約

1669万円)、40年後には約15万2000ポンド(約2883万円)になるだろう。これだけあれば人生が変わる。そして、毎月100ポンドで実現するのだ。

通説その3――投資するのは冒険好きで尊大で貪欲な人

多くの人が、自分は株式市場に投資するタイプの人間ではないと思っている。職場の年金貯蓄に加入していればすでに投資をしたことになる、ということに気づいていない人も多い。年金貯蓄を預かっている会社は毎月、預かった拠出金を株式や債券(政府や企業の借入金)、そしておそらく不動産やインフラ案件などの広範なポートフォリオに投資しているのだ。あなたのお金が世界じゅうで投資されていることになる。

通説その4――株式市場はかならず暴落し、全財産を失う

2020年、新型コロナウイルス感染症のパンデミックで世界経済が行き詰まり、世界的に株式市場が急落した。どれぐらいの期間、商店が閉鎖し飛行機が飛ばないか、またパンデミックで企業の売り上げと利益にどんな影響がもたらされるか、予測がつかなかったため、多くの人が投資していた株を売って現金を受け取った。価値が変動する株式に資産をつぎ込んだままの状態より、利率がどれほど低くても銀行口座にキャッシュでもっておくほうが安心だったのだ。

コロナ禍による市場の落ち込みや、過去にあった株式市場の暴落、2007年から2008年にかけての世界金融危機といった事態はめったに起こるものではない。株式市場は、不確実な要素がわずかでも感じられると混乱に陥る。企業や経済や産業の見通しが不透明になり、人々は必死になって株を売りはじめる。懸念するのがもっともであっても、それに対して過剰に反応する場合もあり、そうなると株価は本来の価格以上に大幅に値下がりする。今日の株価で売れば投資した金を取り戻せると考える人たちが、急いで株を売りはじめる。もっと先まで待っていると、さらに低い値段で売るはめになるだろうと恐れるのだ。

株式市場が急落すると直後に何が起きるのか。誰も言わないが、じつは多くの場合、株価はふたたび上向いていく。株価が下がると買いやすくなるので、プロの投資家は株式の購入を増やすのだ。例をあげよう。ネットフリックスの株は、コロナ禍によるロックダウンの1か月前は380ドル（約5万7000円）だったが、ロックダウンの期間中に300ドル（約4万5000円）以下まで落ち込んだ。300ドルを下回る価格で買えるなら、購入を控える理由があるだろうか？　パンデミックが深刻化するにつれ、見通しが立たなくなり、多くの投資家があらゆる業種の企業の株式を売却した。しかし、ネットフリックスの株価はまた値上がりしはじめ、その年の終わりには1株500ドル（約7万4000円）ほどになった。

歴史を振り返ると、暴落が起こったあとは、ほどなくして多くの企業の株価がふたたび上昇していたことがわかる。ここ30年、大半の株式市場の全般的動向は上向きだ。グーグルで「FTSE100指数のチャート、過去30年」と調べると、グラフの線は、何度か大きな落ち込みがあるものの、ジグザグを描きながら着実に上がっていることがわかるだろう。投資をする人は、口座にログインして投資した株が値上がりしているか値下がりしているかを調べるのになじんでいこう。

株式市場に関する話は、主流のメディアによる全般的な動向に関する報道から判断していると、実際以上に悪い状況に見えてしまうかもしれない。じつのところ、よいニュースを見つけられるのは、真剣な投資家が読む専門紙だけだ。好調な市場や、専門家が有望だと考えている株式銘柄に関する記事を掲載している。こうした記事をさがすのは、投資すべき株式に関する具体的な情報を求めている人だけなので、投資に関する明るいニュースは一般の人の目には入らない。新聞の一面よりも客観的な投資情報を調べる方法については、のちほど詳しく紹介する。

先にあげたような世界規模の危機以外にも、ときおり企業内で重大な問題が持ち上がり、投資家が株式を売り払う。こういうことが、何の前ぶれもなく突然起こるときもある。2014年、小売業のテスコは、2億5000万ポンド（約474億円）の利益を過大に計上していたと発表し、同社の株価は11年ぶりの最安値という水準まで落ち込んだ。スーパーマーケット業界では熾烈な競争が繰り広げられていて、ビッグフォーと呼ばれる4社（テスコ、アズダ、セインズベリー、モリソンズ）がイギリスの食品市場の大部分を支配している。法廷会計士と弁護士が入って不正調査が行われ、テスコ本社のスタッフの何人かが、実際より業績をよく見せるため、数字を操作し粉飾決算を行っていたことが明るみに出た。

こうした事態が起きることもあるので、金融界と離れたところでフルタイムの仕事をして生活している人にとっては、投資が難しい場合がある。そういうときは、株の売却を真剣に考えたほうがいいかもしれない。これも、（これまで何度か言及した）「投資ファンド」のもう一つのメリットだ。投資ファンドは、顧客の利益になるように株の売買をするプロフェッショナルが扱っているからだ。詳しくはこのあと述べる。

なぜ投資が重要なのか

本書では、なぜ女性にとって投資が必要なのかを説明してきた。投資は、やってみるのもいい趣味のようなものだと考えている人もいる。しかし実際のところ、投資を通じてお金を増やすことは、資産を築くうえで不可欠だ。ただ貯金しておくだけというのは、長期的に見ると破滅的な戦略だからだ。銀行の利率が低い（多くは年1パーセントほど）からでもある。しかし、より重要なのは、投資はインフレに対抗する手段として価値があるという点だ。思い出してみよう。子どものころ、板チョコ1枚は30ペンスだった。しかし、今は75ペンスだとするとどうなるか？　これがインフレ効果で、時間とともにお金の価値がだんだん下がっていく。つまり、ほとんど利子がつかない銀行口座に５０００ポンド（約95万円）のお金があっても、30年後には、おそらく２０００ポンド（約38万円）くらいの価値だと感じるだろう。５０００ポンドの貯金を振り返り、どうしてあれが大金だと考えたのだろうと不思議に思うのだ。

投資を始めるべきか

これまでいろいろ語ってきたが、投資するのが最善の利益でない場合もある。次の質問について考えてほしい。

緊急時の資金があるか？

セーフティネットとして、3か月から6か月の支出に相当する現金がないなら、投資は考えないこと。この場合、株式市場に金をつぎ込む意味はない。緊急にお金が必要になるかもしれないが、そのお金を株式に投資していたら、市場で株価が上下するからだ。

借金があるか？

住宅ローン以外で借金があるなら、投資をする意味はない。儲けが出ても、借金の返済利息のほうが多くなるからだ。余分なお金があるなら、貯蓄口座（緊急時の資金）とクレジットカードやそのほかの借入金の繰り上げ返済とに振り分けることを考える。緊急時の資金が貯まったら、さらに完済が早まるよう、繰り上げ返済の金額を増やすことを検討する。

これから5年のあいだに必要になるお金があるか?

お金を投資に回すのは、少なくともこれから5年先までそのお金が必要になることがない場合にかぎる。理想的には10年先がよい。

私の親友の一人が、初めてマイホームを買うために貯めていた1万5000ポンド(約285万円)の貯蓄のうち、5000ポンド(約95万円)を投資に回した。投資先は、アジアをはじめとする新興市場(インドやインドネシアなど今後の成長が見込める市場)だった。市場が落ち込み、4000ポンド(約76万円)を失った。ある夜、一杯やりながら話をしたときの彼女の落胆ぶりを、私は忘れられない。その投資はのちに回復し、いくらか利益が出たが、大事な時期に多額の金を失うという痛みは避けるべきだったろう。

不動産をもっているか?

株式市場の投資には、いくらかのリスクが伴う。住宅を所有しているなら、手持ちのお金を使ってリスクを軽くする方法は、住宅ローンの繰り上げ返済だ。そうすれば住宅ローンが返済でき、より早い時期に、持ち家が価値を生む資産になる。この場合のデメリットは、全財産が一か所に集中することだ。つまり、住宅にだ。それでも、その家に住み、その家をいつか完全に自分のものにしたいなら、賢明なやり方だと言える。

実際にどう投資を始めるのか？

この問題が壁となり、多くの人が投資を思いとどまっている。株式市場がどのように動いているかはわかった。なぜ投資をすべきなのかもわかった。ところが、どうやって始めたらよいのかが、わからない。かならず出てくる疑問。「では、実際にどうやって投資を始めればいいのか？　いつもの銀行に行く？」お答えしよう。投資に関するウェブサイトがある。「投資プラットフォーム」とか「インベストメント・スーパーマーケット」として知られるもので、ここから誰でも株式市場に投資ができる。イギリスでよく利用されているものには、ハーグリーブス・ランズダウン（Hargreaves Lansdown）、AJベル（AJ Bell）、インタラクティブ・インベスター（Interactive Investor）などがある。アメリカでは、チャールズ・シュワブ（Charles Schwab）、フィデリティ・インターナショナル（Fidelity International）、TDディレクト（TD Direct）などだ。

いずれのプラットフォームでも、オンラインで口座を開設できる。ただし、本人確認のため書類の送付を求められるかもしれない。この口座はオンラインの貯蓄口座とだいたい同じで、自分のメインバンクからお金を移す。そして、さまざまな投資先を検索して、現在の価値を調べる。実際にお金を動かす前に、ウェブサイトでいろいろ試してみるとよい。午前11時にASOS（オンライン小売業）の株価を調べる。午後2時半にもう一度ログインして、株価が上がっているか下がっているか見てみる。サッカーのバーチャルゲームのように、仮想のポートフォリオを作れる投資ウェブサイトもある。時間があれば、選んだ投資先の株価が上がったり下がったりしたときの気分を味わえる手頃な方法だ。儲かればうれしくなり、損をすると嫌な気分になるのは、人間の本質だ。

女性には投資ファンドがいい

　ここまで、企業の株式について述べてきた。企業の株が投資の基本だからだ。ただ実際は、年金貯蓄や個人貯蓄口座を使って売買する特定の企業の株を選ぶために時間をかける人は、あまり多くない。理由は三つある。第一に、プロの投資家でないかぎり、ある特定の企業の株式にいま投資する価値があるのか、それとも次の財務報告書が公表されるまで待つべきなのかを判断するのは難しい。株式が実態より過大評価されていないか？　すでにかなり値上がりしたので、これから値下がりするのではないか？　ＣＥＯが退任する予定はないか？　その企業は多額の負債を抱えているか？　国際的に事業を拡大する予定はあるか？　最新の製品がヒットしたか、そしてこのあとに続く製品は同じような成功が見込めないだろうとアナリストたちが考えていないか？　こうした事情はすべて企業の株価に影響を与えるが、広範なリサーチをする時間がないなら、自分で答えを見つけるのは難しい。第二に、株式に関する大きな難題は、企業の業績がよいというニュースを聞いたときには、すでにプロの投資家がみな、その企業の株を購入している可能性が高いということだ。この段階では、すでに値上がりした株式に投資することになるので、さらに値上がりする可能性は低くなっている。

　第三に、金融、メディアなどの一部の産業や多国籍企業で高い地位にある女性は、企業の方針として個別の企業の株式を買うことが禁じられている場合がある。地位によっては、企業の株式について専門的な情報を入手できるため、不当に有利な立場になるからだ。このような立場の女性は投資ファンドを通じて投資するとよい。

こうした理由から、多くの人が投資ファンド［投資信託ということもある］を利用している。投資ファンドとは、「ファンドマネージャー」と呼ばれるプロの投資家が複数の企業の株式をまとめて運用する基金（ファンド）だ。（疑問をもつ人のため参考までに言っておくと、イギリスのファンドマネージャーの86パーセントは男性だ。この花形職業に占める女性の割合はここ20年間変わっていない）。

ファンドマネージャーは、将来性が高いと思われる企業を30社から１００社（もっと多い場合もある）選ぶ。フィナンシャル・アドバイザーや投資家は、投資ファンドの募集を見て見込みが高いと気に入れば、そこにお金を投資する。ファンドマネージャーは多くの人からお金を集め、多額に上った金を使って各企業の株式を買う。一般的な方法では、ある1社の株式を多く買い付け、残りの企業の株式は少しずつ買う。ファンドマネージャーの仕事は、何かよくないことが起こったときには株式を売り、業績がよい企業の株式を買い増すことだ。

時間がたつと、すべての企業の株式を合わせた総額は上がり、株式をすべて売却するときには投資した以上の価値になる。ある企業の株価が値下がりしても、たいてい投資ファンドのなかの別の株式の利益で相殺される。

市場の崩壊によって、投資先を選択するにあたり専門家を活用することの価値が明らかになった。好景気のあいだは、株式を購入するために業績がよい会社を選ぶのは、とくにイギリスでよく知られた企業をさがしているなら、簡単に思えるかもしれない。しかし、経済危機に陥ると、専門家は顧客の投資の価値を守ろうとするだけでなく、この変動を利用してさらに利益を出そうとする。

投資ファンドにはそれぞれ独自の方向性がある。アメリカ・ファンドはアメリカの企業のみを対象に投資を行い、アジア・パシフィック・ファンドは、その地域の株式のみに投資をする。より規模が小さいヨーロッパ・ファンドも同様である。そのときどきの動向に応じて、ラグジュアリー商品、ＡＩ、ヘルスケアなど特定の分野に投資するファンドもあれば、全世界的に投資を行うファンドもあり、新興市場（途上国のなかで発展が著しい国・地域として知られる。ベトナム、ポーランド、メキシコ、アラブ首長国連邦など）といった特定の地域を対象としたものもある。

投資ファンドには少々変わった回りくどい名前がつけられている。たとえば、本書執筆時点でイギリスの投資家から高い人気を集めていたファンドは、ベイリー・ギフォード・アメリカンというものだった。[4]「ベイリー・ギフォード」は投資マネジメント会社の名前で、アメリカ企業に投資をしているが、名前だけからは、最大手の企業ばかりに投資をしているのか、それほど規模が大きくない企業に注力しているのか、両方を組み入れているのかわからない。名前からおもな投資先がわかる投資ファンドもある。このため、ファンドの情報を記載した「ファクトシート（概況報告書）」と呼ばれるページを調べる必要がある。ファンドの名前と「ファクトシート」でインターネット検索をすれば、さらに詳しい情報が得られる。

よく利用される投資ファンドの上位10件には、次のようなものがある。

リンゼル・トレイン・グローバル・エクイティ――リンゼル・トレインは投資マネジメント会社の名前で、世界じゅうの会社に投資を行っている。「エクイティ」とは「株式」の別の言い方である。

ベイリー・ギフォード・ポジティブ・チェンジ――前述したとおり、ベイリー・ギフォードは投資マネジメント会社であり、このファンドは「ポジティブな変化」を生み出す企業を対象に投資を行う。ファクトシートによれば、四つの分野でインパクトをもたらす25から50の企業に投資する。四つの分野とは、平等な社会と教育の実現、環境・資源の保護、医療・生活の質の向上、世界の貧困層の課題解決である。投資マネージャーが環境や社会に対するインパクトを考慮して企業を選ぶので、倫理にかなった投資をしたい人にとっては、わかりやすい方法だ。こうした投資は急成長している分野だ。世界をよくしようとする企業、少なくとも地球に残す痕跡を軽減しようと試みる企業に貯蓄を回す価値に気づく人が増えているからだ。倫理的な投資を行う投資ファンドのうち、イギリスで人気が高いものをいくつかあげておく。イギリス企業を対象としたケイムズ・エシカル・ファンド、アジア全般に投資するファースト・ステート・アジア・フォーカス・ファンド、グローバルに投資を行うロイヤル・ロンドン・サステナブル・ファンドなどがある。

ポーラー・キャピタル・グローバル・テクノロジー――ポーラー・キャピタルは投資マネジメント会社で、このファンドは「グローバル・テクノロジー」に投資する。ファクトシートによれば、投資先には、次のような企業がある。マイクロソフト、アルファベット、アリババ（ネット通販 eBay の中国版）、テンセント（中国の大企業であらゆる種類のサービスをオンラインで運営するベンチャー。WhatsAppの別バージョンのようなWeChatと呼ばれるアプリや、ネットフリックスに相当するサービスを提供）などだ。ここ10年、大手テック企業が勢力を伸ばしているため、テクノロジー関連の投資ファンドは大きな人気を集めている。

これらを含め、投資ファンドは、ハーグリーブス・ランズダウンやAJベルといった、インベストメント・スーパーマーケットのサイトを調べれば見つけられる。投資ファンドを通じて投資する場合の大きな難点はコストだ。

の報酬が必要であり、投資額の一定の割合の金額が手数料として差し引かれる。これが積みあげられ、何年も投資しているとかなりの額になる。こうした費用に加え、インベストメント・スーパーマーケットや投資プラットフォームの利用料もかかる。

グローバルな投資

ここまで、世界各地の企業の例をあげてきたが、それは、非常に革新的で将来有望な企業が地球の反対側にもあるからだ。概して、人は自分の国に投資をしたがる。「ホームバイアス」と呼ばれるもので、イギリス人はイギリスに本拠がある企業を中心に投資を行い、アメリカ人は所有する株の大半をアメリカが本拠地の企業につぎ込む、といった具合だ。これでは、機会がかなり狭まってしまう。こんにちの世界では、グローバルに投資することが不可欠だ。

とはいうものの、外国の株式市場に上場されている企業の株を購入するのは、少々手間がかかる。最も簡単な方法は投資ファンドを通じて外国株を買うことで、この場合、外国企業の株取引に関連して発生する可能性がある税金の管理もしてくれる。

海外の証券取引所で株式を直接買うのは、さらにハードルが高い。すべての投資プラットフォームがイギリス以外の株式を提供しているわけではない。外国通貨を取り扱うことになるからでもあり、書類の記入が必要になるからでもある。海外の株式を扱っているイギリスの投資ウェブサイトで最も人気があるのは、インタラクティブ・インベスターとサクソ・キャピタル・マーケッツの二つだ。もう一つ覚えておいてほしいのだが、アメリカ企業の株式を購入したいイギリス人は、W8BENと呼ばれる書式に記入する必要がある。これは、アメリカの税務当局が、海外に所有する資産を隠している人がいないか確認するのに使う書式だ。

リサーチをする

株式を買う企業を具体的に選ぶときは、プロの投資家が選ぶ銘柄や、現在の環境でのさまざまな業種の見通しについて感触を得ておくのがよい。以下にあげるウェブサイトには、初めて株式市場で投資をするときの方法がふんだんに掲載されている。ほかにも、お金に賢くなるための有用な情報も提供されている。割安のインターネット料金、旅行パッケージ、昇給を願い出る方法などだ。

Fool.co.uk——モトリーフールは、初心者にとっても経験を積んだ投資家にとっても、すばらしい情報源だ。シンプルなサイトで、ごたごたしていないので、利用者が知りたいポイントがすぐわかる記事をさがせる。この項目を執筆しているときの見出しには、次のようなものがあった。「イギリスで最もおすすめの株式2銘柄」「いま石油株は『買い』か？　たとえばBP［旧ブリティッシュ・ペトロリアム］？」

Citywire.co.uk——ファンド・インサイダー（Funds Insider）のセクション［地域設定をイギリスにして入る］に、人気が高い株式に関する専門家の意見が掲載されていて、質問を投稿できるフォーラムもある。かなり知識がある投資家で、プロの投資家がどうするかを知りたい人にとって役に立つセクションもある。

Telegraph.co.uk（money）——投資の方法と投資先を調べるなら、ウェブ版『デイリー・テレグラフ』紙のマネーのセクションも、有用な情報源だ。

　これに加えて、投資銀行やそのほかの金融機関でも、特定の企業の株式について定期的に見込みを予測し、「買い」とか「売り」とか評価している。その企業の「目標株価」を示したうえ、最良だと考える投資について見解を掲載することが多い。こうした記事は「アナリストの意見」とか「仲買人の予想」などと呼ばれる。本項執筆時に、投資銀行のゴールドマン・サックスは、ペロトン・インタラクティブという企業の株価が、現在の66ドルから84ドル（約1万円から1万3000円）に上がるだろうと伝えている。ペロトンは、家庭でエクササイズをするためのフィットネスバイクやオンライン・ワークアウトプログラムを販売している。

　こうした予測はしばしばマスコミで報道され、投資プラットフォームは、ユーザーが調べられるよう記事を残しておく。このような予測をしている会社には、J・P・モルガン、クレディ・スイス、ジェフリーズ・グループ、RBCキャピタル・マーケッツがある。「シェアズ・マガジン」(sharesmagazine.co.uk/broker-views)には登録購読者サービスがあり、予測を閲覧すると、ウェブサイトの編集者が、アナリストが以前に行った予測の結果を教えてくれることもある。

どのように投資先を選ぶのか?

フィデリティやハーグリーブス・ランズダウンの投資ウェブサイトは、新米投資家のためにポートフォリオのサンプルを掲載している。

「ポートフォリオ」とは、複数の投資を組み合わせた全体の構成を指す。あなたの隣人が8軒の住宅を所有し貸し出しているとすれば、彼女は「ポートフォリオ家主」だ。年金貯蓄の投資先一覧は「年金ポートフォリオ」だ。投資ウェブサイトには、専門家が選んだ投資ファンドのポートフォリオがまとめて掲載されているので、その一つにお金を移すだけでいい。投資ファンドのポートフォリオには、5件から10件のファンドが掲載されている。専門家が次のように考えたファンドだ。

a)賢明な投資
b)相互に補完的ないくつかの投資先が含まれている

c）インターネットでさまざまなファンドを広範に調べてからどの組み合わせがよいかを決める手間をかけたくない人には、手をつけやすいオプション

ポートフォリオも投資ファンドも、それぞれリスクの評価がされている。リスクなしにリターンは得られない。とはいえ、リスクが高いと損失を出す可能性は高い。キャッシュでもっておけば「リスクなし」と考えられるが、何もしないリスクもあることに留意する。何十年もキャッシュのままおいておくと、インフレで価値が下がるからだ。

「慎重な」選択もできる。リスクは最も低いが、投資額の2〜3パーセントというわずかなリターンしか期待できない。「バランスがとれた」「中程度のリスク」だと、リスクはより高くなるが、利益も若干多く見込める。おそらく、年に3〜6パーセントくらいだろう。それから、「冒険的」「ハイリスク」という、最も野心的な投資がある。儲けが出る見込みは最も高いが（年に6〜10パーセントくらいか）、同時にポートフォリオの価値が下がったときに失う金額もはるかに多い。住宅購入のための貯金をハイリスクのポートフォリオにつぎ込んだ、私の友人の例を思い出してほしい。しばらくのあいだ、相当額のお金を失った状態だった。

ここでは、どんな投資でもありうる、損失が出るリスクについて述べてきた。ところで、お金に関しては、別の種類のリスクもある。「不足リスク」だ。ほしいものや必要なものを手に入れるための貯蓄目標が達成できなくなる可能性を指す。たとえば、自分や子どもが住む家を買うための貯金、ずっと見たかっ

た場所へ旅行するための費用、引退後の快適な生活に十分なだけの貯蓄などだ。「長生きリスク」もある。年金貯蓄でまかなえる以上に長く生きる可能性のことだ。

株式市場には寄りつかず、お金を全部不動産につぎ込む人もいる。そのほうが安全だと信じているのだ。しかし、すぐにお金が必要になったらどうするのだろう？　たとえば、失業していて、しかも子どもの学費のためのお金が急に必要になったとする。子どもに学校をやめさせるわけにはいかないが、自分がいつ別の仕事を見つけられるかもわからない。投資した不動産を売りに出す。でも、もし1年間買い手がつかなかったら？　富を不動産のような形で蓄えておいてその金額が得られなくなることを「流動性リスク」という。だから、流動性の程度が異なるいくつかの投資先に資産を分散しておくのが賢明だ。

たとえば、次に別荘を買うのはモンテネグロがいいかもしれない、と思いついたとする。別荘にあてる金額を使ったとしても生活していけるくらいの十分なお金が残るなら検討するとよい。不動産を売りたくなっても、1か月以内に売れないかもしれないのだ。

そして最後に、次のステップとして学ぶことをあげておこう。「パッシブ」運用。商業用不動産、一次産品、債券などさまざまな種類の投資。アナリストはどのような方法で企業の株式を「安い」「高い」と評価するのか。そして、投資で儲けるさまざまな方法——たとえば、高配当を支払う企業を対象にする「インカム投資」などについても知っておくとよいだろう。

おわりに

2020年の夏、緑豊かなロンドン郊外で、イギリスの「フェミニズムの母」メアリ・ウルストンクラフトの記念碑がお披露目された。そこは、ウルストンクラフトが暮らし仕事をし、25歳のときに女子寄宿舎学校を創立した場所だった。ウルストンクラフトは、フェミニズムの最初期の作品『女性の権利の擁護』（清水書院、1975年）を出版したが、第二子を出産後まもなく、38歳の若さで亡くなった。そのとき生まれたのが、のちに『フランケンシュタイン』（新人社、1948年ほか）の作者となるメアリ・シェリーである。

フェミニストの活動家たちは、ウルストンクラフトは、大きな影響を残した同時代のほかの女性に比べ知名度が低いと感じていた。彼女が本来値する地位に引き上げたいと切実に願い、10年にわたって運動を繰り広げ、ロンドンで記念碑を立てるのに必要な14万7000ポンド（約2780万円）を集めた。ロンドンでは、彫像の90パーセントが男性だ。

ところが、彫像が披露されると、すぐさま非難の声が上がった。続いて起こった騒動は、女性の成功と地位をめぐるこんにちの議論の縮図になった。彫像は小さな裸体像で、21世紀のスーパーモデルの体型につくられていた。その銀の彫像が、巨大な木の幹のかたちをした台座の上に載っていて、彫像の女性は巨大な台座のせいで小さく見える。活動家たちは、彫像にTシャツをかぶせた。

ヌードによって、ウルストンクラフトの功績が損なわれるだろうか。それとも、臆面もないヌードと堂々としたポーズには、彼女の闘う精神が反映されているのだろうか。なぜ、彫像はあんなに小さいのか。当時は、成功をおさめた女性でも、あまり自由が与えられなかったから、そしていまでも大きな世界を手にすることができないからか。もし彫像がそびえ立つような姿だったら、男性的だと思われていたのだろうか。それとも醜いと思われただろうか。女性のアーティストは男性のアーティストより厳しい批判を浴びることが多いから、今回、彫像を制作したマギー・ハンブリングも、そういう目にあったということだろうか。ハンブリングは、作品はウルストンクラフトの彫像ではなく、ウルストンクラフトのためのもので、「すべての女性」の象徴的な姿だと反論した。これもまた、物議をかもす見解だった。この一件をめぐり投げかけられた問いは、女性の地位を高め女性を称えることの難しさを浮き彫りにしている。

ウルストンクラフトが『女性の権利の擁護』を著してから230年近くたち、女性にとって世界はまったく違うものになっている。それでも変わらないことがある。

女性は男性より貧しいということだ。

世界じゅうで、豊かな社会でも貧しい社会でも、女性のほうが財産が少ない。高い収入が得られる仕事につく女性は少なく、公共支出が投入され民間資本が投資される産業分野でも女性が少ない。何より困惑するのが、私たちはいまだに、どうすれば女性の地位や力を高めていけるのかという議論をしていることだ。

本書では、いつまでたっても私たち女性がお金と資産の平等を得られない理由について、明らかにしてきた。女性が経験する経済の不平等は、スパゲティが入ったボウルのようだ。幾重にもなった筋がからみ合い、それぞれがどこから始まりどこで終わるのか、わかりにくい。それでも、1本を引き出すとその周りからほどけてくる。

本書には、読んでいるとやりきれない気分になる記述もあったと思うが、気が滅入るような話ばかりを集めた記録ではない。ここで論じたことは、ジェンダーの平等を次の段階へと進める足がかりになるものだ。女性が男性と同じように、お金を稼いで貯金を増やし、起業や投資をして豊かになれるという平等だ。

この理想が、私たちの手が届くところまで来ている。経済面で女性を支援するための画期的な法改正が世界各地で行われ、ほかの国がならうべきモデルを示している。

スコットランドは世界で初めて、生理用品を必要とするすべての人にナプキンとタンポンを無料で提供する国になった。しかも、利用者が「しかるべき尊厳」を保てるような方法で提供する。同国で何年も実施しているコンドームの無料配布と同じ方法で生理用品が配布される見込みだ。

ニュージーランドでは、ジャシンダ・アーダーン首相が「賃金の平等」のための政策を導入した。就労者のなかでどちらのジェンダーが多数を占めるかにかかわらず、業務で求められている技能によって賃金を決定しなければならないというものだ。政府が行った調査で、女性が多数を占めるソーシャルワーカーは、男性が多数を占める刑事や航空管制官やオークランド市役所で働く技師と同等のスキルをもっているので、それに見合う給料が支払われるべきだと結論づけられた。同等のスキルとして査定されたものには、集中力と注意力、ストレスマネジメント、潜在的リスクの計算といった高度な感覚を必要とする能力があった。業務で求められる役割がまったく同じというわけではない。たとえば、航空管制官には対人スキルはそれほど必要とされていない。

アーダーン首相の政策は、ジェンダー不平等に取り組むなら、どんな社会でも必要になる類のものだ。中身のない単なるジェスチャーは必要ない。実行可能な法的な変化が必要であり、古い概念を根本的また客観的に見直すことが求められている。

そのほか、多くの国家機関や地方当局が、女性の経済状態に大きな影響を与えるであろう、ある解決策を検討するようになってきた。

ユニバーサル・ベーシック・インカムは、収入や資産、生活状況や行動習慣にかかわらず、すべての人が一定額の給付金を国から受け取るしくみだ。ここで重要なのは、給付金は、すべての人が尊厳をもって生活できるだけの基盤を確保でき、さらに自分やほかの人の将来のために使える分を残せる額でなければならないということだ。条件を満たさないために経済的制裁を受ける人はいなくなる。

ベーシック・インカムは何世紀も前からある概念だが、近年、支持する声が高まっている。富の不平等の拡大、世代を超えて続く貧困、そして女性が男性より貧しいという深刻な現状といった、解決が困難と思える問題に対処できる可能性があるからだ。女性にとっては多岐にわたる恩恵がある。ベーシック・インカムがあれば、母親は産休や育休中の収入をそれほど心配しなくてすむだろうし、2人の親がそろっている家庭では、育児に専念することを選ぶ父親が出てくるかもしれない。女性は、事業を始動させるためにベーシック・インカムを活用できるので、ジェンダーが起業の障壁になることも少なくなるだろう。

ベーシック・インカムの提唱者には、フェイスブックの創設者で億万長者のマーク・ザッカーバーグ、いまも大きな影響力をもつ経済学者ミルトン・フリードマンらがいる。新型コロナウイルス感染症のパンデミックの期間中に、ベーシック・インカムの社会的、経済的な有用性が改めて認識され、支持が高まった。フィンランド、ドイツ、イラン、ケニア、そしてアメリカのアラスカ州とノース・カロライナ州で、ベーシック・インカムが試験的に実施されている。

イギリスでは、現行の社会福祉制度、とくにユニバーサル・クレジット政策の現状を考慮すれば、ベーシック・インカムほど大きな変化をもたらすものはないだろう。イギリスの福祉制度については、いくら言っても言い足りない。政府の給付金の制度設計のせいで困窮しているのは、大半が女性だ。受給の条件が厳格なうえ、不正受給に対する罰則が厳しく、給付額は最低生活水準を満たさない。ユニバーサル・ベーシック・インカムは、より平等なイギリスの実現のため、切実に求められている。

女性であることがこれほどよい時代はなかったと言ってもよいだろう。私たちの世代には、これまでなかったほどの自由を手にし、最高の教育を受け最高の収入を得た女性が登場している。変化のスピードは異例だった。西洋社会で普通選挙権が実現し、やがて、教育では世界のあらゆる地域で、博士課程まで女性が男性を上回るようになった。上位10パーセントに入る富裕層の3分の1近くを女性が占めている。女性にとって信じられないような一世紀だったことを、けっして忘れてはならない。そして、ジェンダー平等に向けた闘いは最終段階に入った。女性が男性より貧しい現状に終止符を打ち、経済的不平等がない社会へと向かっていくのだ。

謝辞

本書は、私が長いあいだあたためてきた夢だった。早い時期から私を信じ、知恵をさずけてくれ、夢を実現させてくれた人たちに心から感謝している。まず、エージェントのカーティス・ブラウンのアリス・ラチェンズにお礼を申し上げる。本書の企画に信頼を寄せてくれ、現在の私のエージェント、カロリーナ・サットンを紹介してくれた。カロリーナは率直なコメントを返してくれた。とてもありがたく思っている。おかげで、出版に向けたオークションには10社が参加した。カーティス・ブラウンのジョアンナ・リー、ケイトリン・レイドンにもたいへんお世話になった。

それから、ペンギン・ランダムハウスのマイケル・ジョゼフ・グループのみなさんにお礼を述べたい。多大な尽力をいただき、本書を完成させることができた。シャーロット・ハードマン、エリアル・パキア、リディア・クーパー、サラ・デイ、エマ・ヘンダーソン、エリー・ヒューズの方々には、たいへんお世話になった。

いつも私とともにいてくれたイライザ、アリ、ペペ、マラカイ、エルモ、そして母と父に感謝する。いつも友人でいてくれるダイ、ずっと支えてくれたヌアラ・オコンネルにもお礼を言いたい。

本書の初期の原稿を読んでくれた、賢明で才能あふれる友人たちにも感謝する。なかでも、カルメン、イジー、ジェシー・H、ローラ、ニコラ・B、ジェニファー・Y、心からありがとう。

原注

はじめに　経済力はフェミニストの課題

1 ‘Gender Diversity is an Imperative for the Financial Services Industry’, Mercer website, www.mercer.com/our-thinking/gender-diversity-financial-services-industry-report.html（２０２０年２月10日アクセス）.

2 World Economic Forum, ‘The Global Gender Gap Report 2018’, www3.weforum.org/docs/WEF_GGGR_2018.pdf（２０２０年２月10日アクセス）.

3 エリザベス・ウォーレン上院議員の以下の記事による。Elizabeth Warren, ‘Valuing the Work of Women of Color’, *Medium*, 5 July 2019, https://medium.com/@teamwarren/valuing-the-work-of-women-of-color-c652bf6cc9a.

4 Anthony Breach and Yaojun Li, ‘Gender Pay Gap by Ethnicity in Britain Report, March 2017’, Fawcett Society website, www.fawcettsociety.org.uk/Handlers/Download.ashx?IDMF=f31d6adc-9e0e-4bfe-a3df-3e85605ee4a9（２０２０年２月10日アクセス）.

5 サラ・チャンピオン国会議員による説明。以下に引用されている。Heather Stewart, ‘Women bearing 86% of austerity burden, Commons figures reveal’, *The Guardian*, 9 March 2017, www.theguardian.com/world/2017/mar/09/women-bearing-86-of-austerity-burden-labour-research-reveals.フルファクトは事実関係の検証を行う慈善団体［記事で言及されている論点の検証にかかわった］。この記事の分析では、政府支出の削減額の86％は女性に対する支出であったとするデータの統計手法についても説明している。

6 ‘New study suggests women do ask for pay rises but don’t get them’, Warwick University website, https://warwick.ac.uk/fac/soc/economics/news/2016/9/new_study_suggests_women_do_ask_for_pay_rises_but_dont_get_them（２０２０年２月10日アクセス）.

7 Janine Brodie, ‘Reforming Social Justice in Neoliberal Times’, *Studies in Social Justice* 1:2, 2007, http://citeseerx.ist. psu.edu/viewdoc/download?doi=10.1.1.916.2411&rep=rep1&type=pdf（２０２０年２月10日アクセス）.

8 ‘Health at a Glance: Europe 2018’, OECD and European Union report, https://ec.europa.eu/health/sites/health/files/state/docs/2018_healthatglance_rep_en.pdf（２０２０年２月10日アクセス）.

9 ‘Gender at Work: Emerging Messages’, World Bank Group report, www.worldbank.org/content/dam/Worldbank/document/Gender/Gender%20at%20Work,%20Emerging%20Messages,%20Official.pdf（２０２０年２月10日アクセス）.

10 以下の政府委嘱による第三者報告書に基づく。‘Race in the Workplace’, the McGregor-Smith Review, 2017, https://assets.publishing.service.gov.uk/government/uploads/system/uploads/attachment_data/file/594336/race-in-workplace-mcgregor-smith-review.pdf（２０２０年11月28日アクセス）.

11 Alex Christen, ‘How Does Gender Pay Gap Reporting Affect Transgender Employees?’, Personnel Today website, 13 July 2018, www.personneltoday.com/hr/ how-does-gender-pay-gap-reporting-affect-transgender-or-non-binary-employees; ‘Does Gender Pay Gap Take Transgender and Non-Binary Employees into Account?’, Lawson-

West Solicitors website, 17 September 2018, www.lawson-west.co.uk/for-people/services/other-employment-matters/articles/gender-pay-gap-reporting-issues.

12　Michael Savage, ‘Half of frontline care workers paid less than living wage’, *The Observer*, 19 April 2020, www.theguardian.com/society/2020/apr/19/half-of-frontline-care-workers-paid-less-than-living-wage.

13　‘Coronavirus: Public spending on crisis soars to £190bn’, *BBC News*, 9 July 2020, www.bbc.co.uk/news/business-53342271.

14　国際通貨基金（ＩＭＦ）による。以下を参照。20 May 2020, https://blogs.imf.org/2020/05/20/tracking-the-9-trillion-global-fiscal-support-to-fight-covid-19.

第1章　私たちのいまの状況

1　HM Revenue and Customs, ‘Identified Personal Wealth: Assets by Age and Gender’, National Statistics report, 2016, www.gov.uk/government/statistics/table-132-identified-personal-wealth-assets-by-age-and-gender（２０２０年2月10日アクセス）.

2　２００７年のデータ。以下による。Mariko Lin Chang, ‘Women and Wealth in the United States’, Sociologists for Women in Society website, https://socwomen.org/wp-content/uploads/2018/03/fact_2-2010-wealth.pdf（２０２０年2月10日アクセス）.

3　Ministry of Justice, ‘Statistics on Women and the Criminal Justice System 2017’, National Statistics report, 2017, https://assets.publishing.service.gov.uk/government/uploads/system/uploads/attachment_data/file/759770/women-criminal-justice-system-2017.pdf（２０２０年2月10日アクセス）.

4　‘Gender Disparity Report: TV Licensing’, TV Licensing and BBC report, December 2017, www.tvlicensing.co.uk/about/gender-disparity-AB23（２０２０年2月10日アクセス）.

5　Office of the High Commissioner for Human Rights, ‘Report on Austerity Measures and Economic and Social Rights’, United Nations High Commissioner for Human Rights report, 2013, www.ohchr.org/Documents/Issues/Development/RightsCrisis/E-2013-82_en.pdf（２０２０年2月10日アクセス）.

6　International Institute for Labour Studies, ‘World of Work Report 2012: Better Jobs for a Better Economy’, International Labour Organization report, 2012, www.ilo.org/global/research/global-reports/world-of-work/WCMS_179453/lang--en/index.htm（２０２０年2月10日アクセス）.

7　‘Gender at Work: Emerging Messages’, World Bank Group report, www.worldbank.org/content/dam/Worldbank/document/Gender/Gender%20at%20Work,%20 Emerging%20Messages,%20Official.pdf（２０２０年2月10日アクセス）.

8　Mizuho Aoki, ‘Poverty a Growing Problem for Women’, *Japan Times*, 19 April 2012, www.japantimes.co.jp/news/2012/04/19/national/poverty-a-growing-problem-for-women.

9　Kayla Fontenot, Jessica Semega and Melissa Kollar, ‘Income and Poverty in the United States: 2017’, United States Census Bureau report, 12 September 2018, www.census.gov/library/publications/2018/demo/p60-263.html.

10　Social Metrics Commission, Measuring Poverty 2019 report, July 2019, https://socialmetricscommission.org.uk/wp-content/uploads/2019/07/SMC_measuring- poverty-201908_full-report.pdf

（２０２０年11月28日アクセス）.

11 Gertrude Schafner Goldberg, *Poor Women in Rich Countries: The Feminization of Poverty over the Life Course* (Oxford: Oxford University Press, 2009), p. 3.

12 独身男性の約23%が貧困状態にあるが、貧困の割合は２０１６／２０１７年度の26%から低下している。'DWP Data Reveals Women and Children Continue to be Worst Affected by Poverty', Women's Budget Group website blog, 29 March 2019, https://wbg.org.uk/blog/dwp-data-reveals-women-continue-to-be-worst-affected-by-poverty（２０２０年２月10日アクセス）.

13 以下のウェブサイトによる。Women's Equality Party, www.womensequality.org.uk/equal_health（２０２０年10月１日アクセス）.

14 Mary Daly and Catherine Rake, *Gender and the Welfare State* (Cambridge: Polity Press, 2004), p. 122.

15 A. B. Atkinson, 'Basic income: ethics, statistics and economics', Nuffield College, University of Oxford, 2011.未出版の論文。以下で閲覧可能。www.nuff.ox.ac.uk/users/atkinson/Basic_Income%20Luxembourg%20April%202011.pdf（２０２０年10月１日アクセス）.

16 Alyssa Schneebaum and M. V. Lee Badgett, 'Poverty in US Lesbian and Gay Couple Households', *Feminist Economics* 25:1, 2019, pp. 1–30.

17 M. V. Lee Badgett et al., 'New Patterns of Poverty in the Lesbian, Gay, and Bisexual Community', The Williams Institute website, June 2013, https://williamsinstitute.law.ucla.edu/research/census-lgbt-demographics-studies/lgbt-poverty-update-june-2013（２０２０年２月10日アクセス）.

18 Alyssa Schneebaum and M. V. Lee Badgett, 'Poverty in US Lesbian and Gay Couple Households', pp. 1–30.

19 Government Equalities Office, 'Ethnic Minority Women's Poverty and Economic Well-Being', September 2010, https://assets.publishing.service.gov.uk/government/uploads/system/uploads/attachment_data/file/85528/ethnic-minority-women_s-poverty.pdf（２０２０年11月２日アクセス）.

20 Jane Millar, 'Gender, Poverty and Social Exclusion', *Social Policy and Society*, 2:3, 2003, pp. 181–8.

21 World Economic Forum, 'Global Gender Gap Report 2020', p. 11, www3.weforum.org/docs/WEF_GGGR_2020.pdf（２０２０年10月１日アクセス）.

22 'More Steves than women are FTSE 100 CEOs', ICAEW website, https://economia.icaew.com/news/august-2019/more-steves-than-women-are-ftse-100-ceos（２０２０年２月10日アクセス）.

23 Laurence Mishel and Jessica Schieder, 'CEO pay remains high relative to the pay of typical workers and high-wage earners', Economic Policy Institute report, www.epi.org/files/pdf/130354.pdf（２０２０年２月10日アクセス）.

24 同右。

25 Julia Kollewe, 'GSK's Emma Walmsley becomes highest-paid female FTSE 100 chief', *The Guardian*, 12 March 2019, www.theguardian.com/business/2019/mar/12/glaxosmithkline-gsk-emma-walmsley-highest-paid-female-ftse-100-chief-executive; 'Former Persimmon boss was paid £85m in two years', *Financial Times*, 18 March 2019, www.ft.com/content/4c23d282-498e-11e9-8b7f-d49067e0f50d.

26 Cahal Milmo, 'Britain's 600 aristocratic families have doubled their wealth in the last decade and are as "wealthy as at the height of

Empire”’, *iNews*, 19 July 2019, https://inews.co.uk/news/long-reads/aristocrat-uk-britain-families-double-wealth-empire-exclusive-study-498179; Rupert Neate, ‘Richest 1% own half the world’s wealth, study finds’, *The Guardian*, 14 November 2017, www.theguardian.com/inequality/2017/nov/14/worlds-richest-wealth-credit-suisse; Larry Elliott, ‘World’s 26 richest people own as much as the poorest 50%, says Oxfam’, *The Guardian*, 21 January 2019, www.theguardian.com/business/2019/jan/21/world-26-richest-people-own-as-much-as-poorest-50-per-cent-oxfam-report.

27 ‘The Distributional Effects of Asset Purchases’, Bank of England website, 12 July 2012, www.bankofengland.co.uk/-/media/boe/files/news/2012/july/the-distributional-effects-of-asset-purchases-paper

28 ‘The World Ultra Wealth Report 2017’, Wealth-X report, www.wealthx.com/report/exclusive-uhnwi-analysis-world-ultra-wealth-report-2017（２０２０年２月10日アクセス）.

29 一般にイギリスとアメリカでは、これまでフェミニズム運動の波が４回あったと考えられている。波が何回あったかは、各国によって異なる。しかしながら、２０１２年以降に世界的にフェミニズムが興隆した局面を「第四波」と呼ぶようになった。

30 Nadia Khomami, ‘#MeToo: how a hashtag became a rallying cry against sexual harassment’, *The Guardian*, 20 October 2017, www.theguardian.com/world/2017/oct/20/women-worldwide-use-hashtag-metoo-against-sexual-harassment.

31 以下のウェブサイトを参照。www.feminismforthe99.org.

32 World Economic Forum, ‘Global Gender Gap Report 2020’, p. 8.

33 Jane Merriman, ‘After gender bias, women face gender fatigue’, *Reuters*, 2 November 2009, www.reuters.com/article/us-gender-fatigue/after-gender-bias-women-face-genderfatigue-IDUSTRE5A13HE20091102.

34 Helen Russell, *The Year of Living Danishly* (London: Icon Books, 2015).『幸せってなんだっけ？――世界一幸福な国での「ヒュッゲ」な１年』ＣＣＣメディアハウス、２０１７年

35 Joann S. Lublin, *Earning It: Hard-Won Lessons from Trailblazing Women at the Top of the Business World* (New York: Harper Business, 2016).

36 Lublin, *Earning It*, p. 5.

37 Jamie Doward and Gaby Bissett, ‘High Fliers Have More Babies, According to Study’, *The Guardian*, 25 October 2014, www.theguardian.com/lifeandstyle/2014/oct/25/womenwealth-childcare-family-babies-study.

38 Corinne Purtill and Dan Kopf, ‘The reason the richest women in the US are the ones having the most kids’, *Quartz*, 11 November 2017, https://qz.com/1125805/ the-reason-the-richest-women-in-the-us-are-the-ones-having-the-most-kids.

39 Claire Cain Miller, ‘Children Hurt Women’s Earnings, but Not Men’s (Even in Scandinavia)’, *The New York Times*, 5 February 2018, www.nytimes.com/2018/02/05/upshot/even-in-family-friendly-scandinavia-mothers-are-paid-less.html.

40 この点に関する詳細は、以下の文献が参考になる。Catherine Rottenberg, *The Rise of Neoliberal Feminism* (New York: Oxford University Press, 2018)

41 Andrew Heywood, *Political Ideologies* (Basingstoke: Palgrave, 1998), p. 238.

42 Adriana Lopez, ‘How Successful Business Women are Redefining

Modern Feminism', *Forbes*, 11 August 2016, www.forbes.com/sites/adrianalopez/2016/08/11/1729/#7572aea267d.

第2章　これまでの道のり

1 「既婚女性」の文言は、１９５０年財政法（35条）により削除された。Erika Rackley and Rosemary Auchmuty, *Women's Legal Landmarks: Celebrating the History of Women and Law in the UK* (London: Bloomsbury, 2018), p. 409.

2 'Independent Taxation and Tax Penalties on Marriage', HCDeb 15 March 1988, Hansard 1803–2006, vol. 129, https://api.parliament.uk/historic-hansard/commons/1988/mar/15/independent-taxation-and-tax-penalties（２０２０年２月10日アクセス）.

3 Adrienne Rich, 'Compulsory Heterosexuality and Lesbian Existence', *Journal of Women's History* 15:3, autumn 2003, pp. 11–48.

4 Lady Hale, President of the Supreme Court, 'Celebrating Women's Rights', speech at Birmingham Law Society and Holdsworth Club, 29 November 2018, www.supremecourt.uk/docs/speech-181129.pdf（２０２０年２月10日アクセス）.

5 同右。

6 以下を参照。Gabriel Pogrund, 'NHS trusts deny single women IVF treatment', *The Times*, 18 August 2019, www.thetimes.co.uk/article/nhs-trusts-deny-single-women-ivf-treatment-gs9b7qxbt; Denis Campbell, 'NHS bosses apologise for calling single mothers a burden', *The Guardian*, 9 September 2019, www.theguardian.com/society/2019/sep/09/nhs-bosses-apologise-calling-single-mothers-burden-society.

7 'Feminist History of Philosophy', *Stanford Encyclopedia of Philosophy*, revised 9 March 2015, https://plato.stanford.edu/entries/feminism-femhist（２０２０年２月10日アクセス）.

8 'Illegitimacy: the shameful secret', *The Guardian*, 14 April 2007, www.theguardian.com/news/2007/apr/14/guardianspecial4.guardianspecial215.

9 Lady Hale, 'Celebrating Women's Rights' speech, 29 November 2018.

10 同右。

11 Richard W. Price, 'Bastardy or Illegitimacy in England', Price-Gen website, www.pricegen.com/bastardy-or-illegitimacy-in-england（２０２０年２月10日アクセス）.

12 Fiona MacRae, 'Abortion at record high with increase in older women and benefits cap effect', *The Times*, 14 June 2019, www.thetimes.co.uk/article/abortion-numbers-record-high-older-women-child-benefit-cap-v20qgp70t.

13 Liam Collins, 'Husband's "Chattel Case" Court Victory Was Turning Point in Women's Rights', *The Independent*, 26 November 2017, www.independent.ie/opinion/columnists/husbands-chattel-case-court-victory-was-turning-point-in-womens-rights-36353603.html. 以下も参照。Henry Fielding, 'Case That Woke Us All Up to Sexual Scandal', *Sunday Independent*, 13 July 2008, www.pressreader.com/ireland/sunday-independent-ireland/20080713/282157877016294.

14 Sandra Mara, *No Job for a Woman* (Dublin: Poolbeg Press, 2008). 以下も参照。'Cork woman whose love affair became a sensational court case in 1972', *Irish Times*, 18 November 2017, www.irishtimes.com/opinion/cork-woman-whose-love-affair-became-a-sensational-court-case-in-1972-1.3294917.

15 Damian Corless, 'When a Wife Was her Man's Chattel', *Irish Independent*, 30 December 2014, www.independent.ie/life/when-a-wife-was-her-mans-chattel-30871468.html.

16 以下の事項として知られていた。'The Act to Confirm Certain Conveyances and Directing the Manner of Proving Deeds to be Recorded'.

17 手紙原文の電子データは以下のウェブサイトで閲覧できる。Massachusetts Historical Society website, www.masshist.org/publications/adams-papers/view?id=AFC01d244（２０２０年２月10日アクセス）.

18 ジョンがアビゲイルに宛てた手紙の電子データは以下のウェブサイトで閲覧できる。Massachusetts Historical Society website, www.masshist.org/digitaladams/archive/doc?id=L17760414ja（２０２０年２月10日アクセス）.

19 'Did Sarah Guppy design the Clifton Suspension Bridge?', Clifton Bridge website, www.cliftonbridge.org.uk/did-sarah-guppy-design-clifton-suspension-bridge（２０２０年２月10日アクセス）. 以下も参照。'Sarah Guppy: The Bridge, The Bed, The Truth', UWE Bristol website blog, 30 October 2018, https://blogs.uwe.ac.uk/engineering/sarah-guppy-the-bridge-the-bed-the-truth.

20 Lucinda Shen, 'The incredible lives of two sisters who became the first female brokers on Wall Street', *Business Insider*, 15 October 2015, www.businessinsider.com/victoria-woodhull-first-female-broker-2015-10.

21 ウッドハルが投稿した１８７０年３月29日付『ニューヨーク・ヘラルド』紙のコラムの原文の電子データは以下で閲覧できる。Library of Congress website, https://chroniclingamerica.loc.gov/lccn/sn83030313/1870-04-02/ed-1/seq-8（２０２０年２月10日アクセス）. ウッドハルに関するすぐれた記事は以下の通り。Kayla Epstein, 'A woman who ran for president in 1872 was compared to Satan and locked up. It wasn't for her emails', *The Washington Post*, 11 September 2019, www.washingtonpost.com/history/2019/09/11/woman-who-ran-president-was-compared-satan-locked-up-it-wasnt-her-emails.

22 Danny Lewis, 'Victoria Woodhull Ran for President Before Women Had the Right to Vote', *Smithsonian Magazine*, 10 May 2016, www.smithsonianmag.com/smart-news/victoria-woodhull-ran-for-president-before-women-had-the-right-to-vote-180959038.

23 Olivia B. Waxman, '"Lucy Stone, If You Please": The Unsung Suffragist Who Fought for Women to Keep Their Names', *TIME Magazine*, 7 March 2019, https://time.com/5537834/lucy-stone-maiden-names-womens-history.

24 Alice Stone-Blackwell, *Lucy Stone, Pioneer of Women's Rights* (Whitefish, MT: Kessinger, 2010).

25 Joelle Million, *Woman's Voice, Woman's Place: Lucy Stone and the Birth of the Women's Rights Movement* (Westport, CT: Praeger, 2003), p. 192.

26 *Loving Warriors: Selected Letters of Lucy Stone and Henry B. Blackwell, 1853 to 1893*, ed. Leslie Wheeler (New York: Doubleday, 1981), p. 110.

27 David Willetts, *The Pinch* (London: Atlantic Books, 2019), p. 40.

28 Leslie Hume, *The National Union of Women's Suffragette Societies 1897–1914* (New York: Routledge, 2016).

29 Andrew Heywood, *Political Ideologies: An Introduction* (London: Pal

grave, 1998).

30 Catherine Gourley, *Flappers and the New American Woman: Perceptions of Women from 1918 through the 1920s* (Minneapolis, MN: Twenty-First Century Books, 2008).

31 Mark V. Tushnet et al., *The Oxford Handbook of the US Constitution* (Oxford: Oxford University Press, 2015), p. 525.

32 Debran Rowland, *The Boundaries of Her Body: The Troubling History of Women's Rights in America* (Naperville, IL: Sphinx Publishing, 2004), p. 55.

33 Gourley, *Flappers and the New American Woman*, p. 117.

34 Rowland, *The Boundaries of Her Body*, p. 54.

35 同右。

36 'The Marriage Bar', *The Spectator*, 23 August 1946, http://archive.spectator.co.uk/article/23rd-august-1946/2/the-marriage-bar.

37 Royal Commission on Equal Pay 1944–46, Cmd 6937, para. 469, https://archive.org/stream/royalcommissiono033426mbp/royalcommissiono033426mbp_djvu.txt（２０２０年２月10日アクセス）.

38 同右、para. 469.

39 同右、para. 467.

40 さらに詳しい情報については以下を参照。Union History website, 'Winning Equal Pay', www.unionhistory.info/equalpay/display.php?irn=100273&QueryPage=%2Fequalpay%2Findex.php（２０２０年２月10日アクセス）.

41 'Bebb v. The Law Society', Court of Appeal ruling, 以下で記録が閲覧できる。https://heinonline.org/HOL/LandingPage?handle=hein.journals/canlawtt34&div=90&id=&page=（２０２０年２月10日アクセス）.

42 Judith Bourne, 'Gwyneth Bebb: The Past Explaining the Present', *The Law Society Gazette*, 29 April 2019, www.lawgazette.co.uk/gwyneth-bebb-the-past-explaining-the-present/5070047.article.

43 'Women Making History: The Centenary', University of Oxford website, www.ox.ac.uk/about/oxford-people/women-at-oxford/centenary（２０２０年７月23日アクセス）.

44 同右。

45 ジェンダー・ニュートラルな代名詞として「they」を使った〔原文でドクター・バリーを指して「they」を使っている〕。ドクター・バリーに対する適切な代名詞に関する議論については、以下を参照。Alison Flood, 'New novel about Dr James Barry sparks row over Victorian's gender identity', *The Guardian*, 18 February 2019, www.theguardian.com/books/2019/feb/18/new-novel-about-dr-james-barry-sparks-row-over-victorians-gender-identity.

46 Michael du Preez and Jeremy Dronfield, *Dr James Barry: A Woman Ahead of Her Time* (London: Oneworld, 2016).

47 Jason Rodrigues, '30 years ago: El Vino's treatment of women drinkers ruled unlawful', *The Guardian*, 15 November 2012, www.theguardian.com/theguardian/from-the-archive-blog/2012/nov/15/el-vino-women-ban-fleet-street-1982.

48 Lady Hale, 'Celebrating Women's Rights' speech, 29 November 2018.

49 Susan J. Baserga, 'The Early Years of Coeducation at the Yale University School of Medicine', *Yale Journal of Biology and Medicine* 53:3, 1980, pp. 181–90.

50 Nancy McKeon, 'Women in the House get a restroom', *The Washington Post*, 28 July 2011, www.washingtonpost.com/lifestyle/style/

women-in-the-house-get-a-restroom/2011/07/28/gIQAFgdwfI_story.html.

51 同右。

52 David Pannick, 'Sex Discrimination and Pregnancy: Anatomy Is Not Destiny', *Oxford Journal of Legal Studies* 3:1, 1983, pp. 1–21.

53 'Turley v. Allders Department Store', 1980, in Sally Jane Kenney, *For Whose Protection?: Reproductive Hazards and Exclusionary Policies in the United States and Britain* (Ann Arbor, MI: University of Michigan Press, 1992).

54 Lady Hale, 'Celebrating Women's Rights' speech, 29 November 2018.

55 アリシア・モンターニョは、２０１９年５月に『ニューヨーク・タイムズ』紙と共同で作成したビデオで自身の経験について語っている。

第３章　お金に関する思い込み

1 The Pensions Advisory Service, 'Gender, Age and Pensions Savings', Behave London report, 2017, http://bandce.co.uk/wp-content/uploads/2017/10/16303_SSGA_TPP_Gaps_Report_2017_AW_Online_Spreads_LR.pdf（２０２０年２月10日アクセス）.

2 'Who's the Better Investor: Men or Women?', Fidelity website, 18 May 2017, www.fidelity.com/about-fidelity/individualinvesting/better-investor-men-or-women.

3 Ann Marie Hibbert et al., 'Are Women More Risk-Averse Than Men?', research paper, 2009, www.researchgate.net/publication/228434430_ARE_WOMEN_MORE_RISK-AVERSE_THAN_MEN（２０２０年２月10日アクセス）.

4 The Pensions Advisory Service, 'Gender, Age and Pensions Savings'.

5 Yosef Bonaparte et al., 'Discrimination, Social Risk, and Portfolio Choice', UC Davis, Graduate School of Management website, 2 November 2016, https://gsm.ucdavis.edu/sites/main/files/file-attachments/discrimination_social_risk_port_choice.pdf.

6 Chris Taylor, 'Why Women Are Better Investors: Study', *Reuters*, 7 June 2017, www.reuters.com/article/us-money-investingwomen/why-women-are-better-investors-study-idUSKBN18Y2D7.

7 'Are women better investors than men?', Warwick Business School website, 28 June 2018, www.wbs.ac.uk/news/are-women-better-investors-than-men.

8 Taylor, 'Why Women Are Better Investors'.

9 Patrick Collinson, 'The truth about investing: women do it better than men', *The Guardian*, 24 November 2018, www.theguardian.com/money/2018/nov/24/the-truth-about-investing-women-do-it-better-than-men.

10 'Financial advisers' gender affects their advice to clients', King's College London website, 11 March 2019, www.kcl.ac.uk/news/financial-advisers-gender-affects-their-advice-to-clients.

11 'Research on over 21,000 Companies Globally Finds Women in Corporate Leadership Can Significantly Increase Profitability', Peterson Institute for International Economics, 8 February 2016, www.piie.com/newsroom/press-releases/new-peterson-institute-research-over-21000-companies-globally-finds-women.

12 Department for Business, Energy & Industrial Strategy, 'Revealed: The worst explanations for not appointing women to FTSE company boards', Gov.uk website, 31 May 2018, www.gov.uk/government/

news/revealed-the-worst-explanations-for-not-appointing-women-to-ftse-company-boards. 以下も参照。Amie Tsang, 'Here's Why British Firms Say Their Boards Lack Women. Prepare to Cringe', *The New York Times*, 31 May 2018, www.nytimes.com/2018/05/31/business/ukwomen-corporate-boards-excuses.html.

13 Yoni Blumberg, 'Companies with female executives make more money – here's why', *CNBC*, 2 March 2018, www.cnbc.com/2018/03/02/why-companies-with-female-managers-make-more-money.html.

14 Marcus Noland, Tyler Moran and Barbara Kotschwar, 'Is Gender Diversity Profitable?', research paper, February 2016, www.piie.com/publications/working-papers/gender-diversity-profitable-evidence-global-survey（２０２０年11月28日アクセス）.

15 'Delivering through diversity', McKinsey report, 2018, www.mckinsey.com/business-functions/organization/our-insights/delivering-through-diversity（２０２０年1月10日アクセス）.

16 Linda-Eling Lee, 'Women on Boards: Global Trends in Gender Diversity', Morgan Stanley Capital International website blog, 30 November 2015, www.msci.com/www/blog-posts/women-on-boards-global-trends/0263383649.

17 Linda-Eling Lee, 'The Tipping Point: Women on Boards and Financial Performance', Morgan Stanley Capital International website blog, 13 December 2016, www.msci.com/www/blogposts/the-tipping-point-women-on/0538249725.

18 Rupert Jones, 'Financial giant's £50m "Girl Fund" to back firms with good gender balance', *The Guardian*, 17 May 2018, www.theguardian.com/business/2018/may/17/financial-giants-50m-girl-fund-to-back-firms-with-good-gender-balance.

19 'The Alison Rose Review of Female Entrepreneurship', HM Treasury report, 2019, p. 10, www.gov.uk/government/publications/the-alison-rose-review-of-female-entrepreneurship（２０２０年２月10日アクセス）.

20 同右。

21 'Female Tech Entrepreneurs Hampered by Bias Among Male Investors, Study Finds', Caltech website, 16 November 2017, www.caltech.edu/about/news/female-tech-entrepreneurs-hampered-bias-among-male-investors-study-finds-80420.

22 'The Alison Rose Review of Female Entrepreneurship', p. 54.

23 '80% of Newspaper Articles on the Economy Have Male Bias', Fawcett Society website, 23 November 2015, www.fawcettsociety.org.uk/news/80-of-newspaper-articles-on-the-economy-have-male-bias.

24 Jim Waterson, 'Financial Times tool warns if articles quote too many men', *The Guardian*, 14 November 2018, www.theguardian.com/media/2018/nov/14/financial-times-tool-warns-if-articles-quote-too-many-men.

25 Gloria Steinem, *Revolution from Within: A Book of Self-Esteem* (London: Corgi, 1993).『ほんとうの自分を求めて』中央公論社、１９９４年

第4章　老後貧困という重大問題

1 European Institute for Gender Equality, 'Gender Equality Index 2017', 2017 report, p. 27, https://eige.europa.eu/publications/gender-equality-index-2017-measuring-gendere-quality-european-union-2005-2015-report（２０２０年11月20日アクセス）. オース

トラリアのデータについては以下を参照。'Australian women facing grim retirement due to gender pay gap', Industry Super-Funds website, 8 March 2018, www.industrysuper.com/media/australian-women-facing-grim-retirement-due-to-gender-pay-gap.

2 Kate Palmer, 'While a man retires with a £315,000 pension, a woman makes do with barely half that pot', *The Sunday Times*, 8 December 2019, www.thetimes.co.uk/article/while-a-man-retires-with-a-315-000-pension-a-woman-makes-do-with-barely-half-that-pot-7jw8mm3ts.

3 European Instiute for Gender Equality, 'Gender Equality Index 2017'.

4 以下のデータによる。Pensions Policy Institute: www.pensionspolicyinstitute.org.uk/media/3516/20200623-ppi-bn122-tax-relief-on-dc-contributions-final.pdf（２０２０年９月26日アクセス）.

5 実際には、多くの勤労者がさらに年齢が高くなってから退職しているため、自動加入制度による年金加入年齢の上限（現行は65歳）を、実際に加入者が退職する時点まで引き上げるべきである。就労を続けるかぎりは、年金貯蓄を停止しなくてはならない理由がない。また、完全に引退するまでのあいだ何年かパートタイムで働く就労者が多いことから、こうした就労者も年金貯蓄ができるようにするべきだ。

税務官は国民の収入の詳細な情報を把握している。複数の勤務先で働き、収入の合計が自動加入の条件である１万ポンドを超える収入がある女性を把握できるよう、システムを構築し、こうした女性に対しては、主たる収入源になっている雇用主が年金貯蓄を設定する義務を負うこととすればよい。自動加入の条件として、複数の勤務先からの収入の合計額を基準にすれば、６万人の女性が自動加入の条件を満たすことになる。

１万ポンドという基準自体が、恣意的に定められたものである。所得税は、12万５０００ポンドを超える収入に対し課される。国民保険料（国家年金への拠出金も含む）は、年収８６３２ポンドを超えると支払う。職場の年金貯蓄の自動加入の条件を年収８６３２ポンドに引き下げることを検討すればよい。この収入層に入る人は、現在、給料から国民保険料が天引きされているにもかかわらず、年金貯蓄には加入できず、本来受けられるはずの支援が得られなくなる見込みが高い。

6 Steve Webb, 'My state pension is just £80.42. Is this right?', *This is Money*, 13 May 2016, www.thisismoney.co.uk/money/pensions/article-3577195/My-state-pension-just-80-42-right-Retirement-Agony-Uncle-Steve-Webb-answers.html.

7 'Rise in death rates in older pensioners "linked with austerity measures"', University of Oxford website, 16 March 2016, www.ox.ac.uk/news/2016-03-16-rise-death-rates-older-pensioners-%E2%80%98linked-austerity-measures%E2%80%99.

8 Maria Espadinha, 'UN Committee Urges Govt to Act on State Pension Age', *Financial Times Adviser*, 13 March 2019, www.ftadviser.com/pensions/2019/03/13/un-committee-urges-govt-to-act-on-state-pension-age.

9 'Population estimates by marital status and living arrangements, England and Wales: 2002 to 2017', Office for National Statistics website, 27 July 2018, www.ons.gov.uk/peoplepopulationandcommunity/populationandmigration/populationestimates/bulletins/populationestimatesbymaritalstatusandlivingarrangements/2002to2017.

10 'Government Should Pay into Pensions for Mothers and Carers',

Social Market Foundation press release, 27 October 2019, www.smf.co.uk/press-release-government-should-pay-into-pensions-for-mothers-and-carers（２０２０年７月19日アクセス）.

11 Chetan Jethwa, 'Understanding the Gender Pensions Gap', Pensions Policy Institute paper, July 2019, pp. 2–17, www.pensionspolicyinstitute.org.uk/media/3227/20190711-understanding-the-gender-pensions-gap.pdf（２０２０年６月20日アクセス）.

12 以下を参照。Money Advice Service website: www.moneyadviceservice.org.uk/en/articles/personal-pensions（２０２０年10月20日アクセス）. 以下も参照。Citizens Advice: www.citizensadvice.org.uk/debt-and-money/pensions/starting-a-pension/choosing-a-personal-pension（２０２０年10月20日アクセス）.

第５章　男性が主流の経済学

1 Kim Gittleson, 'Where are all the Women in Economics?', *BBC News*, 13 October 2017, www.bbc.co.uk/news/ business-4157133.

2 経済シンクタンクのブリューゲルによる。www.bruegel.org/2018/03/how-many-female-economist-professors-in-top-european-universities（２０２０年６月27日アクセス）.

3 Chris Wagstaff, 'Gender Balance in Asset Management', Columbia Threadneedle Asset Management investment blog, www.columbiathreadneedle.co.uk/regional-home/intermediary/market-insight/investment-blog/gender-balance-in-asset-management（２０２０年６月27日アクセス）.

4 Linda Yueh, *The Great Economists: How Their Ideas Can Help Us Today* (London: Viking, 2018), p. 6.『アダム・スミスはブレグジットを支持するか？――12人の偉大な経済学者と考える現代の課題』早川書房、２０１９年

5 T. Forsyth and C. Johnson, 'Elinor Ostrom's Legacy: Governing the Commons and the Rational Choice Controversy', *Development and Change* 45:5, 2014, pp. 1093–1110.

6 Diane Coyle, 'Economics Has a Problem With Women', *Financial Times*, 28 August 2017, www.ft.com/content/6b3cc8be-881e-11e7-afd2-74b8ecd34d3b.

7 Claire Crawford et al., 'Why Do So Few Women Study Economics? Evidence from England', March 2018, www.res.org.uk/uploads/assets/uploaded/6c3fd338-88d6-47ea-bf2f302dfee7f37e.pdf（２０２０年11月28日アクセス）.

8 Alice H. Wu, 'Gendered Language on the Economics Job Market Rumors Forum', *AEA Papers and Proceedings*, 108, 2018, pp. 175–9.

9 Russell Lynch, 'Esther Duflo on winning the Nobel, poverty and the macho "locker room" culture of economics', *The Telegraph*, 10 November 2019, www.telegraph.co.uk/business/2019/11/10/esther-duflo-winning-nobel-poverty-macho-locker-room-culture.

10 同右。

11 Ann Mari May et al., 'Are Disagreements among Male and Female Economists Marginal at Best? A Survey of AEA Members and their Views on Economics and Economic Policy', *Contemporary Economic Policy*, 32:1, 2013, https://onlinelibrary.wiley.com/doi/abs/10.1111/coep.12004.

12 Ann Mari May et al., 'Mind the Gap: Differing Perspectives of Men and Women Economists May Affect Policy Outcomes', *Finance & Development*, 55:2, June 2018, www.imf.org/external/pubs/ft/fandd/2018/06/including-more-women-economists-influences-policy-

and-research/may.htm.

13 Ann Mari May, ‘Different Sight Lines’, *Finance & Development*, 50:2, June 2013, www.imf.org/external/pubs/ft/fandd/2013/06/may.htm.

14 Phillip Inman, ‘Chief economist of Bank of England admits errors in Brexit forecasting’, *The Guardian*, 5 January 2017, www.theguardian.com/business/2017/jan/05/chief-economist-of-bank-of-england-admits-errors.

15 Katrine Marçal, *Who Cooked Adam Smith’s Dinner?: A Story about Women and Economics* (London: Portobello Books, 2015).『アダム・スミスの夕食を作ったのは誰か?――これからの経済と女性の話』河出書房新社、２０２１年

16 Lynch, ‘Esther Duflo on winning the Nobel’.

17 Sarah O’Connor, ‘Drugs and prostitution add £10bn to UK economy’, *Financial Times*, 29 May 2014, www.ft.com/content/65704ba0-e730-11e3-88be-00144feabdc0.

18 ‘National Accounts Articles: Impact of ESA95 Changes on Current Price GDP Estimates’, National Accounts Coordination report, 29 May 2014, https://webarchive.nationalarchives.gov.uk/20160106064354/http://www.ons.gov.uk/ons/rel/naa1-rd/national-accounts-articles/impact-ofesa95-changes-on-current-price-gdp-estimates/index.html（２０２０年2月10日アクセス）.

19 ‘Women still do more household chores than men, ONS finds’, *BBC News*, 10 November 2016, www.bbc.co.uk/news/uk-37941191.

20 Cassie Werber, ‘The case for treating childcare like essential economic infrastructure’, *Quartz*, 20 August 2020, https://qz.com/work/1894505/childcare-is-infrastructure-for-families-elizabeth-warren-says.

21 Heather Long, ‘The big factor holding back the U.S. economic recovery: Child care’, *The Washington Post*, 3 July 2020, www.washingtonpost.com/business/2020/07/03/big-factor-holding-back-us-economic-recovery-child-care.

22 James Plunkett, ‘The Missing Million: the potential for female employment to raise living standards in low to middle income Britain’, Resolution Foundation report, December 2011, p. 5, www.resolutionfoundation.org/app/uploads/2014/08/The- Missing-Million.pdf（２０２０年11月29日アクセス）.

23 ‘China Birth Rate Declines as Childcare Costs Deter Families’, *Financial Times*, 12 March 2019, www.ft.com/content/f34bb0b0-2f8b-11e9-8744-e7016697f225.

第6章　政府がジェンダーを考慮しない

1 以下のデータを参照。NHS England for 2012. ８８００万ポンドのうち、４３００万ポンドがバイアグラ、残りがジェネリック薬に支出された。

2 Rebecca Masters et al., ‘Return on investment of public health interventions: a systematic review’, *Journal of Epidemiolog y and Community Health* 71:8, 2017, pp. 827–34.

3 ‘First Do No Harm: The Independent Medicines and Medical Devices Safety Review’, review chaired by Baroness Julia Cumberlege, 8 July 2020, www.immdsreview.org.uk/Report.html（２０２０年11月2日アクセス）.

4 Sarah Champion, ‘Women have been hit hardest by austerity – La

bour would change that', LabourList website, 1 March 2017, labourlist.org/2017/03/champion-women-have-been-hit-hardest-by-austerity-labour-would-change-that.

5 'Estimating the gender impact of tax and benefits changes', Parliament UK website, December 2017, p. 9. 報告書全文は以下で閲覧できる。https://researchbriefings.parliament.uk/ResearchBriefing/Summary/SN06758#fullreport（２０２０年２月10日アクセス）.

6 Office of the High Commissioner for Human Rights, 'The Impact of Economic Reform Policies on Women's Human Rights', Equality and Human Rights Commission report, March 2018, www.equalityhumanrights.com/sites/default/files/consultation-response-ohchr-impact-of-austerity-on-women-30-march-2018.pdf（２０２０年２月10日アクセス）.

7 'To ensure economic recovery for women, we need plan F', Women's Budget Group briefing, September 2013, https://wbg.org.uk/wp-content/uploads/2013/10/Plan-F_WBG-Parties-briefing_Sept-2013_final.pdf（２０２０年２月10日アクセス）.

8 収入が２万１０００ポンド未満の人は、この賃金凍結の対象外とされ、２５０ポンド以上の賃上げがあった。Doug Pyper et al., 'Public sector pay', House of Commons Library, CBP 8037, 3 May 2018, http://researchbriefings.files.parliament.uk/documents/CBP-8037/CBP-8037. pdf（２０２０年２月10日アクセス）.

9 同右。

10 'Women, Employment and Earnings', Women's Budget Group report, October 2019, https://wbg.org.uk/wp-content/uploads/2019/10/EMPLOYMENT-2019.pdf（２０２０年11月28日アクセス）.

11 'Understanding NHS financial pressures: how are they affecting patient care?', The King's Fund report, 14 March 2017, www.kingsfund.org.uk/publications/ understanding-nhs-financial-pressures.

12 Dean Hochlaf et al., 'Ending the Blame Game: The Case for a New Approach to Public Health and Prevention', Institute for Public Policy Research report, June 2019, www.ippr.org/files/2019-06/public-health-and-prevention-june19.pdf（２０２０年２月10日アクセス）.

13 Philip Alston, 'Statement on Visit to the United Kingdom', November 2018, p. 1, www.ohchr.org/Documents/Issues/Poverty/EOM_GB_16Nov2018.pdf（２０２０年２月10日アクセス）.

14 Nina Gill, 'The new junior doctors' contract is blatantly sexist – so why doesn't Jeremy Hunt care?', *The Telegraph*, 4 April 2016, www.telegraph.co.uk/women/life/the-new-junior-doctors-contract-is-blatantly-sexist-so-why-do.

15 Rachel Reeves, *Women of Westminster: The MPs Who Changed Politics* (London: I. B. Tauris, 2019), p. 213.

16 Alston, 'Statement on Visit to the United Kingdom'.

17 Office of the High Commissioner for Human Rights, 'The Impact of Economic Reform Policies on Women's Human Rights', p. 8.

18 同右。

19 Dr Helen Crawley and Rosie Dodds, *The UK Healthy Start Scheme: What Happened? What Next?* (London: First Steps Nutrition Trust, 2018), p. 27.

20 'Universal Credit and Survival Sex: sex in exchange for meeting survival needs inquiry', 2018 report, www.parliament.uk/business/committees/committees-a-z/commons-select/work-and-pensions-committee/inquiries/parliament-2017/universal-credit-survival-sex-

inquiry-17-19（２０２０年２月10日アクセス）.

21 Laura Seebohm. 著者とのインタビュー、２０１９年。

22 Office of the High Commissioner for Human Rights, 'The Impact of Economic Reform Policies on Women's Human Rights', p. 5.

23 Carolyn Vogler, 'Money, Power and Inequality within Marriage', *Sociological Review* 42:2, 1994, pp. 263–88.

24 'Universal Credit hands power to abusers, MPs say', *BBC News*, 1 August 2018, www.bbc.co.uk/news/uk-45029275.

25 'Social Security Experience Panels: Universal Credit Scottish Choices', Scottish Government website, 29 November 2018, www.gov.scot/publications/social-security-experience-panels-universal-credit-scottish-choices.

26 Office of the High Commissioner for Human Rights, 'The Impact of Economic Reform Policies on Women's Human Rights', p. 11.

27 'Public Sector Equality Duty', Equality and Human Rights Commission website, www.equalityhumanrights.com/en/advice-and-guidance/public-sector-equality-duty（２０２０年２月10日アクセス）.

28 Office of the High Commissioner for Human Rights, 'The Impact of Economic Reform Policies on Women's Human Rights'.

29 「ジェンダー予算」または「ジェンダーに基づく予算」と呼ばれている。

30 Zohra Khan and Lisa Kolovich, 'Do the Math: Include Women in Government Budgets', IMF Blog, 6 March 2019, https://blogs.imf.org/2019/03/06/do-the-math-include-women-in-government-budgets. 以下も参照。UN web entry on Austriahere: www.un.org/ruleoflaw/blog/portfolio-items/austria-gender-budgeting（２０２０年２月10日アクセス）.

31 'What is gender budgeting?', *The Economist*, 3 March 2017, www.economist.com/ the-economist-explains/2017/03/03/what-is-gender-budgeting.

32 Christine Lagarde, 'Every Woman Counts: Gender Budgeting in G7 Countries', IMF Blog, 13 May 2017, https://blogs.imf.org/2017/05/13/every-woman-counts-gender-budgeting-in-g7-countries.

33 International Monetary Fund, 'Gender Budgeting in G7 Countries', IMF website, 13 May 2017, www.imf.org/en/Publications/Policy-Papers/Issues/2017/05/12/ pp041917gender-budgeting-in-g7-countries.

34 アメリカ政府の２０１８年の予算については以下で閲覧できる。www.whitehouse.gov/sites/whitehouse.gov/files/omb/budget/fy2018/budget.pdf（２０２０年２月10日アクセス）.

35 Gender-responsive analysis of Trump's 2018 budget here: Quoctrung Bui and Susan Chira, 'How Trump's Budget Affects Women', *The New York Times*, 24 May 2017, www.nytimes.com/interactive/2017/05/24/upshot/how-trumps-budget-affects-women.html.

36 'Policy Basics: The Supplemental Nutrition Assistance Program (SNAP)', Center on Budget and Policy Priorities website, 25 June 2019, www.cbpp.org/research/food-assistance/policy-basics-the-supplemental-nutrition-assistance-program-snap.

37 フードスタンプの利用者４３００万人のうち約61％が女性であるので、約２６００万人に相当する。Editorial Board, 'The Problem Isn't Food Stamps, It's Poverty', *The New York Times*, 26 May 2017, www.nytimes.com/2017/05/26/opinion/trump-budget-food-

stamps-wages.html.
38 'What can SNAP buy?', Food and Nutrition Service, US Department of Agriculture website, www.fns.usda.gov/snap/eligible-food-items（２０２０年２月10日アクセス）.
39 Seth Freed Wessler, 'Timed Out on Welfare, Many Sell Food Stamps', Type Investigations, 16 February 2010, www.typeinvestigations.org/investigation/2010/02/16/timed-welfare-many-sell-food-stamps.
40 Bui and Chira, 'How Trump's Budget Affects Women'.
41 女性局の目的の詳細については以下を参照。www.dol.gov/wb/info_about_wb/interwb.htm（２０２０年11月28日アクセス）.
42 同右。
43 'Women's Wealth is Rising', *The Economist*, 8 March 2018, www.economist.com/ graphic-detail/2018/03/08/womens-wealth-is-rising.
44 条約に批准した国のリストは以下を参照。https://treaties.un.org/pages/ViewDetails.aspx?src=TR EAT Y&mtdsg_no=IV-8&chapter=4&clang=en（２０２０年２月10日アクセス）.
45 'A Fact Sheet on CEDAW: Treaty for the Rights of Women', Amnesty USA website, www.amnestyusa.org/files/pdfs/cedaw_fact_sheet.pdf（２０２０年２月10日アクセス）.
46 Ann Piccard, 'US Ratification of CEDAW – From Bad to Worse, Law & Inequality', *Journal of Theory and Practice* 28:1, October 2009, pp. 119–61.
47 Lin Taylor, 'Switzerland ranked as best country for women's rights, according to the OECD', World Economic Forum website, 13 March 2019, www.weforum.org/agenda/2019/03/switzerland-ranked-as-best-country-for-womens-rights-oecd.
48 'A Fact Sheet on CEDAW: Treaty for the Rights of Women', Amnesty USA.

第7章　日々の生活費が少しずつ高い

1 Emine Saner, '"Lady Doritos": a solution to a problem that doesn't exist', *The Guardian*, 5 February 2018, www.theguardian.com/lifeandstyle/shortcuts/2018/feb/05/lady-doritos-a-solution-to-a-problem-that-doesnt-exist.
2 Murray Wardrop, 'Women spend £2,700 on bras but only wash them six times a year', *The Telegraph*, 1 May 2009, www.telegraph.co.uk/news/uknews/5254406/Women-spend-2700-on-bras-but-only-wash-them-six-times-a-year.html.
3 Elle Hunt, 'The truth about tights: my search for a pair to end women's hosiery hell', *The Guardian*, 17 January 2019, www.theguardian.com/fashion/2019/jan/17/ truth-about-tights-search-pair-end-hosiery-hell.
4 Emily Thornhill, 'This is how much women spend on hair removal in their lifetime', *Harper's Bazaar*, 28 April 2017, www.harpersbazaar.com/uk/beauty/hair/news/a41199/women-spend-costwaxing-hair-removal-lifetime.
5 'From Cradle to Cane: The Cost of Being a Female Consumer: A Study of Gender Pricing in New York City', New York City Department of Consumer Affairs, December 2015, www1.nyc.gov/assets/dca/downloads/pdf/partners/Study-of-Gender-Pricing-in-NYC.pdf（２０２０年２月10日アクセス）.
6 同右。
7 Charlie Moore, 'Gillette charges more for women's razors than for

men' s – while bashing sexism in its controversial #MeToo-inspired advert', *Daily Mail*, 18 January 2019, www.dailymail.co.uk/news/article-6604583/Gillette-charges-women-men-razors.html.

8 Tanith Carey, 'Why is it so expensive to be a woman?', *Daily Mail*, 19 February 2015, www.dailymail.co.uk/femail/article-2959383/Why-expensive-woman-called-pink-tax-women-paymen-dry-cleaning-razors.html.

9 Cara Buckley, 'At the Cleaners, One Woman Seeks Gender Equality', *The New York Times*, 4 February 2009, www.nytimes.com/2009/02/05/nyregion/05cleaners.html.

10 Roz Tappenden and Linda Serck, 'Why do women pay more for a short haircut?', *BBC News*, 10 January 2020, www.bbc.co.uk/news/uk-england-50691249.

11 「ジェンダーに基づく価格設定（禁止）法案（２０１７－２０１９）」の詳細は以下で閲覧できる。https://services.parliament.uk/Bills/2017-19/genderbasedpricingprohibition.html（２０２０年２月10日アクセス）。

12 Annabelle Williams, 'Female motorists are being charged 20% more for car repairs', *City AM*, 13 August 2015, www.cityam.com/female-motorists-are-being-charged-20-more-car-repairs.

13 Meghan Busse and Ayelet Israeli, 'Repairing the Damage: The Effect of Price Expectations on Auto-Repair Price Quotes', *Journal of Marketing Research* 54:1, February 2017, pp.75–95.

14 Li-Zhong Chen, 'Demographics, Gender and Local Knowledge – Price Discrimination in China's Car Market', *Economics Letters* 16:163, February 2018, pp. 172–4.

15 Ian Ayres and Peter Siegelman, 'Race and Gender Discrimination in Bargaining for a New Car', *The American Economic Review* 85:3, June 1995, pp. 304–21.

16 'Research on Period Poverty and Stigma', Plan International UK website, 20 December 2017, https://plan-uk.org/media-centre/plan-international-uks-research-on-period-poverty-and-stigma.

17 'End Period Poverty', Always website, https://always.com/en-us/about-us/end-period-poverty（２０２０年２月10日アクセス）。

18 Beh Lih Yi, 'Australian state provides free tampons to students to tackle taboos', *Reuters*, 12 September 2019, www.reuters.com/article/us-australia-women-health/australian-state-provides-free-tampons-to-students-to-tackle-taboos-idUSKCN1VXoUR.

19 Jennifer Weiss-Wolf, *Periods Gone Public: Taking a Stand for Menstrual Equity* (New York: Arcade Publishing, 2017).

20 Bloody Good Period's website, www.bloodygoodperiod.com/#intro（２０２０年２月10日アクセス）。

21 Anna Maria van Eijk et al., 'Menstrual Cup Use, Leakage, Acceptability, Safety and Availability: A Systematic Review and Meta-Analysis', *The Lancet* 4:8, August 2019, pp. 376–93. 以下も参照。Elizabeth Peberdy et al., 'A Study into Public Awareness of the Environmental Impact of Menstrual Products and Product Choice', *Sustainability* 11:2, January 2019, pp. 1–16.

22 特許（No. 70,843, 12 November 1867）の申請の詳細については以下を参照。'rubber sack and ring inserted in the vagina' https://patents.google.com/patent/US70843（２０２０年２月10日アクセス）。

23 Marion Renault, 'Menstrual cups were invented in 1867. What took them so long to gain popularity?', Popular Science website, 23 Augu

st 2019, www.popsci.com/ menstrual-cups-history-period-care.
24 Van Eijk et al., 'Menstrual Cup Use'.
25 'Sanitary Product Provision for Inpatients', British Medical Association website, www.bma.org.uk/collective-voice/policy-and-research/public-and-population-health/sanitary-product-provision-for-inpatients（２０２０年２月10日アクセス）.
26 同右。
27 Steven Swinford, '8,000 People Get Tummy Tucks on NHS', *The Telegraph*, 28 December 2013, www.telegraph.co.uk/news/health/news/10540553/8000-people-get-tummy-tucks-on-NHS.html.
28 'France to help fund removal of breast implants', *Financial Times*, 23 December 2011, www.ft.com/content/9b2923d6-2d45-11e1-b5bf-00144feabdc0.
29 Freddie Whittaker, 'DfE seeks company for £20m contract to supply sanitary products to schools', Schools Week website, 14 June 2019, https://schoolsweek.co.uk/dfe-seeks-company-for-20m-contract-to-supply-sanitary-products-to-schools.
30 以下を参照。www.periodequity.org（２０２０年２月10日アクセス）.
31 以下を参照。www.taxfreeperiod.com（２０２０年２月10日アクセス）.
32 Chris Dehnel, 'Rep: Tampon Tax Elimination was "Fair" Thing to Do', Patch website, 3 July 2018, https://patch.com/connecticut/manchester/rep-tampon-tax-elimination-was-fair-thing-do. コネチカット州は２０１８年に、生理用品に対する売上税を廃止した。本書執筆時点でノースダコタ州は生理用品の課税を継続している。
33 Emma Court, 'New York is latest state to scrap tampon tax', MarketWatch website, 12 April 2016, www.marketwatch.com/story/this-is-how-much-the-tampon-tax-costs-women-2016-03-24.
34 オバマ大統領は２０１７年に、女性のほうがよい指導者になれると発言した。Zameena Mejia, 'Barack Obama says women make better leaders – and data shows he's right', *CNBC*, 4 December 2017, www.cnbc.com/2017/12/04/barack-obama-says-women-make-better-leaders-and-data-shows-hes-right.html.
35 ２０１６年にオバマ大統領がこの発言をしたとき、生理用品に売上税を課税しているのは40州だった。本書執筆時点で35州が生理用品の売上税を継続している。
36 Annalisa Merelli, 'The "tampon tax" in Greece just got a lot steeper', *Quartz*, 20 July 2015, https://qz.com/458404/the-tampon-tax-in-greece-just-got-a-lot-steeper.
37 Anthee Carassava, 'Greek students sell sex for food', *The Times*, 27 November 2015, www.thetimes.co.uk/article/greek-students-sell-sex-for-food-ngp6bkp79.
38 Natasha Bach, '35 States in the US Still Charge Women a Tampon Tax', *Fortune*, 11 June 2019, https://fortune.com/2019/06/11/tampon-tax-us-states.
39 Claer Barrett, 'Even women who can handle money are reluctant investors', *Financial Times*, 8 March 2018, www.ft.com/content/2e77b322-fd0c-11e7-9bfc-052cbba03425.
40 Nadine Schmidt and Sheena McKenzie, 'Tampons will no longer be taxed as luxury items, after landmark German vote', *CNN*, 8 November 2019, https://edition.cnn.com/2019/11/08/europe/tampon-tax-germany-luxury-item-grm-intl/index.html.
41 Department for Digital, Culture, Media & Sport and Office for Ci

vil Society, 'Tampon Tax Fund application form: 2019–20 funding round', www.gov.uk/government/publications/tampon-tax-fund-application-form-2019-2020-funding-round（２０２０年２月10日アクセス）.

42 Gina Reiss-Wilchins, 'Kenya and Menstrual Equity: What you didn't know', *Huffington Post*, 29 March 2016, www.huffpost.com/entry/kenya-menstrual-equity-wh_b_9557270.

43 Macharia Kamau, 'Sanitary towel usage still low despite tax cuts', *Standard Media Kenya*, 9 June 2009, www.standardmedia.co.ke/business/article/1144016386/ sanitary-towel-usage-still-low-despite-tax-cuts.

第８章「女性の問題」

1 Tomi-Ann Roberts et al., '"Feminine Protection": the Effects of Menstruation on Attitudes Towards Women', *Psychology of Women Quarterly* 26:2, June 2002, pp. 131–9.

2 Michael Alison Chandler, 'This woman said she was fired for leaking menstrual blood at work', *The Washington Post*, 11 September 2017, www.washingtonpost.com/local/socialissues/ga-woman-said-she-was-fired-for-leaking-during-her-period-at-work-the-aclu-is-suing-for-discrimination/2017/09/08/50fab924-8d97-11e7-8df5-c2e5cf46c1e2_story.html

3 'Norwegian alarm system monitors length of office lavatory visits', *The Telegraph*, 31 January 2012, www.telegraph.co.uk/news/newstopics/howaboutthat/9051774/Norwegian-alarm-system-monitors-length-of-office-lavatory-visits.html. 以下も参照。Ian Sparks, 'Call centre workers limited to EIGHT minutes toilet time per day . . . and risk triggering alarm if they go one second over', *Daily Mail*, 31 January 2012, www.dailymail.co.uk/news/article-2094374/Norway-centre-workers-EIGHT-minutes-toilet-time-day-monitored-alarm.html.

4 Javier Ruiz, 'La Inspección de Trabajo investiga a dos empresas que obligaban a sus empleadas a colgarse un cartel para ir al baño', *El País*, 4 October 2011, https://elpais.com/sociedad/2011/10/04/actualidad/1317679210_850215.html.

5 John Naughton, '"The goal is to automate us": welcome to the age of surveillance capitalism', *The Guardian*, 20 January 2019, www.theguardian.com/technology/2019/jan/20/shoshana-zuboff-age-of-surveillance-capitalism-google-facebook.

6 Aneri Pattani, 'In Some Countries, Women Get Days Off for Period Pain', *The New York Times*, 24 July 2017, www.nytimes.com/2017/07/24/health/period-pain-paid-time-off-policy.html.

7 'Zambia's controversial menstrual leave law', TRT World website, 30 January 2017, www.trtworld.com/life/zambian-women-can-take-menstrual-leave-but-some-say-its-not-fair-286497.

8 Christine Chen, 'Employment and employee benefits in Taiwan: overview', Thomson Reuters Practical Law, 1 January 2020, https://uk.practicallaw.thomsonreuters.com/9-633-4823?transitionType=Default&contextData=(sc.Default)&firstPage=true&bhcp=1.

9 Anna Momigliano, 'Giving Italian women "menstrual leave" may backfire on their job prospects', *The Washington Post*, 24 March 2017, www.washingtonpost.com/news/worldviews/wp/2017/03/24/giving-italian-women-menstrual-leave-may-backfire-on-their-job-prospects.

10 Camilla Long, 'Thanks, Jeremy, but we working women will give the weeping and wailing room a miss', *The Sunday Times*, 10 November 2019, www.thetimes.co.uk/article/thanks-jeremy-but-we-working-women-will-give-the-weeping-and-wailing-room-a-miss-omtwh3ct3.

11 '40% of women are taking days off. Should we have paid period leave?', *ABC News*, 8 August 2018, www.abc.net.au/triplej/programs/hack/should-we-have-paid-period-leave/10090848; HM Government, 'Gender equality at every stage: a roadmap for change', Government Equalities Office report, July 2019, https://assets.publishing.service.gov.uk/government/uploads/system/uploads/attachment_data/file/821889/GEO_GEEE_Strategy_Gender_Equality_Roadmap_Rev_1__1_.pdf（２０２０年２月10日アクセス）.

12 以下を参照。'Menopause: Symptoms', NHS website, www.nhs.uk/conditions/menopause/symptoms（２０２０年２月10日アクセス）; HM Government, 'Menopause transition: effects on women's economic participation', Government Equalities Office report, July 2017, www.gov.uk/government/publications/menopause-transition-effects-on-womens-economic-participation（２０２０年２月10日アクセス）.

13 以下を参照。'Insuring Women's Futures', p. 38, Chartered Insurance Institute report, www.cii.co.uk/media/9224351/iwf_momentsthatmatter_full.pdf（２０２０年２月10日アクセス）.

14 HM Government, 'Menopause transition: effects on women's economic participation', p. 22.

15 同右、p. 9.

16 同右、p. 46.

17 'Championing diversity', North Lincolnshire Council website, www.northlincs.gov.uk/community-advice-and-support/championing-diversity（２０２０年２月10日アクセス）.

18 'Dismissal without taking account of menopause symptoms – discriminatory and unfair', Pure Employment Law website, 22 May 2012, www.pureemploymentlaw.co.uk/dismissal-without-taking-account-of-menopause-symptoms-discriminatory-and-unfair.

19 HM Government, 'Menopause transition: effects on women's economic participation', p. 12.

第9章　ジェンダーに基づく住宅危機

1 Sara Reis, 'A Home of Her Own: Women and Housing', Women's Budget Group, July 2019, p. 12, https://wbg.org.uk/analysis/reports/a-home-of-her-own-housing-and-women（２０２０年７月13日アクセス）.

2 同右。

3 同右。

4 'Over 4,000 domestic abuse arrests made since COVID-19 restrictions introduced', Metropolitan Police website, 24 April 2020, http://news.met.police.uk/news/over-4000-domestic-abuse-arrests-made-since-covid-19-restrictions-introduced-400900（２０２０年７月６日アクセス）.

5 Stephen Little, 'New Homes Unaffordable for Eight out of Ten Families', What Mortgage website, 2 March 2017, www.whatmortgage.co.uk/news/first-time-buyers/new-homes-unaffordable-eight-10-families.

6 'A timeline of the 18 housing ministers since 1997', *Inside Housi*

ng, 13 February 2020, www.insidehousing.co.uk/insight/insight/a-timeline-of-the-18-housing-ministers-since-1997-65065.

7 'Fixing Our Broken Housing Market', Ministry of Housing, Communities & Local Government, 7 February 2017, www.gov.uk/government/publications/fixing-our-broken-housing-market.

8 Dawn Foster, 'Number of MP Landlords Has Risen By a Quarter Since Last Parliament', *The Guardian*, 14 January 2016, www.theguardian.com/housing-network/2016/jan/14/mp-landlords-number-risen-quarter-last-parliament-housing-bill. Liane Wimhurst, 'Theresa May earns more than £10,000 a year from rented London flat', inews, 27 October 2017, https://inews.co.uk/news/uk/theresa-may-earns-10000-year-rented-london-flat-100100.

9 Marc da Silva, 'Which Political Party Has Been Best for Landlords and Tenants?', *Landlord Today*, 30 August 2019, www.landlordtoday.co.uk/breaking-news/2019/8/which-political-party-has-been-best-for-landlords-and-tenants.

10 Anna White, 'Gender pay gap UK 2019: Women have to save two years longer than men to buy a home', *Homes and Property*, 5 April 2019, https://www.homesandproperty.co.uk/property-news/gender-pay-gap-uk-2019-women-have-to-save-two-years-longer-than-men-to-buy-a-home-a129391.html.

11 'English Housing Survey 2015–16: First Time Buyers', Ministry of Housing, Communities and Local Government report, 13 July 2017, p. 8, www.gov.uk/government/statistics/english-housing-survey-2015-to-2016-first-time-buyers.

12 同右。

13 Paul Goldsmith-Pinkham and Kelly Shue, 'The Gender Gap in Housing Returns', Yale School of Management paper, March 2020, p. 6, https://papers.ssrn.com/sol3/papers.cfm?abstract_id=3559892（２０２０年７月23日アクセス）.

14 同右。

15 Ping Cheng et al., 'Do Women Pay More for Mortgages?', *The Journal of Real Estate Finance and Economics* 43:4, 2011, pp.423–40.

16 Laurie Goodman et al., 'Women Are Better Than Men at Paying Their Mortgages', Urban Institute research report, September 2016, www.urban.org/sites/default/files/publication/84206/2000930-Women-Are-Better-Than-Men-At-Paying-Their-Mortgages.pdf（２０２０年７月15日アクセス）.

17 'Santander First Time Buyer Study', Santander website report, July 2019, p. 13, www.santander.co.uk/assets/s3fs-public/documents/santander-first-time-buyer-study.pdf（２０２０年７月15日アクセス）.

18 同右。

19 'Female first time buyers have bigger home ownership dreams – but confidence to buy alone remains low', Aldermore Bank website, 1 November 2019, www.aldermore.co.uk/about-us/newsroom/2019/11/female-first-time-buyers-have-bigger-home-ownership-dreams-but-confidence-to-buy-alone-remains-low.

20 Danièle Voldman, 'Gender Discrimination in Housing', *Encyclopédie pour une histoire numérique de l'Europe*, 21 March 2018, http://ehne.fr/en/node/1232.

21 Anthony Bem, 'Removal of the expression "bon père de famille" from the French legal vocabulary', LegaVox website, 22 August 2014, www.legavox.fr/blog/maitre-anthony-bem/suppression-

expression-pere-famille-vocabulaire-15730.htm.

22 この条項は、賃貸契約で最も一般的である、借主が「短期の賃貸期間であることが確実な場合」に適用される。

23 'Touch and go: how to protect private renters from retaliatory eviction in England', Citizens Advice website, 26 September 2018, www.citizensadvice.org.uk/ about-us/policy/policy-research-topics/housing-policy-research/Touch-and-go.

24 Ministry of Housing, Communities & Local Government, 'Homelessness code of guidance for local authorities', updated 29 June 2020, www.gov.uk/guidance/homelessness-code-of-guidance-for-local-authorities/chapter-8-priority-need（２０２０年11月29日アクセス）.

25 社会保障省（Department of Social Security：ＤＳＳ）は、２００１年に雇用年金省に改編されたが、一般的な呼称として「ＤＳＳ」がまだ使われている。

26 Hannah Richardson, 'Legal victories over "No DSS" letting agents', *BBC News*, 27 February 2020, www.bbc.co.uk/news/education-51642316.

27 Lucie Heath, 'More than 90% of homes unaffordable for those on housing benefit, NHF reveals', *Inside Housing*, 7 October 2019, www.insidehousing.co.uk/news/news/ more-than-90-of-homes-unaffordable-for-those-on-housing-benefit-nhf-reveals-63593.

28 同右。

29 このデータは、もともと以下のウェブサイトに掲載されていた。Money Wise website, 'Housing benefit freeze could fuel homelessness, report warns'（現在は掲載終了、アーカイブで閲覧）。１部屋の住宅の値段については以下を参照。James Andrews, 'Universal Credit not even enough to cover renting a room in a shared house', *The Mirror*, 6 February 2020, www.mirror.co.uk/money/universal-credit-not-even-enough-21440838.

30 Marilyn Howard and Amy Skipp, 'Unequal, trapped and controlled: Women's experience of financial abuse and potential implications for Universal Credit', Women's Aid report, March 2015, www.womensaid.org.uk/financial-abuse-report（２０２０年６月26日アクセス）.

31 Jamie Grierson, 'Council funding for women's refuges cut by nearly £7m since 2010', *The Guardian*, 23 March 2018, www.theguardian.com/society/2018/mar/23/ council-funding-womens-refuges-cut-since-2010-england-wales-scotland.

32 Ministry of Housing, Communities & Local Government, 'Homelessness code of guidance for local authorities'.

33 Mara Bolis and Christine Hughes, 'Women's economic empowerment and domestic violence', Oxfam report, 2015, https://s3.amazonaws.com/oxfam-us/www/static/media/files/Womens_Empowerment_and_Domestic_Violence_-_Boris_Hughes_hX7LscW.pdf（２０２０年11月30日アクセス）.

第10章　ただ働きのケアワーカー

1 Giselle Cory and Alfie Sterling, 'Pay and Parenthood: An Analysis of Wage Inequality Between Mums and Dads', Institute for Public Policy Research report, 2016, www.tuc.org.uk/sites/default/files/Pay_and_Parenthood_Touchstone_Extra_2016_LR.pdf（２０２０年２月10日アクセス）.

2 同右。データは以下に基づく（１９７０年のある１週間にイングランド、スコットランド、ウェールズで生まれた1万７０００人を追跡した調査）。1970 British Cohort Study.

3 'Fathers working full-time earn 21% more than men without children', TUC website, 25 April 2016, www.tuc.org.uk/news/fathers-working-full-time-earn-21-more-men-without-children-says-tuc.

4 同右。

5 同右。

6 'Motherhood Penalty for Women and Daddy Bonus for Men', Fawcett Society website, 8 March 2016, www.fawcettsociety.org.uk/news/motherhood-penalty-for-women-and-daddy-bonus-for-men.

7 Claire Cain Miller, 'The Motherhood Penalty vs. the Fatherhood Bonus', *The New York Times*, 6 September 2014, www.nytimes.com/2014/09/07/upshot/a-child-helps-your-career-if-youre-a-man.html.

8 Michelle J. Budig, 'The Fatherhood Bonus and the Motherhood Penalty: Parenthood and the Gender Gap in Pay', Third Way website, 2 September 2014, www.thirdway.org/report/the-fatherhood-bonus-and-the-motherhood-penalty-parenthood-and-the-gender-gap-in-pay.

9 Nancy Folbre, 'Rich Mom, Poor Mom', *The New York Times*, 25 October 2020, https://economix.blogs.nytimes.com/2010/10/25/rich-mom-poor-mom.

10 Jane VC, 'Jane VC Founder Survey Reveals Inequities in Tech Start Early', *Medium*, 21 March 2019, https://medium.com/janeventurecapital/jane-vc-founder-survey-reveals-inequities-in-tech-start-early-bb55a443d703.

11 Gregg McClymont, 'Call to end the "motherhood penalty" grows louder', *Financial Times Adviser*, 4 June 2019, www.ftadviser.com/pensions/2019/06/04/call-to-end-the-motherhood-penalty-grows-louder.

12 ＯＥＣＤが発表したデータによれば、イギリスの1部の世帯は世界で最も高い保育料を払っていることが示されている。税の優遇措置を受けている世帯もあるため、保育料をいくら払うかは各世帯の事情による。しかしながら、共働きで政府の給付金を受け取っていない世帯では、ＯＥＣＤ加盟37か国のなかで最高額の保育料を払っている場合が多い。詳細は以下を参照。'Childcare: Do UK parents pay the most in the world?', *BBC News*, 13 February 2018, www.bbc.co.uk/news/uk-42966047.

13 Maya Oppenheim, 'One in four childcare providers could close as 30 hours free funding falls short', *The Independent*, 11 November 2019, www.independent.co.uk/news/uk/home-news/childcare-providers-financial-issues-30- hours-government-a9195796.html.

14 'Childcare and early years survey of parents in England, 2018', Department for Education report, 2018, p. 15, https://assets.publishing.service.gov.uk/government/uploads/system/uploads/attachment_data/file/766498/Childcare_and_Early_Years_Survey_of_Parents_in_England_2018.pdf（２０２０年11月30日アクセス）.

15 'Parents of disabled children and paid work', Working Families report, 2018, p. 8, https://workingfamilies.org.uk/wp-content/uploads/2018/07/WF-2018-Off-Balance-pages-FINAL.pdf（２０２０年11月30日アクセス）.

16 Cory and Sterling, 'Pay and Parenthood'.

17 コラム家庭子ども財団による調査結果が以下で閲覧可能。Coram Family and Childcare Trust, www.familyandchildcaretrust.org/

childcare-survey-2019（２０２０年11月30日アクセス）。

18 'Women shoulder the responsibility of "unpaid work"', Office for National Statistics website, 10 November 2016, www.ons.gov.uk/employmentandlabourmarket/peopleinwork/earningsandworkinghours/articles/womenshouldertheresponsibilityofunpaidwork/2016-11-10.

19 同右。

20 Gemma Hartley, *Fed Up: Navigating and Redefining Emotional Labour for Good* (London: Yellow Kite Books, 2018).

21 Sharon Sassler, 'A Reversal in Predictors of Sexual Frequency and Satisfaction in Marriage', Council on Contemporary Families website, 20 June 2016, https://contemporaryfamilies.org/sex-equalmarriages.

22 Yasemin Besen-Cassino and Dan Cassino, 'Division of House Chores and the Curious Case of Cooking: The Effects of Earning Inequality on House Chores among Dual-Earner Couples', *Rivista internazionale di studi di genere* 3:6, 2014, pp.25–53.

23 Kenneth Matos, 'Modern Families: Same-and different-sex couples negotiating at home', Families and Work Institute report, 2015, www.familiesandwork.org/downloads/modern-families.pdf（２０２０年２月10日アクセス）。

24 Alan Manning and Barbara Petrongolo, 'The Part-Time Pay Penalty for Women in Britain', *The Economic Journal* 118, 2008, http://personal.lse.ac.uk/petrongo/Manning_Petrongolo_EJF.pdf（２０２０年12月１日アクセス）。

25 Katrin Bennhold, 'In Sweden, Men Can Have It All', *The New York Times*, 10 June 2010, www.nytimes.com/2010/06/10/world/europe/10iht-sweden.html.

26 Mark Rice-Oxley, 'MPs call for 12 weeks of paternity leave to address gender pay gap', *The Guardian*, 20 March 2018, www.theguardian.com/money/2018/mar/20/ mps-call-for-12-weeks-of-paternity-leave-to-address-gender-pay-gap.

27 Akriti Manandhar, 'Should paternity leave in Nepal be extended?', *The Annapurna Express*, 6 September 2019, https://theannapurnaexpress.com/news/should-paternity-leave-in-nepal-be-extended-1876.

28 Besen-Cassino and Cassino, 'Division of House Chores and the Curious Case of Cooking'.

29 Noele Illien, 'Switzerland Votes to Approve Paternity Leave', *The New York Times*, 27 September 2020, www.nytimes.com/2020/09/27/world/europe/switzerland-paternity-leave.html.

30 Sarah Jarvis and Stephen P. Jenkins, 'Marital Splits and Income Changes: Evidence from the British Household Panel Survey', *Population Studies* 53:2, 1999, pp. 237–54.

31 Jane Croft, 'Sir Chris Hohn told to give ex-wife third of $1.5bn fortune', *Financial Times*, 12 December 2014, www.ft.com/content/3afcbe26-8221-11e4-ace7-00144feabdco.

32 控訴院の記録は以下で閲覧できる。www.bailii.org/ew/cases/EWCA/Civ/2019/2262.html（２０２０年６月20日アクセス）。

33 同右。

34 'Spousal maintenance landmark ruling', Winston Solicitors website, www.winstonsolicitors.co.uk/blog/spousal-maintenance-landmark-ruling.html（２０２０年６月20日アクセス）。

35 離婚解決金に関するデータについては、司法省管轄下の家庭裁判所による。年金については、以下を参照。Chetan Jethwa, 'Understanding the Gender Pensions Gap', Pensions Policy Institute

paper, July 2019, pp. 2–17, www.pensionspolicyinstitute.org.uk/media/3227/20190711-understanding-the-gender-pensions-gap.pdf（２０２０年６月20日アクセス）.

36 'Access to British justice increasingly only for the few – Law Society warns ministers', Law Society press release, 28 September 2018, www.lawsociety.org.uk/news/press-releases/access-to-british-justice-increasingly-only-for-the-few.

37 'Solicitors' guideline hourly rates', HM Courts & Tribunal Service, 19 April 2010, www.gov.uk/guidance/solicitors-guideline-hourly-rates.

38 Amelia Hill, 'How legal aid cuts filled family courts with bewildered litigants', *The Guardian*, 26 December 2018, www.theguardian.com/law/2018/dec/26/ how-legal-aid-cuts-filled-family-courts-with-bewildered-litigants.

39 'Representing yourself in Court by the Bar Council', Leeds Law Society website, April 2013, http://leedslawsociety.org.uk/court-notice-board/litigants-in-person/representing-yourself-in-court-by-the-bar-council-april-2013（２０２０年６月20日アクセス）.

40 Janet Allbeson, 'Government has quietly published reports on the impact of child maintenance reforms. Here's what you need to know', London School of Economics blog, 27 February 2017, https://blogs.lse.ac.uk/politicsandpolicy/dwp-surveys-child-maintenance-reforms.

第11章 リプロダクティブ・ライツ

1 Kate Bahn et al., 'Do US TRAP Laws Trap Women into Bad Jobs?', *Feminist Economics* 26:1, August 2019, pp. 44–97.

2 'Section 191.724: Discrimination based on religious beliefs or moral convictions prohibited, health plan coverage of abortion – no mandatory employee coverage of certain procedures – attorney general to enforce – sterilization defined', US Law, Justia, MO Rev Stat § 191.724 (2012), https://law.justia.com/codes/missouri/2012/titlexii/chapter191/section191724（２０２０年２月10日アクセス）.

3 この記事はウェブ上から削除されているが、発言については広く報道されている。Irin Carmon, 'Peggy Noonan is Wrong about Your Birth Control', *Salon*, 13 September 2012, www.salon.com/2012/09/13/peggy_noonan_is_wrong_about_your_birth_control.

4 データは以下による。2011 Harvard Center for Population and Development Studies; Simran Khosla, 'This map shows you all the places where the pill is free', Public Radio International website, 3 January 2015, www.pri.org/stories/2015-01-03/map-shows-you-all-places-where-pill-free; Zack Beauchamp, 'Here's a map of the countries where the pill is fully subsidized (it includes Iran)', *Vox*, 30 June 2014, www.vox.com/2014/6/30/5857904/where-the-pill-is-free.

5 'How do I get birth control pills?', Planned Parenthood website, www.plannedparenthood.org/learn/birth-control/birth-control-pill/how-do-i-get-birth-control-pills（２０２０年２月10日アクセス）.

6 'Parental leave systems', OECD report, August 2019, www.oecd.org/els/soc/PF2_1_Parental_leave_systems.pdf（２０２０年２月10日アクセス）.

7 Elizabeth Nash et al., 'Policy Trends in the States, 2017', Guttmacher Institute report, January 2018, www.guttmacher.org/article/2018/01/policy-trends-states-2017（２０２０年２月10日アク

セス)。

8 同右。

9 U. D. Upadhyay et al., 'The effect of abortion on having and achieving aspirational one-year plans', *BMC Women's Health* 15:102, November 2015, pp. 1–10.

10 Bahn et al., 'Do US TRAP Laws Trap Women?'

11 US Department of Justice report, 'Attorney General Eric Holder Announces Revisions to the Uniform Crime Report's Definition of Rape', FBI website, 6 January 2012, https://archives.fbi.gov/archives/news/pressrel/press-releases/attorney-general-eric-holder-announces-revisions-to-the-uniform-crime-reports-definition-of-rape.

12 Rick Rojas and Alan Blinder, 'Alabama Abortion Ban is Temporarily Blocked by a Federal Judge', *The New York Times*, 29 October 2019, www.nytimes.com/2019/10/29/us/alabama-abortion-ban.html.

13 Mara Gordon and Alyson Hurt, 'Early Abortion Bans: Which States Have Passed Them?', NPR website, 5 June 2019, www.npr.org/sections/health-shots/2019/06/05/729753903/early-abortion-bans-which-states-have-passed-them.

14 'Trump is not a lawyer – Ruth Bader Ginsburg', *BBC News*, 17 December 2019, www.bbc.com/news/world-us-canada-50829474.

15 Pam Belluck, 'Planned Parenthood Refuses Federal Funds Over Abortion Restrictions', *The New York Times*, 19 August 2019, www.nytimes.com/2019/08/19/health/planned-parenthood-title-x.html. 以下も参照。Compliance with Statutory Program Integrity Requirements: A Rule by the Health and Human Services Department on 03/04/2019, Federal Register, March 2019, www.federalregister.gov/documents/2019/03/04/2019-03461/compliance-with-statutory-program-integrity-requirements.

16 データは以下による。'What is the Global Gag Rule?', Open Society Foundations website, www.opensocietyfoundations.org/explainers/what-global-gag-rule（２０２０年２月10日アクセス）。

17 Liz Ford and Nadia Khomami, 'Trump administration halts money to UN population fund over abortion rules', *The Guardian*, 4 April 2017, www.theguardian.com/global-development/2017/apr/04/trump-administration-un-population-fund-abortion. 以下のウェブサイトの「ＦＡＱ」も参照。United Nations Population Fund website: www.unfpa.org/ frequently-asked-questions（２０２０年２月10日アクセス）。

18 'US withdraws funding for United Nations Population Fund', *BBC News*, 4 April 2017, www.bbc.co.uk/news/world-us-canada-39487617. 以下も参照。'Trump Administration Guts Funding to United Nations Population Fund', Center for Reproductive Rights website, https://reproductiverights.org/press-room/trump-administration-guts-funding-to-united-nations-population-fund（２０２０年２月10日アクセス）。

19 Miranda Bryant, 'Global gag rule linked to abortion rise in African countries that accept US aid', *The Guardian*, 27 June 2019, www.theguardian.com/global-development/2019/jun/27/global-gag-rule-africa-abortion-study. 以下も参照。Nina Brooks et al., 'USA aid policy and induced abortion in sub-Saharan Africa: an analysis of the Mexico City Policy', *The Lancet* 7:8, August 2019, pp. 1046–53.

20 Brooks et al., 'USA aid policy and induced abortion'.

21 'Prescribing Chaos in Global Health: The Global Gag Rule from

1984–2018', Center for Health and Gender Equity report, June 2018, www.genderhealth.org/files/uploads/change/publications/Prescribing_Chaos_in_Global_Health_full_report.pdf（２０２０年２月10日アクセス）.

22 April Dembosky, 'March Madness Vasectomies Encourage Guys to Take One for the Team', *Kaiser Health News*, 29 March 2017, https://khn.org/news/march-madness-vasectomies-encourage-guys-to-take-one-for-the-team.

23 Henry Layte, 'Man up, guys – you're a snip away from being heroes', *The Guardian*, 24 June 2017, www.theguardian.com/lifeandstyle/2017/jun/24/man-up-guys-snip-vasectomy-women-contraception.

24 Ari Altstedter, 'A New Kind of Male Birth Control is Coming', *Bloomberg*, 29 March 2017, www.bloomberg.com/news/features/2017-03-29/a-new-kind-of-male-birth-control-is-coming.

25 Sarah Boseley, 'Number of vasectomies in England falls 64% in 10 years', *The Guardian*, 21 October 2016, www.theguardian.com/society/2016/oct/21/number-of-vasectomies-in-england-falls-64-in-10-years.

26 'How do I get a vasectomy?', Planned Parenthood website, www.plannedparenthood.org/learn/birth-control/vasectomy/how-do-i-get-vasectomy（２０２０年２月10日アクセス）.

27 'Vasectomy prices', British Pregnancy Advisory Service website, www.bpas.org/ more-services-information/vasectomy/vasectomy-prices（２０２０年２月10日アクセス）.

28 Kimberly Daniels and Joyce C. Abma, 'Current Contraceptive Status Among Women Aged 15–49: United States, 2015–2017', National Center for Health Statistics, December 2018, www.cdc.gov/nchs/products/databriefs/db327.htm（２０２０年２月10日アクセス）.

29 イギリスの妊産婦死亡率は、２０１３年から２０１５年にかけては出産10万件あたり８・８だったが、２０１４年から２０１６年にかけては９・８だった。'More action needed to prevent maternal deaths across the UK', Oxford University website, 1 November 2018, www.ox.ac.uk/news/2018-11-01-more-action-needed-prevent-maternal-deaths-across-uk. ２０１５年のスウェーデンの妊産婦死亡率は出産10万件あたり４・４。Anita Slomski, 'Why do hundreds of US women die annually in childbirth?', JAMA Network website, 13 March 2019, https://jamanetwork.com/journals/jama/fullarticle/2728576.

30 Sophie Wickham et al., 'Assessing the health impact of austerity and rising poverty in the UK', Department of Public Health and Policy, University of Liverpool report, 2018, www.ohchr.org/Documents/Issues/EPoverty/UnitedKingdom/2018/Academics/University_of_Liverpool_Department_of_Public_Helath_and_Policy.pdf（２０２０年２月10日アクセス）.

31 'More action needed to prevent maternal deaths across the UK', Oxford University website, 1 November 2018, www.ox.ac.uk/news/2018-11-01-more-action-needed-prevent-maternal-deaths-across-uk.

32 'America's High Maternal Mortality and What Can Be Done', Center for Health Journalism website, 4 October 2017, www.centerforhealthjournalism.org/content/america%E2%80%99s-high-maternal-mortality-what-can-be-done.

33 Alison Young, 'Maternal deaths and injuries: top 10 takeaways from

USA TODAY investigation of hospitals', *USA Today*, 17 December 2019, https://eu.usatoday.com/story/news/investigations/deadly-deliveries/2019/03/11/ maternal-deaths-injuries-hospital-childbirth-investigation-findings/3109269002.

34 Cara Heuser and Chavi Eve Karkowsky, 'Why is US Maternal Mortality So High?', *Slate*, 23 May 2017, https://slate.com/technology/2017/05/medical-error-isnt-to-blame-for-our-high-maternal-mortality-rate.html. 以下も参照。Michelle H. Moniz et al., 'Population-level factors associated with maternal mortality in the United States, 1997–2012', *BMC Public Health* 18:1007, 2018, pp. 1–7.

35 Slomski, 'Why do hundreds of US women die annually in childbirth?'

36 Dennis Thompson, 'CDC: Many Maternal Deaths Months After Delivery', Web MD website, 7 May 2019, www.webmd.com/baby/news/20190507/cdc-many-maternal-deaths-months-after-delivery.

37 Slomski, 'Why do hundreds of US women die annually in childbirth?'

38 'Pregnancy-related deaths', Centers for Disease Control and Prevention website, www.cdc.gov/vitalsigns/maternal-deaths/index.html（２０２０年２月10日アクセス）.

39 Munira Z. Gunja et al., 'What is the Status of Women's Health and Health Care in the US Compared to Ten Other Countries?', The Commonwealth Fund website, 19 December 2018, www.commonwealthfund.org/publications/issue-briefs/2018/dec/womens-health-us-compared-ten-other-countries.

40 Rachel Jones, 'American women are still dying at alarming rates while giving birth', *National Geographic*, 13 December 2018, www.nationalgeographic.com/culture/2018/12/maternal-mortality-usa-health-motherhood.

第12章　賃金格差

1 Claudia Patricolo, 'In Some Countries, the Emerging Europe Gender Pay Gap is Below EU Average', Emerging Europe website, 12 March 2018, https://emerging-europe.com/news/countries-emerging-europe-gender-pay-gap-eu-average.

2 Michel Christian, 'The Gender of Communism', *Encyclopédie pour une histoire numérique de l'Europe*, https://ehne.fr/en/article/gender-and-europe/gender-and-revolution-europe-19th-20th-centuries/gender-communism（２０２０年２月10日アクセス）.

3 このテーマに関するすぐれた著作は以下の通り。Kristen R. Ghodsee, *Why Women Have Better Sex Under Socialism: And Other Arguments for Economic Independence* (London: Bodley Head, 2018).『あなたのセックスが楽しくないのは資本主義のせいかもしれない』河出書房新社、２０２２年

4 Grant Thornton, 'Women in Business Report', 2019, www.grantthornton.global/en/insights/women-in-business-2019/women-in-business-report-2019（２０２０年２月10日アクセス）.

5 Frances Jenner, 'Chile has highest gender pay gap in OECD, fingers point at education system', *Chile Herald*, 12 September 2018, https://chileherald.com/ gender-pay-gap-chile-oecd/1433.

6 'Two-thirds of gender pay gap "cannot be explained" says ONS', *Financial Times*, 17 January 2018, www.ft.com/content/f104523e-88fc-3cc5-9110-fd6df0c00169.

7 'Research on the gender gap in New Zealand', Ministry for Women New Zealand website, https://women.govt.nz/work-skills/income/gender-pay-gap/research-evidence-gap-new-zealand（２０２０年2月10日アクセス）.

8 'Explained and unexplained share in gender wage gap', Federal Statistical Office website, www.bfs.admin.ch/bfs/en/home/statistics/catalogues-databases/graphs.assetdetail.8186855.html（２０２０年2月10日アクセス）.

9 Gabriela Inchauste et al., 'Trying to explain the gender pay gap in Europe', World Bank website blog, 3 April 2018, https://blogs.worldbank.org/developmenttalk/trying-explain-gender-pay-gap-europe.

10 Tom Schuller, *The Paula Principle: How and Why Women Work Below Their Level of Competence* (London: Scribe Publications, 2017), p. 3.

11 'The State of Wage Inequality in the Workplace', Hired.com website, https://hired.com/page/wage-inequality-report（２０２０年2月10日アクセス）.

12 〈Melbourne Institute〉の研究によれば、最低賃金に相当の違いがあり、その差はおもに、女性の仕事の価値が相対的に低く考えられているためであるとされる。公認Ⅲ級の資格をもつ保育職の時間給は21・29ドルで、これに対し同等の資格である金属取付工の時間給は39・47ドルである。

13 MaryAnn Busso, 'Women Close Gender Pay Gap in Two STEM Jobs, Lag in Others', *Bloomberg*, 2 June 2017, www.bloomberg.com/graphics/2017-women-stem-jobs.

14 同右。

15 'ILO: Women in Europe "better educated but paid less', *BBC News*, 5 December 2014, www.bbc.co.uk/news/business-30340870.

16 'Global wage growth lowest since 2008, while women still earning 20 per cent less than men', International Labour Organization website, 26 November 2018, www.ilo.org/moscow/news/WCMS_650551/lang--en/index.htm.

17 Jenna Johnson, 'One year out of college, women already paid less than men, report finds', *The Washington Post*, 24 October 2012, www.washingtonpost.com/local/education/one-year-out-of-college-women-already-paid-less-than-men-report-finds/2012/10/23/ece71cb0-1d3a-11e2-9cd5-b55c38388962_story.html.

18 Stephen Burd (ed.), 'Moving on Up? What a Groundbreaking Study Tells Us About Access, Success and Mobility in Higher Ed', October 2017, https://na-production.s3.amazonaws.com/documents/Moving-on-Up.pdf（２０２０年2月10日アクセス）.

19 最もよく知られた研究はボストン交響楽団に関するもの。以下を参照。Claudia Goldin and Cecilia Rose, 'Orchestrating Impartiality: The Impact of "Blind" Auditions on Female Musicians', *American Economic Review* 90:4, September 2000, pp. 715–41. 以後、医学を含むさまざまな分野を対象として研究が行われてきた。Carol Isaac et al., 'Interventions that Affect Gender Bias in Hiring: A Systematic Review', *Academic Medicine: Journal of the Associated American Medical Colleges* 84:10, 2009, pp. 1140–6.

20 Schuller, *The Paula Principle*.

21 'Discovering the glass cliff', University of Exeter Psychology Department website, http://psychology.exeter.ac.uk/impact/theglasscliff（２０２０年2月10日アクセス）.

22 Donovan Alexander, 'Global Gender Gap Report: Women CEOs are 45% More Likely to be Fired', Interesting Engineering websi

te, 2 December 2018, https://interestingengineering.com/global-gender-gap-report-women-ceos-are-45-more-likely-to-be-fired.

23 Elizabeth Judge, 'Women on board: help or hindrance?', *The Times*, 11 November 2003, www.thetimes.co.uk/article/women-on-board-help-or-hindrance-2c6fnqf6fng. 以下も参照。Michelle Ryan and Alexander Haslam, 'The glass cliff: women left to take charge at times of crisis', *The Times*, 12 November 2018, www.thetimes.co.uk/article/the-glass-cliff-women-taking-charge-but-at-times-of-crisis-czlvzzrns.

24 Corinne A. Moss-Racusin et al., 'Science Faculty's Subtle Gender Biases Favor Male Students', *PNAS* 109:31, October 2012, pp. 16474–9.

25 Lauren Riviera and András Tilcsik, 'Scaling Down Inequality: Ratings Scales, Gender Bias and the Architecture of Evaluation', *American Sociological Review* 84:2, March 2019, pp.248–74.

26 Monica Biernat and Joan Williams, 'The Language of Performance Evaluations: Gender-Based Shifts in Content and Consistency of Judgment', *Social, Psychological and Personality Science* 3:2, March 2012, pp. 186–92. 以下も参照。Riviera and Tilcsik, 'Scaling Down Inequality'.

27 Biernat and Williams, 'The Language of Performance Evaluations'.

28 Emilio J. Castilla, 'Gender, Race and Meritocracy in Organizational Careers', *American Journal of Sociology* 113:6, May 2008, pp. 1479–526.

29 Riviera and Tilcsik, 'Scaling Down Inequality'.

30 Juliet Eilperin, 'White House women want to be in the room where it happens', *The Washington Post*, 13 September 2016, www.washingtonpost.com/news/powerpost/wp/2016/09/13/white-house-women-are-now-in-the-room-where-it-happens.

31 'Michelle Obama: "I still have impostor syndrome"', *BBC News*, 4 December 2018, www.bbc.com/news/uk-46434147.

32 Pauline Clance and Suzanne Imes, 'The Imposter Phenomenon in High-Achieving Women: Dynamics and Therapeutic Intervention', *Psychotherapy: Theory, Research and Practice* 15:3, 1978, pp. 241–7.

33 Sheryl Nance-Nash, 'Why imposter syndrome hits women and women of colour harder', *BBC News*, 28 July 2020, www.bbc.com/worklife/article/20200724-why-imposter-syndrome-hits-women-and-women-of-colour-harder.

34 Jenna Goudreau, 'When Women Feel Like Frauds They Fuel Their Own Failures', *Forbes*, 19 October 2011, www.forbes.com/sites/jennagoudreau/2011/10/19/women-feel-like-frauds-failures-tina-fey-sheryl-sandberg/#56ee4d2530fb.

35 Caroline Henshaw, 'Female teachers plagued by "imposter syndrome", head warns', *TES* website, 19 November 2018, www.tes.com/news/female-teachers-plagued-imposter-syndrome-head-warns.

36 ２００４年時点、18歳〜23歳の年齢層のデータによる。Rachel Ivie et al., 'Women's and Men's Career Choices in Astronomy and Astrophysics', *Physical Review Physics Education Research* 12, August 2016, www.aip.org/sites/default/files/statistics/lsags/PhysRevPhysEducRes.12.020109.pdf（２０２０年２月10日アクセス）.

37 同右。

38 同右。

39 Tara Sophia Mohr, 'Why Women Don't Apply for Jobs Unless They're 100% Qualified', *Harvard Business Review*, 25 August 2014,

https://hbr.org/2014/08/why-women-dont-apply-for-jobs-unless-theyre-100-qualified.

40 １９７０年の同一賃金法は１９７５年12月29日に施行された。しかし、その年の終わりまであと２日を残すのみという日付であり、実質的には１９７６年からの施行を目ざしたものである。

41 World Economic Forum, 'The Global Gender Gap Report 2020', www3.weforum.org/docs/WEF_GGGR_2020.pdf（２０２０年10月1日アクセス）.

42 Nasser Alkalbani et al., 'Gender diversity and say-on-pay: Evidence from UK remuneration committees', *Corporate Governance* 27:5, September 2019, pp. 378–400.

43 Marc Benioff, 'How Salesforce Closed the Pay Gap Between Men and Women', *Wired*, 15 October 2019, www.wired.com/story/how-salesforce-closed-pay-gap-between-men-women.

44 Jena McGregor, 'More States Are Banning Questions about Salary History from Job Interviews', *The Washington Post*, 15 August 2019, www.washingtonpost.com/business/2019/08/15/more-states-are-banning-questions-about-salary-history-job-interviews-what-say-if-youre-asked-about-it-anyways.

45 同右

46 Eva Szalay, 'Tribunal exposes gender gap in banking culture and pay', *Financial Times*, 20 September 2019, www.ft.com/content/84cf64e4-d89e-11e9-8f9b-77216ebe1f17.

47 Benioff, 'How Salesforce Closed the Pay Gap'.

第13章　美の基準と社会の期待

1 Nigel Henbest, 'A woman's place is in the dome', *New Scientist*, 8 October 1988, p. 62.

2 International Astronomical Union statistics, www.iau.org/administration/membership/individual/distribution（２０２０年６月20日アクセス）.

3 国際天文学連合の会員のうち女性の天文学専門職が占める割合。www.iau.org/administration/membership/individual/distribution（２０２０年11月20日アクセス）.

4 'Global Gender Gap Report 2020', World Economic Forum website, 2020, p. 9, www3.weforum.org/docs/WEF_GGGR_2020.pdf（２０２０年６月20日アクセス）.

5 Michele Swers, 'Connecting Descriptive and Substantive Representation: An Analysis of Sex Differences in Cosponsorship Activity', *Legislative Studies Quarterly* 30:3, August 2005, pp. 407–33.

6 Denise Restauri, '5 Stats Prove That Female Senators Get More Done Than Men', *Forbes*, 23 February 2015, www.forbes.com/sites/deniserestauri/2015/02/23/5-stats-prove-that-female-senators-get-more-done-than-men.

7 Michael Lewis, 'Wall Street on the Tundra', *Vanity Fair*, April 2009, https://archive.vanityfair.com/article/2009/4/wall-street-on-the-tundra（２０２０年11月28日アクセス）.

8 'Brazilian congressman ordered to pay compensation after rape remark', *The Guardian*, 18 September 2015, www.theguardian.com/world/2015/sep/18/brazilian-congressman-rape-remark-compensation.

9 Lucy Osborne, '"It felt like tentacles": the women who accuse Trump of sexual misconduct', *The Guardian*, 17 September 2020, www.theguardian.com/us-news/2020/sep/17/amy-dorris-donald-trump-women-who-accuse-sexual-misconduct. 以下も参照。David A. Fah

renthold, 'Trump recorded having extremely lewd conversation about women in 2005', *The Washington Post*, 7 October 2016, www.washingtonpost.com/politics/trump-recorded-having-extremely-lewd-conversation-about-women-in-2005/2016/10/07/3b9ce776-8cb4-11e6-bf8a-3d26847eeed4_story.html.

10 Erik Wemple, 'Studies agree: Media gorged on Hillary Clinton email coverage', *The Washington Post*, 25 August 2017, www.washingtonpost.com/blogs/erik-wemple/wp/2017/08/25/studies-agree-media-gorged-on-hillary-clinton-email-coverage.

11 Robert Verkaik, 'Boris Johnson's burqa remarks are no surprise – his misogyny goes far back', *The Guardian*, 10 August 2018, www.theguardian.com/commentisfree/2018/aug/10/boris-johnson-burqa-misogyny-bigotry-eton-oxford.

12 Boris Johnson, 'The male sex is to blame for the appalling proliferation of single mothers', *The Spectator*, 19 August 1995, http://archive.spectator.co.uk/article/19th-august-1995/6/politics.

13 Jim Tankersley, 'How Sexism Follows Women From the Cradle to the Workplace', *The New York Times*, 19 August 2018, www.nytimes.com/2018/08/19/business/sexism-women-birthplace-workplace.html.

14 Rachel Connor and Susan Fiske, 'Not Minding the Gap: How Hostile Sexism Encourages Choice Explanations for the Gender Income Gap', *Psychology of Women Quarterly* 43:1, 2018, pp. 22–36.

15 Andrei Cimpian and Sarah-Jane Leslie, 'Why Young Girls Don't Think They Are Smart Enough', *The New York Times*, 26 January 2017, www.nytimes.com/2017/01/26/well/family/why-young-girls-dont-think-they-are-smart-enough.html.

16 Lin Bian, Andrei Cimpian and Sarah-Jane Leslie, 'Gender stereotypes about intellectual ability emerge early and influence children's interests', *Science* 255:6323, 2017, pp. 389–91.

17 Seth Stephens-Davidowitz, 'Tell me, Google, is my son a genius?', *The New York Times*, 18 January 2014, www.nytimes.com/2014/01/19/opinion/sunday/google-tell-me-is-my-son-a-genius.html.

18 同右。

19 Peggy Orenstein, *Cinderella Ate My Daughter* (New York: HarperCollins, 2011).『プリンセス願望には危険がいっぱい』東洋経済新報社、２０１２年

20 'What girls say about . . . Equality for girls. Girls' Attitudes Survey 2013', Girlguiding UK website, 2013, www.girlguiding.org.uk/globalassets/docs-and-resources/research-and-campaigns/girls-attitudes-survey-2013.pdf（２０２０年11月30日アクセス）.

21 Kate Palmer, 'The morning routine: 30% spend over a week getting ready each year', YouGov website, 10 July 2012, https://today.yougov.com/topics/lifestyle/articles-reports/2012/07/10/morning-routine-30-spend-over-week-getting-ready-e.

22 Emma Halliwell et al., 'Costing the invisible: A review of the evidence examining the links between body image, aspirations, education and workplace confidence', Centre for Appearance Research, 2014, https://uwe-repository.worktribe.com/output/806655/costing-the-invisible-a-review-of-the-evidence-examining-the-links-between-body-image-aspirations-education-and-workplace-confidence（２０２０年６月20日アクセス）.

23 Unity Blott, 'The pink tax strikes again! Girls cost £30,000 MORE

to raise than boys', *Daily Mail*, 9 November 2016, www.dailymail.co.uk/femail/article-3920148/Study-finds-girls-cost-30-000-raise-boys.html.

24 同右。

25 Dr Linda Papadopoulos, 'Sexualisation of Young People Review', UK Home Office report, 2010, https://dera.ioe.ac.uk/10738/1/sexualisation-young-people.pdf（２０２０年６月20日アクセス）.

26 Dan Bilefsky, 'Sent Home for Not Wearing Heels, She Ignited a British Rebellion', *The New York Times*, 25 January 2017, www.nytimes.com/2017/01/25/world/europe/high-heels-british-inquiry-dress-codes-women.html.

27 House of Commons, 'High heels and workplace dress codes', Petitions Committee and Women and Equalities Committee report, 2017, https://publications.parliament.uk/pa/cm201617/cmselect/cmpetitions/291/291.pdf（２０２０年１月10日アクセス）.

28 同右

29 Adelina M. Broadbridge, *Research Handbook of Diversity and Careers* (Cheltenham: Edward Elgar Publishing, 2018), p. 110.

30 同右、p. 109.

31 同右、p. 110.

32 Saphora Smith, 'Iceland's Answer to Gender Equality: Compensate for Differences Between Boys, Girls', *NBC News*, 4 October 2018, www.nbcnews.com/news/world/iceland-s-answer-gender-equality-compensate-differences-between-boys-girls-n912606.

第15章　投資について語ろう

1 'Facebook Shares Outstanding 2009–2019', Macro Trends website, www.macrotrends.net/stocks/charts/FB/facebook/shares-outstanding（２０２０年11月２日アクセス）. 以下も参照。Facebook's Annual Report, 2018, Form 10-K, p. 1, https://s21.q4cdn.com/399680738/files/doc_financials/annual_reports/2018-Annual-Report.pdf（２０２０年11月２日アクセス）.

2 本書執筆時点（２０１９年12月６日）。

3 Leslie Picker and Anita Balakrishnan, 'Snap Soars Nearly 50% After Trading Begins', *CNBC*, 2 March 2017, www.cnbc.com/2017/03/01/snapchat-ipo-pricing.html.

4 以下による。Money Observer. Nina Kelly, 'Top 10 Most Popular Investment Funds: May 2020', 2 June 2020, www.moneyobserver.com/news/top-10-most-popular-investment-funds-may-2020.

著——— アナベル・ウィリアムズ

投資、経済、消費者問題を専門とするジャーナリスト、編集者。タイムズ紙でコラムニストとして活躍したのち、テレビ、ラジオ、パネルディスカッションに出演するなど、さまざまな活動を通して男女間の金融格差に対する事実を広めている。本書が初の著作。

訳——— 田中恵理香

東京外国語大学英米語学科卒、ロンドン大学ロンドン・スクール・オブ・エコノミクス修士課程修了。訳書にフィッツハリス『ヴィクトリア朝 医療の歴史』（2021年、原書房）、フィリップス『巨大企業17社とグローバル・パワー・エリート』（2020年、パンローリング）、ルイス『むずかしい女性が変えてきた』（2022年、みすず書房）などがある。

女《じょ》性《せい》はなぜ男《だん》性《せい》より貧《まず》しいのか?

2024年5月25日　初版

著　アナベル・ウィリアムズ

訳　田中恵理香

翻訳協力　株式会社リベル

発行者　株式会社晶文社
東京都千代田区神田神保町1-11　〒101-0051
電話 03-3518-4940(代表)・4942(編集)
URL https://www.shobunsha.co.jp

印刷・製本　中央精版印刷株式会社

ISBN 978-4-7949-7423-5 Printed in Japan

好評発売中

魔法少女はなぜ世界を救えなかったのか?

ペク・ソルフィ、ホン・スミン著　渡辺麻土香訳

魔法戦士に変身して戦う姿は少女に自信を与えるのか、それともミニスカートにハイヒール姿の性役割を植えつけるのか?　少女文化コンテンツがもつ二面性への問いを発端とし次世代の子どもたちが大きな夢を見られるよう、ディズニープリンセス、おもちゃ、外遊び、ゲーム、魔法少女アニメ、文学、K-POPアイドルまで、子どもたちが触れるコンテンツが内包するジレンマ、問題点を洗い出す。

「女の痛み」はなぜ無視されるのか?

アヌシェイ・フセイン著　堀越英美訳

著者がアメリカで出産したとき、彼女は死にかけた。痛み止めが効いていないと訴えても無視された。彼女はこの医療トラウマ体験をきっかけに、女性の痛み、特に有色人種の訴えがまともに受け止められない事実を、あらゆるデータ・記事・証言をもとに執筆した。初期設定が男性になっている現状は、医療ケアにおいても例外ではない。「女の痛み」が軽視されている事実と、医療ケアにおける性差別・人種差別に切り込むノンフィクション。

ママにはならないことにしました　チェ・ジウン著　オ・ヨンア訳

子どもを産まないと決めたが、ある日「1人ぐらい産んでおいたら?」と姉に言われ不安が止まらなくなった著者は、同じ選択をした17人の女性たちに会いに行くことにする。ある人は家族について、ある人は仕事について、ある人は韓国という社会について、彼女たちが語る「ママにはならない」理由に、一つとして同じものはなかった。出生率が「1」を切る現代の韓国で、子どもを持たずに生きる女性たちの悩みと幸せ。

ははとははの往復書簡　長島有里枝　山野アンダーソン陽子

「普通」や「当たり前」が苦しいなら、とにかく話しませんか?「子育て」をテーマに始まった手紙のやりとりが広がりを見せ、テーマに限らない対話が次々と展開されていく。アーティストとして、コロナ禍の生活、政治について、親との関係性、自然との向き合い方、歳をとること……。噛み合わなくても、共感できなくても、対話はできる。年齢も住む場所も考えも違う二人が、正直に自分の言葉で対話を重ねていく往復書簡。

ルース・ベイダー・ギンズバーグ アメリカを変えた女性

ルース・ベイダー・ギンズバーグ、アマンダ・L・タイラー著
大林啓吾、石新智規、青野篤、大河内美紀、樫尾洵、黒澤修一郎、榊原美紀、菅谷麻衣、高畑英一郎訳

アメリカ連邦最高裁史上2人目の女性裁判官であり、2020年に87歳で亡くなるまでその任を務めたRBG。本書は70年代に弁護士として関わった性差別をめぐる3つの裁判記録と、連邦最高裁裁判官として4つの判決で書いた法廷意見や反対意見を本人セレクトで収載、最晩年の対談と3つの講演も収録。平等の実現に向けて闘う姿勢やユーモアのある発言で支持を集め、ポップ・カルチャーのアイコンとまでなったRBGの生涯と業績をたどる。